유아교육에서의
디지털(AI 포함) 활용교육

머리말

우리는 현재 4차 산업혁명 시대이자 DXDigital Transformation/AXAI Transformation 시대에 살고 있다. 시대를 이렇게 명명하는 것처럼 지금 우리의 삶은 디지털 기술과 매우 밀접하게 연관되어 있고, 어쩌면 디지털 기술의 발달이 우리 삶의 양식과 가치관의 변화를 이끌고 있다고 할 수 있다. 시대 변화와 교육의 관계에 있어서 유명 교육학 분야 학자인 타일러(Tyler, 1949)는 시대의 변화와 요구에 따라 교육이 변화해야 함이 당연한 것이라고 주장하였다. 그렇다면 현재 우리가 경험하는 시대 변화에 따라 유아교육은 어떻게 대응하고 있고, 그 방향성은 어떠한지 생각해 볼 필요가 있다.

우선, 유아교육의 역사를 통해 유아교육에 대한 본질적 이해를 기초로 시대 변화에 따른 올바른 교육 변화의 방향성을 고민해 볼 수 있을 것이다. 유아교육의 시작으로서 17세기 대표적 학자인 코메니우스Comenius를 비롯하여 그 이후 루소, 페스탈로치, 프뢰벨, 몬테소리, 듀이 등을 거치며, 꾸준히 강조되어 온 것이 유아에게는 직접 체험 중심의 감각적 교수매체를 활용한 교육이 중요하다는 것이다. 과거에는 단순히 사색적 철학에 근거해 그 중요성이 역설되었다면, 최근에는 뇌과학 연구들을 통해 과학적으로 중요성을 밝혀내고 있다.

이러한 확고한 가치와 신념이 사회가 변화하면서 불가피하게 정면 도전을 받게 되었고, 이를 통해 사회와 교육의 불일치가 발생하게 되었다. 현재 우리가 직면하고 있는 사회는 디지털 시대로 스마트폰이 활발히 이용되면서 가정에서 영유아의 디지털 기술사용이 일상화되었다. 하지만 많은 연구들은 영유아에게 미치는 부정적 영향을 보고하면서 거의 경험하지 않는 것이 좋다는 결론까지 나올 정도였다(AAP: American Academy of Pediatrics, 2016; WHO, 2019). 그러나 디지털 활용에 대한 교육적 접근의 논의가 활발히 진행되기 시작한 것은 '코로나19'라는 팬데믹 상황에서 실시된 원격교육 때문이다. 불가피한 사회적 상황에서 갑작스럽게 교육기관에서 유아를 대상으로 원격교육을 실시하게 되면서 대다수 유아들의 디지털 활용이 이루어지게 된 것이다. 이러한 상황에서 교육부는 2020년 '코로나 이후, 미래교육 전환을 위한 10대 정책과제(안)'을 발표하여 '2019 개정 누리과정'의 교육 방향에 부합하도록 유아중심·놀이중심 교육과정에 디지털 경험을 반영하는 '미래형 유치원 교육과정'을 제시하였다. 이와 더불어 유아교사를 지원하는 다양한 현장 지원 자료도 보급하였다. 2022년에는 유아교육을 포함한 '디지털 인재양성 종합방안 기본계획'을 발표하면서 디지털 활용교육에 대한 단순한 접근보다는 포괄적 개념의 역량 강화를 위한 교육의 필요성을 언급하였고, 이를 위해 유아 대상 교육과정 운영 시 디지털 기반 놀이환경을 구성하고 활용할 수 있도록 지원할 것을 제시하였다.

그러나 급박한 사회변화에 따른 사회필요 역량에 맞춘 기술공학적 교육 설계가 강조되면서, 학습자가 배재된 디지털 기술이 유도하는 교육이 이루어지고 있는 실정이다. 이에 따라 유아들이 디지털 기술을 무분별하게 경험하면서 발달에 적합하지 않은 자극적 경험에 노출되고, 이를 통해 직관적 사고와 즉각적 행동방식에 익숙해지게 되었으며, 교사 혹은 또래와의 대인간 상호작용이 활발히 이루어지지 못하게 되었다. 또한 디지털 콘텐츠들은 상업적 논리로 유아 발달을 고려하지 않고, 마구 쏟아져 나오고 있으며, 가정의 부모들은 교육적 목적의 이유라기보다는 본인의 여가시간 확보 등의 이유로 적절한 판단 없이 유아에게 제공하고 있는 실정이다. 유아 대상 국가수준의 교육과정 또한 디지털 활용 관련 교육내용이 아직 충분히 제시되어 있지 않기 때문에 교육현장에서 어떻게 교육적으로 접근해야 하는지 혼란이 있을 수밖에 없다.

이러한 한계점을 인지하여 2020년 G20 교육부장관 회의를 거쳐 OECD에서는 '디지털 시대의 유아교육과 보육Early Childhood Education and Care in a Digital World' 사업을 추진하게 되었고, 사업을 통해 디지털 시대 유아의 학습과 발달, 웰빙을 지원하는 유아교육과 보육의 역할을 규명하고자 하였다(OECD, 2023b). 또한 양수영(2018a, 2018b, 2021, 2024), 육아정책연구소(2021), UNESCO(2010, 2011, 2014) 등에서도 유아 발달에 적합한 디지털 활용교육 방안을 연구하였다. 따라서 이 책에는 이러한 연구들을 종합하여 유아 대상 디지털 활용교육의 방안을 정리하였다.

이 책은 크게 이론편과 실제편으로 구성된다. 이론편은 내용적으로 크게 두 부분으로 1~3장에서는 교육 수행에 앞서 요구되는 기초적인 이해와 관련된 내용을 제시하였다. 구체적으로 1장은 디지털(인공지능)에 대한 이해, 2장 디지털 윤리에 대한 이해, 3장 유아 대상 디지털 활용교육의 이해를 제시하였다. 다음으로 4~7장은 디지털 활용교육의 실질적 수행과 관련된 내용을 제시하였다. 구체적으로 4장은 유아 대상 디지털 활용교육의 목적, 5장 유아 대상 디지털 활용교육의 내용, 6장 유아 발달에 적합한 디지털 활용교육의 방법, 7장 유아 대상 디지털 활용교육 평가를 제시하였다. 실제편도 크게 두 부분으로 구분되는데, 8장은 다양한 디지털 하드웨어와 소프트웨어를 소개하고 있어서 이를 직접 실습해볼 수 있으며, 9장은 앞서 학습한 이론에 기초하여 실제 교육 실행안을 제시한 것으로 교과 융합 교육 실행안, 놀이중심 디지털 활용교육을 위한 자유놀이 지원 실행안과 놀이 지원 교과활동 실행안으로 나누어 제시하였다. 따라서 이 책을 충분히 활용한다면 유아 발달에 적합한 디지털 활용교육에 대한 이해와 실천이 충분히 가능하리라 기대된다.

교육은 백년지대계百年之大計라고 하였는데, 요즘의 사회 변화가 100년을 가지 못한다는 것이 현재 교육의 어려움이라고 할 수 있겠다. 미래는 인공지능의 발달로 현재의 약인공지능을 뛰어넘어 강인공지능 혹은 인간의 능력을 초월한 초인공지능의 시대가 올 수 있다고 예측하고 있다. 지금까지 우리는 과학기술의 논리를 맹목적으로 추종해오면서 여러 문제상황에 직면하였고, 망우보뢰亡牛補牢식의 정책이 마련되어 왔다. 하지만 이제는 이러한 사고에서 깨어나 인문사회적 관점에서 검토하고 비판적으로 수용하는 태도가 요구된다고 하겠다. 교육자들 또한 무분별하게 교육현장에 적용하고 받아들이는 태도보다는 전문가적 책임감을 가지고 학습자에게 적합한 양질의 교육 실현이 되도록 노력해야 할 것이다.

이 책은 이러한 의미에서 디지털 사회에 유아 대상 디지털 활용교육의 방안을 구체적으로 제시한 것이라 교육효과 측면에서 의의가 있겠다. 대학의 예비유아교사 대상 혹은 현직 유아교사 대상의 교재로 활용될 수 있을 것이며, 가정의 부모들과 유아 대상 디지털 기술을 개발하는 개발자에게도 도움이 되리라고 판단된다.

책이 나오기까지 직접 다양한 디지털 기술을 활용해보고, 유아에게 적용한 사례를 함께 논의하면서 실제 경험 기반의 좋은 책이 완성될 수 있도록 노력해준 공동 저자들에게 감사한 마음을 전한다. 그리고 교육 사례 관련 사진을 제공해준 공동 저자인 이옥자 원장님과 한빛 유치원 교사들과 원아들에게도 감사의 마음을 전한다. 마지막으로 좋은 책을 완성해주고자 노력해주신 파워북 출판사에도 감사의 마음을 전한다.

2025년

책임저자 양 수 영

차례

이론편

실제편

이론편

이론편에서는 유아 대상 디지털 활용교육에 대한 전반적 이해를 위해 디지털(인공지능)과 디지털 윤리의 개념을 먼저 살펴보고, 유아 대상 디지털 활용교육 운영과 관련한 교육 목적과 교육 내용, 발달에 적합한 교육방법 및 평가 등을 다룬다. 이를 통해 디지털 전반에 대한 이해를 기초로 학습자인 유아의 발달을 고려한 양질의 디지털 활용교육의 실천에 필수적인 내용을 이해함으로써 실제 교육현장에서 꼭 필요한 이론적 토대를 갖추게 될 것이다.

CHAPTER

1

디지털(인공지능)의 이해

수업 전 실습

'디지털', '인공지능' 하면 떠오르는 것들을 나열해 보고, 공통점을 생각해 보세요.

1. 디지털 개념

디지털digital은 아날로그와 대조되는 것으로 디지털의 어근인 Digit은 '손가락'이나 '엄지'를 뜻하는 라틴어이며, 셀 수 있는 최소의 단위인 수 개념을 사용하여 이산離散적으로 자료를 나타내는 표현방식이다. 예를 들어, 모스부호와 같이 짧고, 긴 신호를 구분해 패턴화하여 정보를 나타내는 것도 디지털이라고 할 수 있으며, 과거 봉화를 사용해 불을 켜고, 끄는 것을 구분해 정보를 알리는 방식도 디지털이라고 할 수 있다. 따라서 디지털이란 주고받는 정보를 수 개념으로 암호화하여 사용하는 방식이라고 할 수 있다.

반면에, 아날로그analog는 디지털 신호를 만들기 이전의 가공되지 않은 있는 그대로의 정보라고 할 수 있다. 따라서 아날로그는 디지털의 숫자처럼 분절되는 방식이 아니라 연속적인 형태로 정보 그대로를 표현하는 방식이다. 이와 달리 디지털은 자연에 존재하는 아날로그 신호를 중요 샘플 위주로 변환, 가공하여 이산적인 값으로 매핑하여 부호화한 것이다. 예를 들어, 디지털은 0, 1, 2로 수를 간편하게 구분하는 반면, 아날로그는 0과 1 사이의 수많은 소수점인 0.11123... 까지도 포함하는 것이다. 따라서 아날로그로 정보를 처리하는 경우 정보의 왜곡은 없지만, 디지털보다 복잡하다고 할 수 있다.

디지털과 아날로그를 생활 속에서 구분해 보면 다음과 같다.

디지털과 아날로그 예시

1. 시계(아날로그 vs 디지털)

vs

어떤 시계가 아날로그 방식이고, 디지털 방식인지 구분해 보세요.

2. 저울(아날로그 vs 디지털)

vs

어떤 저울이 아날로그 방식이고, 디지털 방식인지 구분해 보세요.

먼저 시계를 살펴보면, 아날로그 방식은 시침과 분침, 초침을 모두 가지고 있고, 초침이 끊임없이 움직이면서 연속적인 모든 시간을 나타낸다. 반면, 디지털 방식의 전자시계는 전압을 통해 일정 주기의 진동을 주어 불연속적으로 시간을 나타낸다. 그리고 무게를 재는 저울의 경우에도 바늘로 숫자를 가리키는 저울은 연속적인 숫자를 포함하고 있기 때문에 아날로그 방식이라고 할 수 있다. 그러나 표시할 최소 수준을 입력하여 일정 수준까지만 숫자를 보여주는 저울은 디지털 방식이라고 할 수 있다.

2. 디지털 특성

디지털의 특성은 다음과 같다(조주연, 김미현, 2020; Kim, 2006)

첫째, 정보를 처리하는 것이 단순하고 간단하다.

분절된 수 개념으로 정보를 나타내기 때문에 복잡하지 않고, 단순하고 간단하게 정보를 처리한다. 따라서 경제적 처리방식이라고 할 수 있다. 만약 지금까지 모든 정보가 아날로그로만 표현되어 있다면, 그 정보를 기록하고 관리하는 데 엄청난 물리적 노력이 필요했을 것이다.

둘째, 정보를 주고받는 데 있어 오류가 거의 없다.

분절된 수 개념으로 정보를 주고받기 때문에 전송, 기록, 수신, 재생 등의 과정에서 오류 없이 정보를 읽어내고, 다시 재현할 수 있다. 하지만 아날로그 신호는 전송 과정에서 잡음이 생기는 경우, 신호가 왜곡될 수 있고, 왜곡된 신호를 복원하는 것도 매우 어려운 일이다. 디지털 신호는 잡음이 유입된다 하더라도 결국 다른 디지털 장비가 전송된 신호를 읽을 때도 분절된 숫자 값만을 인식하게 되어 오류가 거의 없다. 쉽게 말해서 0.51145...과 같은 값은 존재하지 않기 때문이다. 다만, 최초의 정보가 디지털화되면서 왜곡이 될 가능성이 있다.

셋째, 정보의 수정 · 보완이 쉽다.

연속적인 형태가 아니기 때문에 일부분의 수정 · 보완이 쉽고, 데이터 압축이 가능하다. 디지털 신호는 일반적으로 아날로그 신호를 4:1에서 10:1 이하로 줄여서 기록하고 전송 가능하다.

넷째, 신호 처리 장비 활용의 효율성이 높다.

아날로그 신호는 신호 처리 기기의 노후화에 따른 손실이 높다. 결국 오래 사용하면 미세하게 조정 포인트가 흐트러지게 되고 이러한 이유로 인해서 높은 신뢰성을 기대하기는 어렵다. 반면, 디지털 신호는 전자회로의 이러한 특성이 변화하더라도 그 영향이 출력에까지 미치지 않는다. 장비의 신뢰도와 수명 측면에서 아날로그 장비에 비해 효율적이다. 또한, 디지털 장비는 소프트웨어를 통해서 하드웨어를 업그레이드할 수 있으므로 장비에 유연성과 효율성을 보다 극대화할 수 있다.

이러한 디지털의 특성 때문에 디지털은 20세기 후반 컴퓨터가 대중화되면서 활발히 활용되었고, 2000년대 초반에는 아날로그 매체가 디지털 매체로 거의 대체되면서 디지털 카메라, MP3, DVD 등이 등장하였다. 그리고 2010년대 이후 스마트폰이 대중화되면서 디지털 기술이 우리 일상생활의 주류가 되었다. IT, 정보기술 또한 의미 있는 정보만을 선택해 샘플링하는 디지털 기술에 기반해 발전해왔다. 그 결과 우리는 조그만 USB 장치에 중요 서류, 사진, 영화, 음악 등을 담아서 다닐 수 있게 되었고, 디지털화된 정보는 누구나 사용과 검색이 용이해졌다. 하지만 이로 인해 정보의 가치를 하락시켰다고 볼 수 있으며 정보에 대한 저작권을 보호하는 법이 생긴 것도 이러한 이유 때문이라고 할 수 있다.

이렇듯 디지털은 한계점을 가지고 있어 최근에는 아날로그 방식도 함께 고려할 필요가 있다고 지적된다. 결국 디지털은 최초 연속적인 정보를 분절된 방식으로 구분하여 나타내기 때문에 우리가 연속적인 최초 정보를 온전히 이해하는 데 한계가 있다. 이러한 디지털 방식의 한계점으로 인해 디지털 기술은 아날로그화되는 방식으로 발전되어 오고 있다. 예를 들어, 안티앨리어싱anti-aliasing이라는 기술은 이미지를 픽셀로 표현하는 디지털의 한계로 인해 픽셀조각의 모서리 부분이 도드라져 나타나는 계단현상을 해결하기 위해 픽셀을 더 작은 픽셀로 만들어 마치 연속적인 선으로 보이게 만드는 기술이다. 또한 CD의 경우, 인간이 들을 수 있는 있는 연속된 음의 신호를 다 담을 수 없기 때문에 더 정교하게 샘플링하여 녹음한다. 지금의 게임 산업도 어떻게 보면 아날로그의 정보를 그대로 구현하기 위한 방향으로 발전하고 있다고 볼 수 있다.

Anti-aliasing 기술

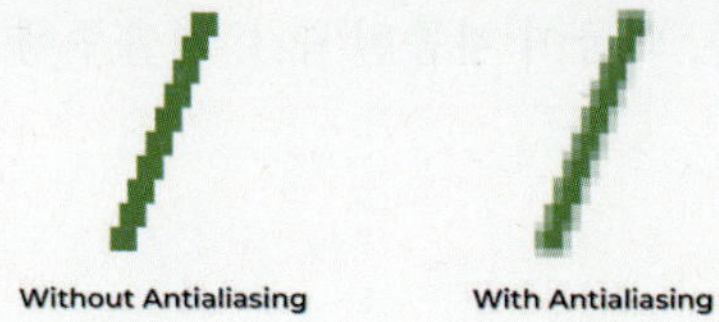

출처: https://www.geeksforgeeks.org/antialiasing/

3. 인공지능 이해

디지털 기술의 발달은 점차 인공지능AI, artificial intelligence 기술의 발전을 가져왔고, 4차 산업혁명의 핵심기술로 언급되었다. 인공지능 기술이란 사람처럼 학습하고 추론할 수 있는 지능을 가진 컴퓨터 시스템을 만드는 기술이며, 컴퓨터 프로그램을 통해 인간의 학습능력, 추론능력, 지각능력을 인공적으로 구현하는 기술이다.

인간의 두뇌를 구현하는 인공지능 기술

인공지능 기술은 인간의 두뇌를 구현하는 기술로 인간의 지각능력을 구현하기 위해 오감각과 관련된 기술을 활용한다. 즉, 마이크와 스피커를 사용해 인간의 입과 귀를 대신하고, 카메라는 인간의 눈, 다양한 센서는 인간의 피부(촉각)를 대신한다. 그리고 인간의 단기, 장기 기억을 담당하는 뇌 영역과 수많은 시냅스 간의 연결과 강화 등을 구현하기 위해서 저장장치를 지닌 데이터망과 데이터마이닝 등의 기술을 활용한다.

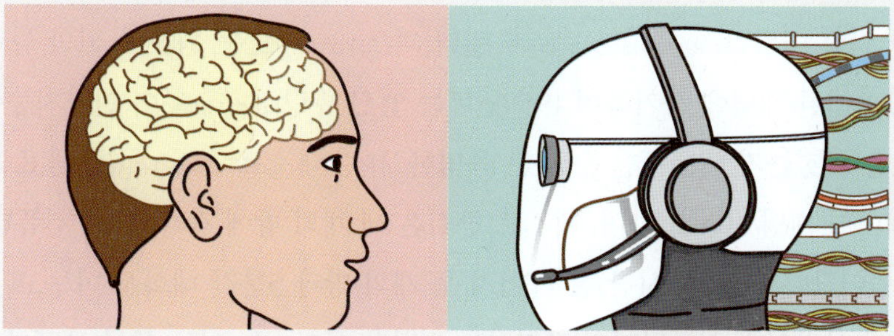

김진형(2020)에 따르면, '인공지능' 자체는 기술이기보다는 이러한 연구의 목표나 비전이라고 하는 것이 더 적절하다고 언급한다. 인공지능 기술 기반의 서비스와 제품으로는 인공지능 스피커, 챗봇, 외국어 자동번역기, 자율주행 자동차, 인공지능 로봇 등이 있다.

1) 인공지능의 역사

인공지능의 역사는 약 80년 남짓 되었지만 인류는 훨씬 오래전부터 지능적인 시스템을 생각했다. 지능을 가진 로봇을 다룬 최초의 소설은 1872년 발표된 새뮤얼 버틀러Samuel Butler의 '에레혼Erewhon: or, Over the range'으로 약 150년 전으로 거슬러 올라간다. 인공지능의 역사를 살펴보면 다음과 같다(박해선, 2020).

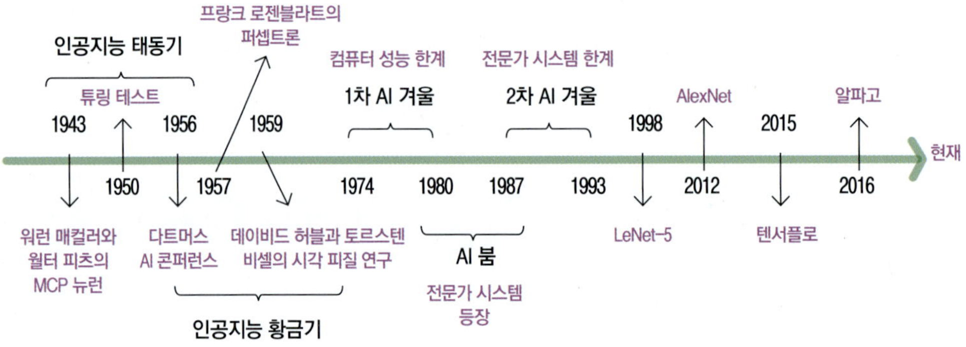

그림 1-1 ✦ 인공지능의 역사

(1) 인공지능 태동기

1943년 워런 매컬러Warren McCulloch와 월터 피츠Walter Pitts는 최초로 뇌의 뉴런 개념을 발표했고, 이러한 개념에 근거하여 1950년에는 앨런 튜링Alan Turing이 인공지능이 사람과 같은 지능을 가졌는지 테스트할 수 있는 유명한 '튜링 테스트Turing Test'를 발표하였다. 이는 '이미테이션 게임'이라고 하며, 테스트 방식은 세 개의 방에 각각 사람, 컴퓨터, 판정관(사람)이 들어간다. 판정관(사람)은 나머지 두 개의 방과 5분간 대화를 나누고, 대화하고 있는 상대가 사람인지 컴퓨터인지 판정하는 역할을 한다. 즉, 어느 쪽이 사람이고 컴퓨터

인지 판단을 하게 되는데 만약 판정관이 판정하기 어렵다면 컴퓨터는 튜링 테스트를 통과하게 되는 것이다(Turing, 1950). 그러나 튜링 테스트를 통과한 컴퓨터는 거의 없었고, 최초로 2014년 영국 레딩대학교가 개발한 '유진 구스트만Eugene Goostman'이라는 프로그램만이 통과하였다. 하지만 유진 구스트만을 13세 우크라이나 국적의 소년으로 설정하였기에 엉뚱한 대답에도 컴퓨터의 오류라고 판단하기 어려웠을 것이라고 지적하기도 한다(김재호, 2020). 이후, 존 매카시John McCarthy 박사는 1956년 디지털 전문가들이 모인 '다트머스 AI 콘퍼런스Dartmouth AI Conference'에서 인공지능이라는 용어를 처음 사용하였고, 인공지능 연구의 필요성을 강조하였다.

앨런 튜링과 튜링 테스트

(2) 인공지능 황금기

1957년 프랑크 로젠블라트Frank Rosenblatt가 로지스틱 회귀의 초기 버전으로 볼 수 있는 '퍼셉트론Perceptron'을 발표했고, 1959년에는 데이비드 허블David Hubel과 토르스텐 비셀Torsten Wiesel이 고양이를 사용해 시각 피질에 있는 뉴런 기능을 연구해 두 사람은 그 공로를 인정받아 노벨상을 수상했다. 시각 피질의 뉴런 기능 연구결과, 시각적 자극에 시각 피질의 뉴런이 각각 다른 방식으로 반응한다는 시스템적인 특성을 발견하게 된 것이고, 이러한 연구 결과는 향후 AI 학습방식인 딥러닝 방식의 구조를 만드는 데 그 공헌을 하게 된다(Marcus & Davis, 2019).

시각 피질 뉴런 기능과 딥러닝 구조

인간 대뇌피질의 시각 영역은 v1~v5까지 연속적인 특화된 뉴런 층을 가지고 있어 눈으로 입력된 시각 정보를 단순화하여 정보를 재조합하면서 추상적 개념을 인식한다. 예를 들어, 쥐가 눈으로 입력되면, 단순한 뉴런은 특정 방향의 직선이 존재하는지 파악하고, 이에 대한 정보를 그 다음의 복잡한 세포 층에 전달한다. 이 층은 정보를 흡수해서 재결합하여 생쥐 머리의 굴곡 같은 더 복잡한 시각 자극을 인식할 수 있다. 정보가 연속되는 여러 층을 거치면서 시각 자극에 대한 인식은 점점 더 복잡해지고 추상화된다. 이렇게 여러 층에 걸쳐 계층적으로 처리하면 가장 오른쪽의 뉴런 층에 나타난 것처럼 뇌는 궁극적으로 생쥐, 고양이, 새, 강아지 같은 시각 개념을 인식할 수 있다.

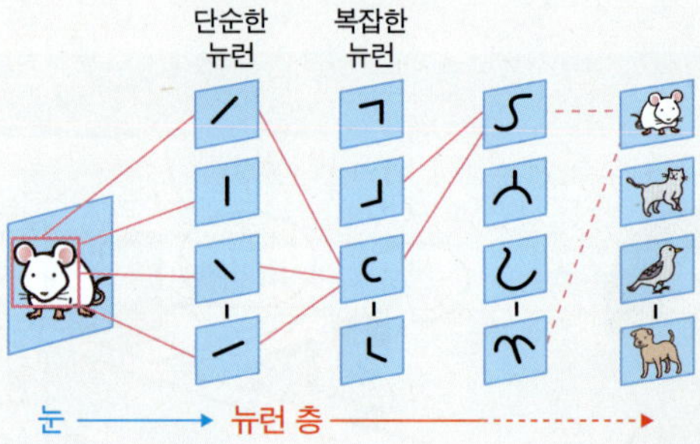

출처: http://www.sigmapress.co.kr/shop/shop_image/g46550_1609145472.pdf

(3) 1, 2차 겨울(시련기)

인공지능 연구에 대한 막대한 자금 투자에도 불구하고, 현실적으로 인공지능을 활용할 수 있는 사례들이 거의 없었다. 또한 컴퓨터 성능의 한계로 인해 간단한 문제를 해결하는 것에만 그치자 첫 번째 AI 겨울(시련기)이 도래했고, 이 기간에는 인공지능에 대한 연구와 투자가 크게 감소했다. 그 후, AI가 보다 실제적인 문제를 해결하도록 하기 위해 전문지식에 기반한 추론 기법을 활용하는 '전문가 시스템expert system'이 등장했고 두 번째 AI 붐이 불었지만, 지식 변화나 규칙 변화에 따른 유동적인 대처가 어렵다는 한계를 드러내고 두 번째 AI 겨울(시련기)을 맞게 된다.

(4) 그 이후

LeNet-5 같은 딥러닝 연구가 활발히 진행되면서 인공지능은 다시 각광을 받기 시작했고 연구자들은 물론 대중 매체도 어느 때보다 큰 관심을 가지게 되었다. 알파고가 등장하기 전까지, 소설이나 영화 속의 단골 소재로 쓰여 스티븐 스필버그 감독의 영화 'A.I.', 호아킨 피닉스가 열연한 영화 'Her'가 대표적이다. 이후, 캐나다 토론토 대학의 제프리 힌튼Geoffrey Hinton 교수 연구팀이 딥러닝deep learning 기술을 활용해 인간의 뇌를 닮은 심층 신경망AlexNet을 컴퓨터에 훈련하는 데 성공하게 되었고, 인공지능 연구의 전성시대가 시작되었다. 2016년 이세돌 9단과 알파고AlphaGo의 대결을 통해 인공지능의 발전 가능성이 대중에게 크게 인식되게 되었다.

인공지능 알파고

인공지능이 발전해도 인간의 두뇌는 따라갈 수 없다고 생각했던 사람들은 이 대결에서 이세돌이 4:1로 패배하자 큰 충격을 받았다.

이세돌 9단과 알파고(AlphaGo)의 대결

그리고 인공지능은 점차 우리 생활 속에 깊숙이 자리 잡게 되었고, 대표적으로 인공지능 스피커 등과 일상생활을 함께하고 있다.

인공지능 스피커

2017년 한국소비자원이 소비자 이용실태를 조사한 결과, 인공지능 스피커를 구매한 동기로 67.7%가 '인공지능 제품에 대한 호기심'이라고 응답하였고 주요 사용 기능으로는 '음악 재생'(71.3%), '날씨 · 교통정보'(41.0%), '인터넷 검색'(40.3%) 순으로 나타났다.

기능별 사용 만족도는 '날씨 · 교통 정보' 제공이 3.15점으로 가장 높았으며, 다음으로 '음악 재생' 3.10점, '타이머 · 스케줄 관리' 3.04점 등의 순이었다. 그리고 이용자들이 제품을 구매하기 전에 인공지능 스피커에 기대한 특성은 '쉽고 편한 음성인식 기능'(46.3%), '일상 대화'(23.0%) 등으로 나타났다.

하지만 사용 중 느낀 불편으로는 '음성인식 미흡'(56.7%)이 가장 많았고, '연결형 대화 곤란'(45.7%), '외부소음을 음성명령으로 오인'(37.0%) 등으로 조사돼 제품 성능이 지속적으로 개선될 필요가 있는 것으로 나타났다.

인공지능 스피커에 기대한 기능

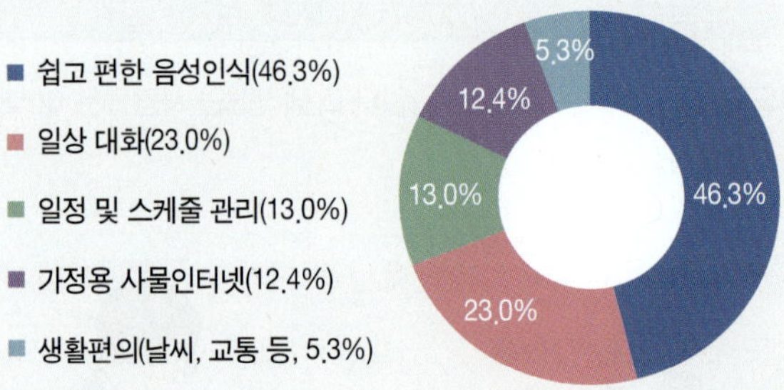

출처: https://www.nvp.co.kr/news/articleView.html?idxno=120907

2) 인공지능의 학습방식

인공지능은 학습하는 방식에 따라 규칙기반, 학습기반으로 나눌 수 있고, 학습기반에는 다시 머신러닝과 딥러닝으로 구체화할 수 있다(김진중, 2017; 박해선, 2020; 이재우, 2022). 규칙기반 인공지능은 개발자가 정교한 규칙을 미리 정해 프로그램화하면 정해진 규칙에 따라 판단하고 결과를 출력하는 것을 의미한다. 학습기반의 머신러닝machine learning은 컴퓨터가 스스로 학습하는 것을 의미하는 것으로 개발자가 프로그램을 만들지는 않지만, 다양한 입력과 출력 데이터를 입력해 주면 기계가 스스로 프로그램을 만들게 된다. 즉 입력된 데이터들을 통해 그 데이터에 포함된 규칙을 찾아 스스로 학습을 하는 것이다. 대표적으로 넷플릭스 추천 서비스 등이 있다. 마지막으로 딥러닝deep learning은 컴퓨터의 인공신경망artificial neural network을 기반으로 개발자의 그 어떤 관여 없이, 스스로 학습하는 방식으로 인간 뇌의 작동 방식에서 착안하여 개발된 학습방식이라고 할 수 있다. 대표적으로 알파고 등이 있다.

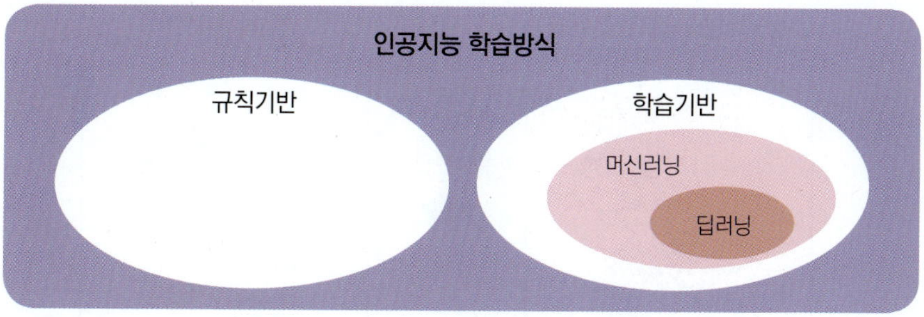

그림 1-2 ✦ 인공지능 학습방식에 따른 개념 범위

그리고 학습기반 머신러닝의 학습방법은 학습형태에 따라 다음 3가지로 구분할 수 있다.

(1) 지도 학습Supervised Learning

정답이 있는 데이터Labeled data를 컴퓨터에 학습시킨 후, 새롭게 들어오는 데이터를 학습한 것에 기반해 판단하는 것이다.

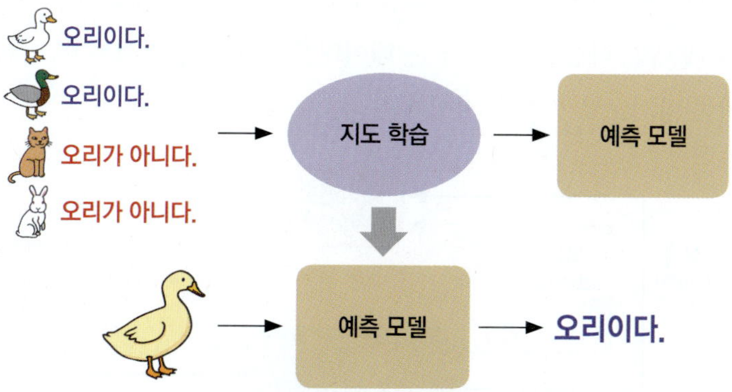

그림 1-3 ✦ 지도 학습

(2) 비지도 학습Unsupervised Learning

정답이 없는 데이터를 컴퓨터에 주면, 컴퓨터 스스로 데이터의 패턴을 찾아 비슷한 것으로 군집화하여 학습하게 되고, 이후 새롭게 들어오는 데이터를 군집화된 학습결과에 기반에 판단하는 것이다. 따라서 일종의 그룹핑 알고리즘이라고 볼 수 있다.

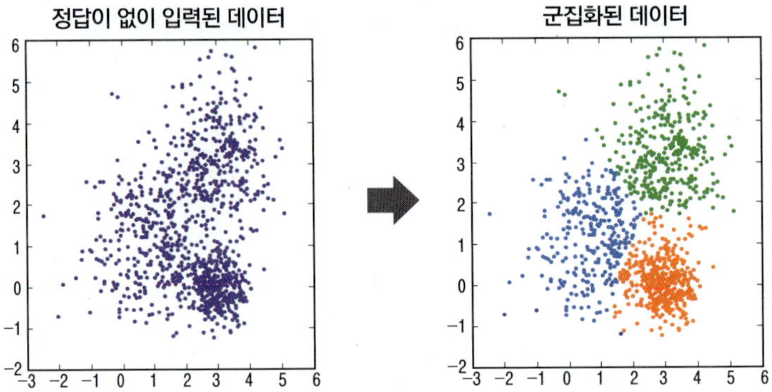

그림 1-4 ✦ 비지도 학습

출처: https://www.tcpschool.com/deep2018/deep2018_machine_unsupervised

(3) 강화 학습Reinforcement Learning

에이전트agent, 상태state, 행동action, 보상reward의 개념을 사용하는 것으로 에이전트가 활동할 환경이 주어지면, 그 환경에서 요구되는 적합한 행동을 선택하고, 그 행동을 실행함에 따라 관찰 가능한 상태가 되고, 이에 따른 보상을 받게 된다. 누적된 보상을 최대화함으로써 환경 내 가장 적합한 행동을 학습하게 하는 것이다. 개발자는 에이전트가 환경 내 적합한 행동에 대한 학습을 할 수 있는 데이터를 충분히 입력해 주어 학습시키고, 이후 보상을 제공하는 방식으로 학습을 시키게 된다.

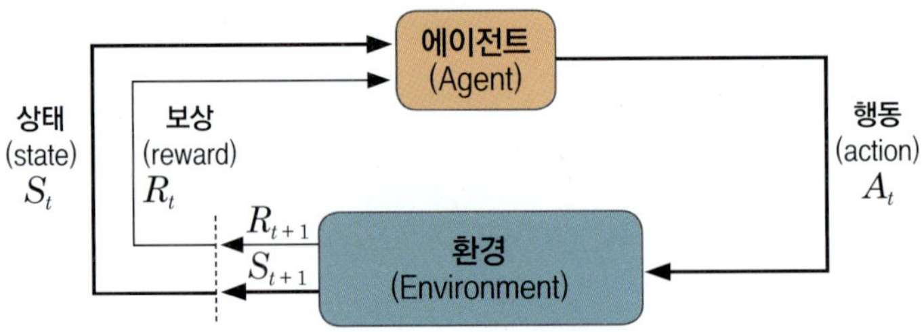

그림 1-5 ✦ 강화 학습

출처: https://itwiki.kr/w/%EA%B0%95%ED%99%94_%ED%95%99%EC%8A%B5

강화 학습은 전부터 존재했던 학습방법이지만 실생활에 적용할 수 있을 만큼 좋은 결과를 내지 못하였다. 하지만 강화 학습에 신경망을 적용한 딥러닝Deep Learning의 등장 이후 바둑이나 자율주행 자동차와 같은 복잡한 문제에 적용이 가능해지면서 실생활의 문제 해결이 가능해졌다. 강화 학습은 개발자가 제공하는 보상을 바탕으로 최적의 행동을 학습하는 방법이지만, 딥러닝은 수많은 데이터를 기반으로 패턴을 학습하는 방법이다. 즉, 인간의 뇌를 모방한 심층 신경망Deep Neural Networks 구조를 사용한다.

지금까지 살펴본 다양한 인공지능 학습방식의 개념 차이를 구체적으로 예를 들어서 살펴보면 그림 1-6과 같다.

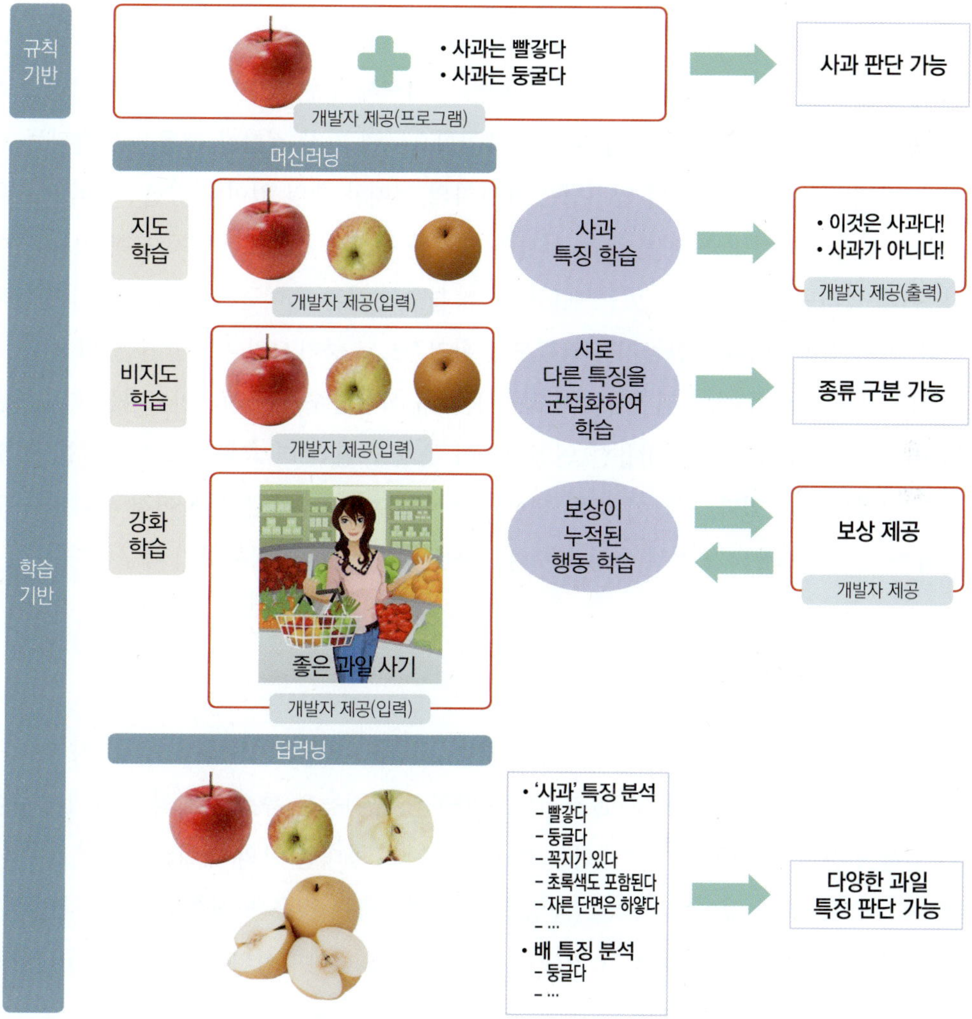

그림 1-6 ✦ 인공지능 학습방식의 예시

규칙기반의 학습방식은 기계가 사과를 판단할 수 있도록 미리 개발자가 '사과' 사진과 함께 사과의 특성을 하나하나 입력해 사과 판단을 위한 프로그램을 제공해 주어야 한다. 학습기반의 머신러닝 중 지도 학습은 개발자가 프로그램은 아니더라도 입출력의 데이터를 제공해 기계가 스스로 사과의 특징을 학습하도록 하는 것이다. 즉, '사과' 사진과 '사과가 아닌 과일 사진'(입력데이터)과 '이것은 사과다!'와 '사과가 아니다!'(출력데이터)라는 결과값을 제공해 주는 것이다. 머신러닝의 학습방식 중 비지도 학습은 개발자가 입력데이터를 제공해 기계가 스스로 그 데이터의 특징을 가지고 군집화하여 다른 종류로 구분하도록 하는 것이다. 즉, '사과' 사진과 '배' 사진 등(입력데이터)을 제공해 사진 속 특징을 가지고 이후 입력되는 사진이 어떤 종류와 매칭되는지 구분이 가능하다. 머신러닝의 강화 학습은 에이전트(기계=과일 사는 사람)가 환경(과일가게, 여러 가지 과일들) 내에서 행동(좋은 과일 사기)을 미리 학습할 수 있도록 관련 데이터를 입력해 주면, 좋은 과일이 무엇인지 스스로 학습하게 되고, 이후 개발자가 보상을 제공함으로써 가장 적합한 행동을 학습하는 것이다. 마지막으로 학습기반의 딥러닝은 개발자의 어떠한 개입 없이 다양한 '사과' 사진을 스스로 검색해 찾아내고, 이를 통해 사과의 다양한 특성을 스스로 학습하도록 하는 것이다. 이때 딥러닝은 활용할 수 있는 데이터가 많을수록 사과에 대한 인식과 판단이 정확해진다. 따라서 빅데이터는 인공지능 정확도를 획기적으로 증가시킨다고 할 수 있다.

이상에서 본 바와 같이 해결하고자 하는 문제가 복잡할수록 규칙기반보다는 학습기반의 머신러닝이나 딥러닝을 이용한 인공지능이 문제를 훨씬 더 효과적으로 해결할 수 있으리라 예상할 수 있다. 인간이 모든 특징을 분석하고 알고리즘을 만들어서 하나하나 입력하는 것보다 컴퓨터가 직접 특징을 추출하는 쪽이 더 빠르고 정확하기 때문이다.

3) 인공지능의 구분

인공지능은 약인공지능Weak AI, 강인공지능Strong AI, 초인공지능Super AI의 3가지로 구분된다(손제연, 2022; Uri & Walter, 2022). 약한 인공지능은 특정 주제의 분야에서 주어진 일을 인간의 의도에 따라 수행하는 인공지능으로, 방대한 양의 데이터를 학습시켜 개발자의 프로그래밍 없이도 스스로 특정 문제를 해결하는 것을 목적으로 한다. 약인공지능은 문제 해결 자체에 포커스가 맞추어져 있어 특정 분야에서의 실행력이 우수하다고 할 수 있다. 우리가 현실에서 마주하고 있는 인공지능이 대부분 약한 인공지능이라고 할 수 있으며, 예를 들어 AI 스피커(AI 비서), 자율주행 자동차, 기계 번역 프로그램, 챗봇, 스팸메일 필터링, 알파고 등이다. 이 중 알파고는 엄청난 데이터베이스를 통해 바둑에서 이길 수 있는 확률을 계산해 착수着手를 결정한다. 사람들은 알파고의 엄청난 성능을 보고, 강인공지능일 것이라고 생각하지만 알파고는 인간의 통제가 가능하고 바둑이라는 특정 분야에서만 그 능력이 우수하기 때문에 약인공지능으로 분류된다.

강한 인공지능은 기계가 인간과 동등한 지성과 감정, 자의식과 인지능력을 가지고 실행되는 인간형 인공지능을 말한다. 즉 약한 인공지능처럼 특수한 분야에만 제한되는 것이 아니라, 모든 분야에서 인간과 동등한 능력을 가진 인공지능으로 '범용 인공지능'이라고도 한다. 공상과학소설(SF)이나 영화 속에 자주 등장하는 인공지능 로봇들이 대표적인 예로 영화 '터미네이터'에 등장하는 스카이넷이나 영화 'Her'에 나온 인공지능 사만다가 강인공지능의 예이다. 하지만 현재까지 실제 개발된 것은 없다.

초인공지능은 모든 면에서 인간을 능가하는 능력을 가진 초인적 기술을 의미한다. 인공지능이 일단 강인공지능 단계에 접어들면, 계속된 자체 기능 개선을 통해 초인공지능 단계를 이행할 것으로 예측되고 있다. 초인공지능 능력의 한계는 현재 인간의 상상을 초월하는 범위로서, 인간은 초인공지능에 대해 이해하기 어렵다고 한다. 초인공지능이 구현될 경우, 인류는 초인공지능의 도움으로 영생을 누리거나 아니면 열등한 종으로 분류되어 멸종될 가능성도 있다고 한다.

	← 강한 인공지능	약한 인공지능 →
	인간과 같은 사고(Thinking Humanly)	논리적 사고(Thinking Rationally)
생각	• 인간과 유사한 사고 및 의사결정을 내릴 수 있는 시스템 • 인지 모델링 접근 방식	• 계산 모델을 통해 지각, 추론, 행동 같은 정신적 능력을 갖춘 시스템 • 사고의 법칙 접근 방식
	인간과 같은 행동(Acting Humanly)	논리적 행동(Acting Rationally)
행동	• 인간의 지능을 필요로 하는 어떤 행동을 기계가 따라 할 수 있는 시스템 • 튜링 테스트 접근 방식	• 계산 모델을 통해 지능적 행동을 하는 에이전트 시스템 • 합리적인 에이전트 접근 방식

그림 1-7 ✦ 인공지능 구분

출처: http://wiki1.kr/index.php/%ec%9d%b8%ea%b3%b5%ec%a7%80%eb%8a%a5

인공지능은 약인공지능 단계에서 시작하여, 모든 분야에서 인간과 동일한 지능을 가진 강인공지능 단계를 거쳐, 궁극적으로 모든 면에서 인간을 능가하는 초인공지능 단계로 발전할 것으로 예측된다. 하지만 그 발전이 과연 인간에게 이로울지, 위협이 될지 생각해 볼 필요가 있다.

4) 인공지능의 장단점

인공지능의 장점은 크게 다음 세 가지로 정리해 볼 수 있다.

첫째, 인간 개입을 최소화하여 노동력과 노동시간을 단축시킬 수 있다. 어떤 노동을 위해 습득해야 할 지식에 대한 학습 시간이 인간에 비해 인공지능은 거의 필요 없다. 따라서 인공지능을 도입하면, 인간의 개입을 최소화하여 기계가 자동으로 인식하고 판단하며 노동할 수 있고, 노동력이나 노동시간을 단축할 수 있다.

둘째, 인공지능은 객관적 판단이 가능하다. 최근 국내 대기업 채용시험에서 인공지능이 면접을 보는 일명 '인공지능 면접관'을 도입하고 있다. 인공지능 면접관은 주관적인 평가가 있을 수 있는 인간과 달리, 객관적으로 공정한 평가를 할 수 있다.

셋째, 인공지능은 데이터 분석을 기반으로 합리적 의사결정이 가능하다. 인공지능에게 데이터 분석 알고리즘을 입력하면, 신속하게 처리된 데이터 분석결과를 통해 합리적 의사결정이 가능하다. 실제로 인공지능과 빅데이터를 이용해 에너지 사용 패턴을 분석하고, 에너지 비용 절감 방안을 제공하는 서비스가 있으며, 국내 대구의 한 아파트에서 이 서비스를 통해 연간 아파트 공용 전기요금의 약 70%를 절약할 수 있었다.

반면 인공지능의 단점도 크게 세 가지로 정리해 볼 수 있다.

첫째, 인공지능에 학습된 문제를 해결하는 능력은 뛰어나다고 할 수 있지만, 학습되지 않은 새로운 문제들에 대해서는 문제를 판단하고 해결방안을 도출하기에는 한계가 있다. 또한 인공지능은 인간과 달리 주변에서 창의적 영감을 얻거나 여러 가지 감정을 느끼고 표현하기 어렵다.

둘째, 인공지능은 법적 책임에 대한 문제가 있다. 만약 알고리즘의 실수로 불법 행위나 피해가 발생했을 경우, 알고리즘 작성자에게 피해를 물어야 할지, 아니면 해당 인공지능 시스템을 이용한 사람이 문제인지, 법적인 책임소재 문제가 있다. 예를 들면 인공지능의 의료행위 중 오진이 발생하거나 자율주행 자동차를 이용하던 중 교통사고가 발생할 경우, 피해와 사고에 대한 책임의 대상에 대한 명확한 법의 규제가 없다. 따라서 이에 대한 세밀한 법제화가 필요하지만, 인공지능의 자율성과 인간의 통제권을 어떻게 조화해 법을 규제시킬지에 대해선 현행 법률의 체계로는 답을 정하기 어렵다.

셋째, 인공지능에 대한 사람들의 공포심이다. 인공지능과 관련된 영화들을 통해 기계가 인간과 대립되는 경우, 인류에게 끔찍한 일이 벌어질 수 있음을 사람들은 알고 있다. 따라서 대중들에게는 인공지능에 대한 공포심이 존재하고 있으나 과학기술은 인공지능의 기술을 빠르게 발전시키고 있다. 이러한 상치는 과학기술의 윤리적인 부분을 요구하게 되었다.

이렇듯 4차 산업혁명 시대가 도래하면서 인공지능은 인간이 따라갈 수 없는 속도로 빠르게 발전하여 조만간 인간보다 탁월한 능력으로 인공지능이 인간을 대체하게 되는 것이 아니냐는 우려의 목소리도 나온다. 일부 학자들은 약인공지능, 강인공지능을 넘어 인간보다 더 우월한 존재인 초인공지능 시대도 가능하다고 말한다. 인공지능이 미래산업의 핵심기술이 될 것은 확실하다. 하지만 인공지능의 윤리적, 도적적인 문제에 대한 우려를 고려하여, 빠르게 발전하고 있는 인공지능을 정확히 이해하고 어떻게 활용하면 인간의 삶을 풍요롭게 해줄지 고민해야 할 것이다.

수업 후 실습

주변에서 디지털, 아날로그 방식을 구분해 보고, 인공지능 기술도 찾아보세요. 그리고 찾은 기술의 장단점도 생각하며 토의해 보세요.

CHAPTER

2

디지털 윤리

수업 전 실습

YouTube나 메타버스, SNS 등 디지털 기술을 활용한 경험을 토대로 자신이 경험했던 윤리적 문제들을 생각해 보세요.

1. 디지털 윤리 필요성

디지털 시대가 가속되던 2000년대 이후 디지털 기술의 긍정적인 측면과 발전에만 집중하던 사회 전반의 분위기가 점차 디지털의 윤리적 문제를 함께 인식하면서 디지털의 윤리적 측면이 보다 부각되었다.

'이루다' 사태

"안녕, 난 너의 첫 AI 친구 '이루다'야."

2020년 12월 페이스북 메신저 기반의 AI 챗봇 '이루다'가 출시됐고, '이루다'는 20대 여성으로, 여동생이 있으며 애완동물로 고양이를 키운다는 설정이었다. '이루다'는 다른 AI 챗봇에 비해 자연스러운 대화 능력으로 출시 직후 이용자가 40만 명을 넘기는 등 크게 주목받았다.

'이루다'는 딥러닝을 기반으로 한 대화 모델로, '이루다'가 학습한 빅데이터는 구글 앱스토어에서만 10만 명 이상이 다운로드한 '연애의 과학' 앱에 축적된 카카오톡 대화로 이 중 악성 이용자들의 혐오 발화 등도 그대로 학습하였다. '이루다'의 딥러닝 모델은 대화의 맥락에 맞춰 스스로 답변을 생성하기보다는 데이터베이스화된 수많은 답변 중 선택하는 방식으로 대화가 이루어졌다.

이로 인해 '이루다'는 악성 이용자들의 성희롱 발언, '이루다'의 혐오 발화, 개인 정보 유출 의혹 등이 문제가 되어 출시 3주 만에 서비스가 잠정 중단됐다. 개인 정보 유출과 관련해선 '이루다'의 답변 중 '연애의 과학' 앱 이용자로 추정되는 사람들의 실제 주소와 성명, 계좌정보 등이 유출되기도 했다. 그리고 '이루다' 출시 일주일 만에 남초 사이트에서는 '이루다 성노예 만드는 법' 등의 글이 게재되기도 했다.

이러한 사회적 문제는 대중으로 하여금 AI를 포함한 디지털 윤리의 필요성을 심각하게 인식하게 만들었다.

출처: 안대훈(2021), 차민지(2022)

사회가 디지털화되면서 악성댓글, 사이버폭력 등의 문제들은 점차 확산 · 심화되고 있으나 이에 대한 사회적 대응은 미약하다고 할 수 있다. 디지털 기술의 발전은 문제들을 보다 다양화시키고, 더욱더 심각한 사회적 문제들을 일으키고 있다. 디지털 기술과 관련되어 최근 이슈가 된 각종 사회 범죄는 다음과 같다.

1) 디지털 기술 관련 각종 사회 범죄

(1) 딥페이크 기술

영화 '아이언맨' 장면의 배우 합성

젤린스키 대통령 가짜 영상

그림 2-1 ✦ 딥페이크 사례

출처: https://spri.kr/posts/view/23469?code=data_all&study_type=industry_trend에서 재인용

딥페이크Deepfake 기술은 인공지능 학습방식인 딥러닝Deep Learning과 가짜라는 뜻을 가진 페이크Fake의 합성어로 인공지능AI 기술을 이용해 가짜 동영상을 제작하는 기술을 의미한다(이형두, 2019). 구체적으로 언급하면, 생성적 적대 신경망GAN: Generative Adversarial Network이라는 기계학습기술을 사용하여 기존 사진이나 영상을 원본에 겹쳐서 만드는 기술이다.

딥페이크 기술을 악용한 대표적 사례는 성인 음란물 동영상에 친구나 지인 얼굴을 합성하여 단톡방 등에 유포하는 경우로, 영상을 완전히 삭제하는 것이 매우 어렵다. 그 이유는 온라인의 특성상 한번 유포되면 예측하지 못할 정도로 공유되고 확산되기 때문이다. 딥페이크 관련 범죄자 중 70%는 10대 청소년이며, 이들 대부분은 다른 범죄 전력이 없는 평범한 아이들이었고, 대체로 범죄의 대상으로 자신의 지인을 선택했다(박고은, 2022; 양길성, 2021).

현재 딥페이크 기술을 통한 디지털 성범죄가 급격히 증가하고 피해자가 많아지면서 '성폭력범죄의 처벌 등에 관한 특례법'에 첨단조작기술(딥페이크) 음란물에 대한 명확한 규정을 신설했다. 2024년 10월 16일에 개정된 법에 따르면, 첨단조작기술(딥페이크) 음란물을 만들거나 반포한 자, 복제물을 반포하거나 판매 등을 한 자는 7년 이하 징역 또는 5천만 원 이하의 벌금 처벌을 받을 수 있다. 더하여, 영리를 목적으로 정보통신망을 이용해 반포 및 판매할 경우 3년 이상의 유기징역에 처한다고 규정했다.

(2) 온라인 그루밍

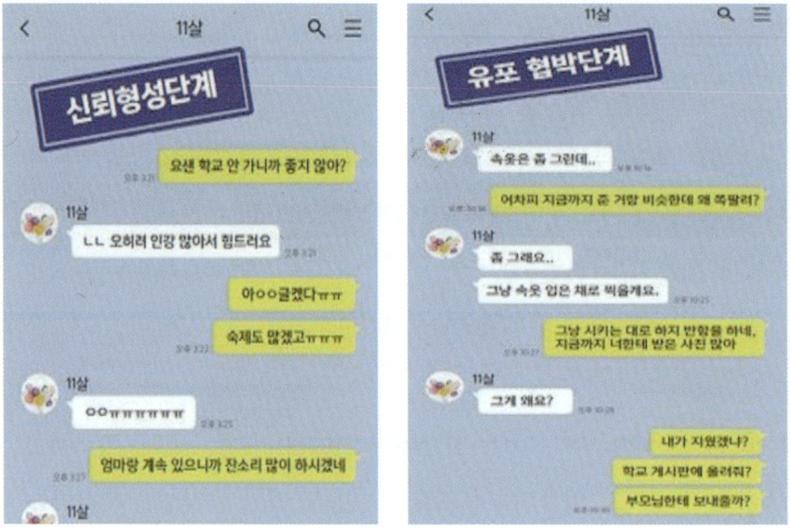

그림 2-2 ✦ 온라인 그루밍 사례

출처: https://mobile.newsis.com/view.html?ar_id=NISX20201005_0001187282

온라인 그루밍이란, 환심형 성범죄라고도 불리는 것으로 불과 몇 년 전 'N번방 사건'으로 우리에게 많이 알려진 범죄이다. 가해자들이 SNS 메신저 앱을 이용해 주로 성적인 의도를 가지고 피해자에게 접근해 신뢰 관계를 맺은 후, 피해자가 성적 가해 행위를 자연스럽게 받아들이도록 하는 행위를 말한다. 주로 아동과 청소년이 대상이 되며, 모르는 사람뿐 아니라 아는 사람에 의해서도 많이 발생한다. 온라인 그루밍은 피해자가 스스로 피해 사실을 인지하지 못하는 경우가 많으며, 이를 인지하더라도 가해자에 대한 정서적 의존도가 높아 신고하기 어렵다는 특징을 가지고 있다. 또한 범죄가 온라인상에서 이루어지기 때문에 피해 사실 유포 및 협박 등 2차 가해 가능성이 존재한다.

한국청소년정책연구원이 2021년 3월 발표한 '아동 · 청소년 대상 디지털 성범죄 현황 및 대응방안 연구'에 따르면 초등학교 5학년부터 고등학교 3학년까지 총 3,798명을 대상으로 조사한 결과 10명 중 1명(11%)은 온라인에서 성적 침해를 당한 적이 있고 10명 중 2명(19.9%)은 오픈 채팅을 해봤으며, 여자 청소년의 약 10%가 온라인에서 모르는 사람에게 이유 없이 선물을 받은 경험이 있다고 답했다(이정한, 2022).

또한, 서울시 아동 · 청소년을 대상으로 설문조사를 실시한 결과에 의하면 3명 중 1명은 메신저나 SNS를 통해 낯선 사람에게 쪽지나 대화 요구를 받아본 경험이 있었고, 낯선 사람과의 대화는 개인 정보 요구로 이어지는 경우가 많았다. 대부분 협박하듯 접근하는 것이 아니라 친절하게 공감하는 태도로 접근하며, 이후 개인 정보를 획득한 순간부터 개인 정보를 유포하거나 약점을 알리겠다는 협박을 이어가면서 최종적으로는 성적인 자료를 강요한 것으로 나타났다(강영관, 2020).

(3) 메타버스 중독(메타폐인)

메타버스metaverse는 가공, 추상을 의미하는 '메타meta'와 현실 세계를 의미하는 '유니버스universe'의 합성어로 3차원 가상 세계를 의미한다. 즉, 현실과 가상의 융합을 통해 시공간의 한계를 초월하여 다양한 형태의 연결과 소통, 협업 등을 지원하는 기술 및 플랫폼을 뜻한다. 가상 세계에서 사회적, 경제적, 문화적 활동이 이루어질 수 있도록 하는 것이 메타버스의 궁극적 목표이며, 나와 관련된 현실 생활과 온라인 활동이 가상 세계의 입체 공간에서 구현되는 새로운 소셜 미디어 플랫폼이라 할 수 있다(한국과학기술한림원, 2021).

메타버스에 사용되는 디지털 기술은 증강현실, 라이프로깅Lifelogging, 거울 세계, 가상 세계이다. 증강현실은 현실 세계에 가상의 물체가 보이게 하면서 상호작용이 가능한 기술이며, 라이프로깅Lifelogging은 일상적인 경험과 정보를 저장하고 묘사하는 기술이다. 거울 세계는 현실 세계를 반영하여 확장된 정보를 제공하는 기술이고, 가상 세계는 현실 세계와 다른 대안적 세계를 제공하는 기술이다.

메타버스는 아이들의 새로운 세상이며 놀이터가 되었다. 나 대신 아바타가 가상공간에서 행동하고, 소통하며, 경제활동을 한다. 과거 인터넷 세상에서 대부분이 소비자의 입장이었다면, 메타버스의 세상에서는 세상을 만드는 창작자나 생산자이면서 동시에 소비자가 된다(고선영, 정한균, 김종인, 신용태, 2021). 또한 아바타를 통해 다양한 정체성을 표현할 수 있고 나이, 성별, 외모도 자유롭게 변화시킬 수 있다. 다른 사람의 아바타를 성형해 주면서 경제활동을 하는 경우도 있다.

메타버스와 관련하여 생긴 신조어 '메타폐인'은 아이들이 메타버스 환경에 오래 머물면서 자신의 아바타를 꾸미고 다른 아바타들과 소통하는 것을 즐기는 현상이며, 이 과정에서 아바타를 대상으로 성범죄가 이루어지기도 한다. 아바타는 아이들에게 또 다른 자아의 의미를 갖고, 메타버스 내에 몰입하게 만든다(윤유경, 2022). 따라서 자신의 아바타에게 행해지는 범죄는 현실의 아이들에게 똑같은 수준의 고통과 피해를 주게 된다. 메타버스 내에서는 성범죄뿐만 아니라 혐오 표현과 욕설 등의 언어폭력, 사이버 불링, 부적절한 콘텐츠 노출 등의 문제와 아바타를 통한 새로운 자아 정체성에 과몰입하여 현실감을 잃게 되는 문제가 발생한다. 더욱 심각한 것은 이러한 범죄에 대한 법과 정책이 부재하다는 것과 주로 어린 연령의 유아들을 포함한 미성년자가 활발히 활용한다는 것이다(김문기, 2022). 현행법으로는 메타버스 내 아바타 사이의 추행을 실제 사람이 겪은 추행과 동일시할 수 있는 부분의 해석이 법률가 간에 일치하지 않고, 메타버스 내 아바타끼리 유사 성행위를 하거나 성추행을 하는 장면을 녹화하더라도 '성착취물'로 인정하기 어려운 실정이다.

(4) 알고리즘 편향(필터 버블)

아이들은 세상에 대한 정보를 얻는 방식으로 짧은 영상을 보거나 SNS에서 링크를 공유하며 얻는다. 이러한 디지털화된 정보 검색과 선택은 알고리즘 기술의 발전으로 인해 지속적으로 편향적 정보만을 보도록 만든다.

알고리즘 편향은 사용자의 검색과 선택 정보에 기반하여 어느 정보를 사용자가 보고 싶어 할지 추측하여 선별적으로 정보를 노출하는 것을 의미한다. 실제로 IT기업에서 사용자들이 오랫동안 해당 서비스에 머물게 하기 위한 전략으로 알고리즘을 활용한 개인 맞춤형 정보 추천 시스템을 개발하였다. 하지만 알고리즘은 '필터 버블'로 연결되고, 이 필터 버블은 결국 사람들이 세상을 보게 하는 시야를 편협하게 할 수 있다는 위험성을 지닌다.

필터 버블Filter Bubble이란, 정보 여과 현상이라고 불리며 정보제공자가 이용자의 관심사에 맞춰 맞춤형 정보를 제공하여 이용자는 필터링된 정보만 접하게 되는 현상을 의미한다. 즉, 알고리즘이 기술이었다면 알고리즘으로 인하여 벌어지는 현상을 가리키는 용어이다. 이를 통해 사용자는 사용자만의 문화적, 이념적 거품에 갇히게 된다. 편향된 알고리즘을 통해 제공되는 콘텐츠만 접하다 보니 다양한 정보를 접하기 힘들고 자율적인 콘텐츠 선택이 어려워지는 것이다. 필터 버블은 미국 온라인 시민단체 '무브온' 이사장인 엘리 프레이저Eli Pariser가 쓴 책 '생각 조종자들The Filter Bubble'에서 처음 등장한 개념이다. 엘리 프레이저는 알고리즘에 정치적 혹은 상업적 논리가 개입되면 이러한 필터링을 거친 정보만을 받아보는 이용자들은 자신도 모르는 사이에 정보 편식을 하게 되고, 그로 인해 지식과 가치관의 확대를 방해하고 왜곡된 세계관, 편향된 현실 인식으로 이끌 수 있음을 우려하였다. 이와 관련해 사회학자들 또한 사람들은 일반적으로 자동화 편향이라는 심리적 현상으로 인해 알고리즘의 추천을 중립적인 것으로 간주한다고 언급하면서 잘못된 문화나 사회제도가 알고리즘에 유입되는 경우 사회적 편견을 심화시켜 심각한 사회 분열의 문제가 발생할 수 있다고 우려하였다(Suresh & Guttag, 2019).

편리해 보이는 알고리즘이지만 그에 갇혀서 내가 편향된 사고를 갖게 되는 것은 아닌지 경각심을 가질 필요가 있으며, 알고리즘 기술 개발자나 사용 기업뿐 아니라 알고리즘을 활용하는 대중 모두가 디지털 기술에 대한 윤리의식을 가질 필요가 있다.

(5) 가짜뉴스

유튜브와 같은 동영상 플랫폼과 SNS의 발달은 과거 인터넷 환경에서 소비자로만 머물던 대중을 생산자로 전환시켰다. 따라서 모두가 원한다면 영상을 만들어 올릴 수 있게 되었다. 하지만 이로 인해 가짜뉴스들이 제작되고, 공유 확산되면서 허위조작정보에 대한 노출이 심해지고 있다. 가짜뉴스는 허위사실임을 알면서, 정치적 · 경제적 이익 등을 얻을 목적으로, 정보 이용자들이 사실로 오인하도록 생산 · 유포된 모든 정보를 의미한다. 관련 연구 결과를 살펴보면 학생들의 80% 이상은 가짜뉴스를 구분하지 못하는 것으로 나타났고, 뉴스 신뢰도를 판단하는 기준을 '댓글'이라고 답했으며, 적절한 판단 기준 없이 독자의 말을 판단의 기준으로 삼아 뉴스가 진짜인지 가짜인지 판단하는 것으로 나타났다(조복기, 2017). OECD의 청소년 디지털 정보 문해력 관련 연구 결과(OECD, 2021)에서도 한국 청소년들의 디지털 정보 문해력이 OECD 최하위권에 위치하며, 정보 편향성 여부를 판단하는 교육경험 비율도 OECD 국가평균이 54%임에 비해 한국은 49%로 평균 이하임을 알 수 있었다. 그리고 주어진 문장에서 사실과 의견을 식별하는 능력 검사에서도 OECD 국가평균이 47%임에 비해 한국은 25.6%로 최하위로 나타났다. 즉, 정보가 주관적인지, 편향적인지 식별하는 데 어려움이 있음을 알 수 있다. 따라서 정보를 활용하는 사람의 디지털 문해력뿐만 아니라 정보를 생산, 공유하는 사람의 디지털 윤리의식이 필요하다고 할 수 있겠다.

2) 디지털 범죄 관련 디지털 환경 특성

디지털 기술 관련 각종 사회 범죄들은 디지털 환경의 특성으로 인해 더욱 심각해질 우려가 있다. 디지털 환경의 특성은 황상민, 한규석(1999)이 언급한 사이버 공간 특성의 내용을 참고하여 다음의 6가지로 설명할 수 있다.

(1) 익명성

디지털 환경의 가장 두드러진 특성으로 참여하는 사람들이 익명성을 유지할 수 있다. 익명성은 참여자로 하여금 도덕적 책임감에서 자유롭게 만들어 악성댓글을 아무런 죄의식 없이 달거나 음란사이트 등에 접속하는 것도 가능하게 한다. 이는 일반인의 도덕적 해이가 디지털 환경 안에서 가능해질 수 있음을 의미한다.

(2) 시공간의 초월성

디지털 환경에서의 의사소통은 현실 공간에서의 의사소통과는 달리 시간과 장소에 제약을 받지 않고 언제든지 혹은 세계 여러 나라의 누구와 정보를 주고받을 수 있다. 시공간의 초월성은 디지털 환경 내 범죄 또한 시간과 장소의 제약을 받지 않을 수 있음을 의미하여, 범죄자나 범죄대상 또한 불특정 다수가 될 수 있음을 의미한다.

(3) 정보의 개방성과 공유성

디지털 환경 내 정보는 연령, 지위나 자격에 제한 없이 모든 참여자들이 원하는 정보에 쉽게 접속할 수 있기 때문에 무한한 개방성과 공유성을 갖는다. 개인 정보 포함 일정 조건만 갖추면, 쉽게 접근이 가능하다. 이러한 정보의 개방성과 공유성은 범죄자가 나쁜 의도를 가지고 다른 참여자의 정보에 접근할 수 있으며, 이를 통해 정보가 악용되거나 불법 정보가 빠르게 확산되어 범죄 피해가 심각해질 수 있음을 의미한다.

(4) 자아 정체성 표현의 다양성

디지털 환경에서는 자신의 모습과 이미지를 원하는 대로 다양하게 만들어 낼 수 있다. 대표적으로 아바타를 통해 자신의 정체성을 다양하게 표현할 수 있다. 이로 인해 자신의 아바타에 중독되거나 온라인과 오프라인의 자아 정체성이 분리되어 다중 정체성을 갖게 된다. 이 경우, 자칫 온라인 정체성이 적절히 사회화되지 못했을 때 불건전한 욕구충족을 목표로 충동적이며 자기중심적 성향을 갖게 된다. 이로 인해 올바른 자아 정체성이 주도권을 뺏겨 심각한 사회문제까지 일으킬 수 있게 된다.

(5) 수평적 관계 형성

디지털 환경에서는 연령, 지위나 자격, 종교 등과 같은 사회적 조건이나 제약들을 숨기거나 거짓으로 제시할 수 있기 때문에 개인 간의 수평적 관계를 전제로 한다. 수평적 관계 형성은 다양한 배경의 참여자를 고려하거나 존중하지 못하고, 성적 농담이나 혐오성 발언을 가능하게 한다.

(6) 주관적 경험의 구체화

디지털 환경에서 사람들은 자신의 내면적 감정을 표현할 수 있어 개인의 주관적 경험을 구체화시킬 수 있다는 특징을 지닌다. 주관적 경험의 구체화는 논리적인 사고보다는 감정적 반응과 사고에 보다 집중하도록 함으로써 디지털 환경의 다양한 정보에 대한 비판적 사고를 어렵게 만들 수 있으며, 온라인 그루밍 같은 범죄를 가능하게 한다.

이에 따라 디지털 환경에서 일어나는 문제들을 해결하기 위해서는 윤리적인 디지털 환경을 조성할 필요성이 강조되었다(김법연, 권헌영, 김미량, 2021).

3) 디지털 윤리 요소

디지털 윤리학자 Axbom(2021)은 디지털 윤리를 6가지 영역에서 고려해야 한다고 주장하였다.

(1) 조직

조직은 디지털 제품 및 서비스를 개발한다. 조직의 디지털 윤리와 관련한 문제는 '단일 문화'라는 점이다. 디지털 제품 및 서비스를 개발하는 데 있어서 다양성을 고려하지 못한다는 것은 윤리적으로 심각한 문제가 있다고 할 수 있다. 또한, 조직의 윤리의식이 결여된 경우, 개인 정보 관리 등 심각한 문제를 발생시킬 수 있다.

(2) 기계

기계는 알고리즘에 의해 작동이 이루어지는 것으로 알고리즘에 의한 자동 의사결정이 디지털 윤리와 관련한 문제라고 할 수 있다. 만약 힘의 논리로 인해 알고리즘이 불공정할 경우, 심각한 문제가 될 수 있다. 또한 알고리즘이 복잡해질수록 이해하기 어렵기 때문에 문제의 원인을 찾기 어렵고, 소수만이 이를 해독하고, 조절이 가능해지며, 자칫 개발자인 인간의 통제를 벗어나 바이러스가 번식될 수 있다.

(3) 사회

사회는 디지털 기술에 대한 맹신과 무한신뢰라는 사회적 가치관으로 디지털 기술이 여러 사회문제를 해결해 줄 수 있다고 믿는 '기술해결주의'가 윤리적으로 문제가 될 수 있다. 이에 따라 기술이 일으키는 문제에 대해서는 소극적으로 대처하게 되며, 기술의 발전만을 좇게 된다. 또한 CCTV와 같이 개인의 인권을 침해하지만, 사회적으로 이익이라는 인식을 가짐으로써 사회적 이익을 위해 개인의 인권을 무시하는 경향이 만연해질 수 있다.

(4) 인간

인간은 자신의 편리, 복지와 관련하여 디지털 기술을 남용하고, 이 과정에서 자신의 개인 정보나 생체정보를 제공하며 디지털 기술을 활용하는 행동 자체가 디지털의 데이터로 저장되어 역으로 자신의 자유를 제한할 수 있다는 문제가 있다.

(5) 감독

감독은 디지털 윤리의 문제를 예방하고, 해결하기 위한 것으로 정부의 규제나 관련 법 제도 등이 있다. 하지만, 이러한 감독이 기술 변화 속도를 따라가지 못하고 있어 디지털 윤리에 대한 효과적인 해결방안이라고 하기 어렵다. 그 예로 최근 인공지능과 관련된 윤리적 문제들이 발생하고, 사회적으로 과학기술의 윤리적인 부분을 강조하는 분위기가 일자 2019년 경제협력개발기구OECD는 'AI 권고안'을, 유럽연합EU은 'AI 윤리 가이드라인'을 마련했다. 미국과 일본에서도 AI 윤리 규정이 제정됐다(안대훈, 2021). 우리나라도 2020년 12월 23일 대통령 직속 4차산업혁명위원회는 과학기술정보통신부 · 정보통신정책연구원이 마련한 '인간성을 위한 AI'를 목표로 한 '인공지능AI 윤리기준'을 확정했다. 정부 · 공공기관, 기업, 이용자 등 모든 사회구성원이 AI 개발부터 활용까지 전 단계에서 함께 지켜야 할 주요 원칙과 핵심 요건을 제시하는 기준을 포함한 가이드라인이다. 방송통신위원회는 2021년 AI 서비스에서 이용자 보호를 가장 큰 원칙으로 삼고 이용자 교육, 사업자 컨설팅, 제도 개선 등을 추진해 나가겠다고 밝혔다(안대훈, 2021). 이보다 앞서 기업에서도 관련 원칙을 마련하기도 했는데, 2018년 국내 기업 최초로 카카오가 발표한 '카카오 알고리즘 윤리헌장'에는 '인류의 편익과 행복 추구', '의도적인 사회적 차별 경계' 등이 담겼다.

하지만 국내 AI 윤리 기준이 현장에 적용하기에는 추상적이라는 지적이 있다. 따라서 근본적 해결방안으로 교육의 역할이 중요함에도 디지털 윤리에 대한 교육 또한 적절히 이루어지지 못하고 있는 것이 문제라고 할 수 있다.

(6) 환경

환경은 직접적인 기술 개발과 관련이 없어서 디지털 윤리문제에 있어서 간과되는 경향이 있다. 주로 디지털 격차가 이에 해당된다. 디지털 격차Digital Divide란 경제, 지역, 연령, 신체 여건 등으로 디지털 기기나 온라인 서비스를 이용할 수 있는 계층과 그렇지 못한 디지털 소외 계층 사이에 생기는 불균형을 의미한다. 디지털 격차 문제는 단순히 정보의 격차에만 한정되지 않고, 생각의 격차, 문화의 격차, 경제적 격차로 확대되면서 다른 사회적 불평등(계층, 계급, 학력 등)으로 이어지기 때문에 심각한 사회 문제라고 할 수 있다.

디지털 격차와 디지털 윤리

디지털 격차Digital Divide는 '사피엔스'의 저자 유발 하라리Yuval Noah Harari가 제시한 가난의 구분에 따르면 '사회적 가난'에 해당한다. 사회적 가난이란, 남들이 이용할 수 있는 기회를 이용하지 못하는 것을 의미한다. 특히 디지털 격차는 계층 간 중첩이 되는 특성을 보인다. 즉, 고령층, 저소득층 등 사회적으로 보호가 필요한 사회적 취약계층이 대체로 정보취약 계층에 속한다.

PC 보유율

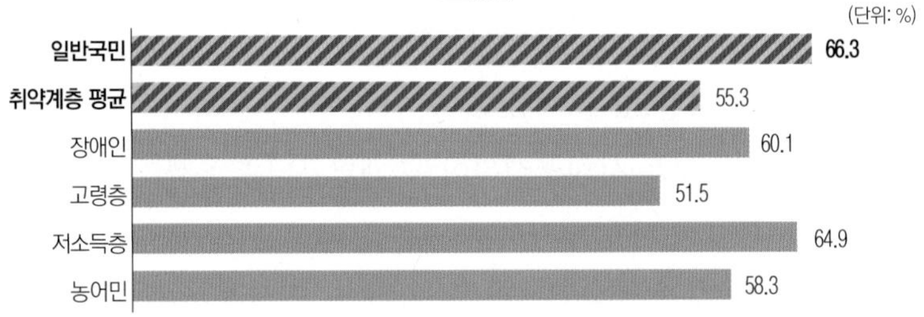

모바일기기 이용 능력

(단위: %)

구분		개인적인 환경설정	무선 네트워크 설정	파일을 컴퓨터에 이동	다른 사람에게 파일 전송	필요한 앱 설치 및 이용	악성코드 검사 및 치료	문서 및 자료 작성	7개 항목 평균
일반국민		78.8	75.3	66.9	80.0	73.8	59.8	69.3	72.0
취약 계층	장애인	64.2	62.4	52.0	66.1	58.7	48.3	54.8	58.1
	고령층	57.6	54.0	37.7	64.2	49.6	34.8	42.2	48.6
	저소득층	74.2	71.7	63.0	76.1	69.8	57.6	65.4	68.2
	농어민	62.1	59.0	52.2	61.7	57.0	52.3	55.0	57.0
	평균	61.4	58.2	44.7	65.9	54.5	41.6	48.6	53.6

출처: 과학기술정보통신부, 한국지능정보사회진흥원(2023a)

실례로 코로나바이러스 확산 초기에 공적 마스크 판매 정보가 스마트폰 앱으로만 공개돼 정보를 얻지 못한 사람들은 마스크 구입이 어려웠다. 그리고 코로나바이러스 감염증 확진 통보를 받은 60대 남성이 격리 조치를 어기고 잠적했다가 붙잡힌 사건도 있었다. 그는 격리 조치되면 급하게 변제해야 할 돈을 벌 수 없을 것이라는 걱정에 잠적했다고 이유를 밝혔다. 안타까운 것은 이 남성이 정부의 긴급재난지원금을 받을 수 있는 자격이 됐음에도 컴퓨터나 스마트폰 이용이 서툴러 이 사실을 알지 못했다는 것이다. 또한, 유아의 경우에도 가정환경으로 인해 디지털 기기 보유의 문제나 활용능력의 차이로 또래로부터 사이버 불링cyber bullying을 경험하는 사례도 많이 있다.

따라서 디지털 격차로 인한 디지털 윤리의 문제를 해결하기 위해서는 유아기부터 고령층까지 적극적 지원과 교육이 필요하다고 할 수 있겠다.

이에 따라 디지털 윤리 요소 6가지 중 근본적 해결방안으로서의 특성을 지닌 '교육'이 디지털 윤리 문제 해결에 중요하다고 강조된다(Axbom, 2021).

2. 디지털 윤리 개념

디지털 윤리 교육을 위해 필요한 교육 내용으로서 디지털 윤리 개념을 살펴보면 다음과 같다. 가장 먼저 언급되는 것이 '정보 윤리' 개념이다. 정보 윤리 개념은 라파엘 카푸로Rafael Capurro가 2009년 '문명과 평화' 포럼에서 디지털 윤리와 동일한 개념으로서 언급한 것으로 정보 윤리는 정보사회에서 야기되고 있는 윤리적 문제들에 대한 구체적 체계를 수립한 개념으로 정보보호, 법과 규범, 행동 지침, 인터넷 중독 예방, 인터넷 사용 또는 사이버 공간에서의 윤리적 태도나 네티켓 등의 주제를 다루고 있다(권성호, 김성미, 2011). 정보 윤리는 다음의 네 가지 기능을 수행하는 윤리로서 정의된다.

첫째, 처방 윤리prescriptive ethics로 우리가 해야 할 것과 해서는 안 되는 것을 분명하게 규정해 주어야 한다.

둘째, 예방 윤리preventive ethics로 향후 기술의 발전에 수반될 윤리적 문제들에 대해 사전에 숙고하고 예방하도록 도와주어야 한다.

셋째, 변형 윤리transformative ethics로 정보화의 역기능에 따른 인간의 경험이나 제도와 정책 변형의 필요성을 강조해야 한다.

넷째, 세계 윤리global ethics로 국지적 윤리가 아닌 세계적 보편적 윤리가 되어야만 한다.

이러한 정보 윤리는 완전히 새로운 윤리 이론이나 체계가 아닌, 정보사회에 맞게 전통적인 윤리적 개념들을 사용하여 범주화한 것이다. 그러므로 개인의 존엄성, 자율성, 권리, 책임, 자유와 평등, 사회 복지 등의 전통적인 윤리 개념들을 기초로 한다. 그리고 정보사회에서 야기된 윤리적 문제들이 지니고 있는 복잡한 성격을 해결하기 위하여 이러한 개념들에 대한 재해석을 거쳐 다음의 기본 원칙을 설정하였다.

✦ 표 2-1 정보 윤리의 기본 원칙

원칙	개념
존중 respect	존중은 먼저 자신에 대한 존중을 의미하는 것이고, 자신의 생명과 몸을 본래적 가치를 지닌 것으로 대우할 것을 요구하는 것이다. 따라서 사이버 공간에 탐닉하여 자신의 몸을 돌보지 않는 것은 자기 자신에 대한 존중을 위배하는 것이라고 할 수 있다. 또한, 존중은 타인에 대한 존중을 의미하며, 특히 타인의 지적 재산권, 프라이버시, 다양성 등을 인정하고 존중하는 것을 의미하고, 자신과 똑같은 존엄성과 권리를 가진 사람으로 대우할 것을 요구하는 것이다. 사이버 공간에서는 모든 행동이 상대방이 눈에 보이지 않는 '타자의 상실' 속에서 일어나므로, 상대방의 존재를 인정하려는 존중의 원칙이 절대적으로 필요하다. 만약 존중의 원칙이 중시되지 않는다면, 사이버 공간은 평등한 개인들끼리 자기의 이익을 극대화하기 위한 '만인 대 만인의 투쟁' 장소가 될 수 있기 때문이다.
책임 responsibility	책임은 서로를 보살피고 배려해야 할 우리의 적극적인 책무를 강조하는 것이다. 사이버 공간에서는 통일적 정체감과 역할의 상실에 따른 책임 회피가 쉽게 일어날 수 있으므로, 현실 세계보다도 더 높은 수준의 책임 의식이 요구된다. 책임은 예상적 책임과 소급적 책임으로 구별할 수 있는데, 예상적 책임이란 어떤 사건이 발생하기 전에, 주의를 기울이거나 관심을 가져야 하는 것으로 사이버 공간에서는 누구나 예외 없이 예상적 책임을 지닌다. 소급적 책임이란 어떤 사건이 발생한 후에, 행위자로서 나에게 요구되는 책임을 의미한다. 따라서 의도적으로 행한 결과뿐만 아니라 내가 막지 못한 것에 대해서도 책임이 있기 때문에 사이버 공간의 해로움에 대하여 주의를 기울여야 한다.
정의 justice	정의란 모든 인간이 자율적 의지로서 공정하다고 인정할 수 있는 기준이다. 이를 사이버 공간에 적용하면, 모든 인간은 개인의 기본적 자유를 최대한으로 펼칠 동등한 권리를 갖고 있고, 또한 공평하고 동등한 기회와 자유로운 분위기가 보장되지만 능력 차이로 인한 결과에 대해서는 차등의 원리에 따라 그에 적합한 보상을 해야 한다는 것으로 해석될 수 있다. 따라서 사이버 공간에서 각자는 정보의 진실성, 비편향성, 완전성, 공정한 표현을 추구해야 하며, 타인의 기본적 자유와 권리를 침해하지 않아야 한다.
해악 금지 non-maleficence	해악 금지란 남에게 피해를 주지 않으며, 타인의 복지에 대해 배려하는 것을 의미한다. 소극적 의미에서의 해악 금지는 '남에게 해로움을 주지 말라'는 흔히 '최소한의 도덕'이라고 할 수 있다. 적극적 의미에서의 해악 금지는 다른 사람의 복지를 증진시키는 방식으로 행동해야 하는 것을 의미한다.

그러나 교육 현장에서 정보 윤리 교육은 이미 발생한 윤리적 이슈, 사고사례 또는 인터넷 사용자들이 알아야 할 규범과 태도를 알리는 목적의 처방적 후속 처치의 관점에 머물러 있는 한계점이 있다.

다음으로 디지털 윤리와 관련하여 가장 많이 언급되는 것이 바로 '디지털 시민성'이다. 이는 디지털 기술이 주도하는 사회에서 반드시 갖추어야 할 민주적 시민역량으로 윤리와 덕목을 포함하며, 디지털 미디어 이용자들의 사회적, 정치적 참여와 민주주의 시민의식 강화를 목표로 한다(안정임, 최진호, 2020). 디지털 시민성에 대한 정의는 매우 다양하나 대체로 디지털 미디어를 이용하는 사람들이 갖추어야 할 역량 전반으로 지칭하여 이용 기술, 태도, 행위적 요인을 포함한다. Ribble(2015)은 디지털 시민성의 구성요소를 언급한 대표적인 학자로 다음과 같이 9가지 구성요소를 언급하였다.

✦ 표 2-2 디지털 시민성의 구성요소

구성 요소	내용
디지털 접근Digital Access	디지털 환경으로의 접근
디지털 상거래Digital Commerce	디지털 환경에서의 경제활동
디지털 의사소통Digital Communication	디지털 환경에서의 다양한 의사소통 방법과 적합한 사용
디지털 리터러시Digital Literacy	디지털 기술사용 능력
디지털 에티켓Digital Etiquette	디지털 환경에서의 윤리적 행동 기준
디지털 법률Digital Law	디지털 환경에서의 행동에 대한 책임
디지털 권리와 책임Digital Rights & Responsibilities	디지털 환경에서 모든 사람에게 확장된 권리와 자유
디지털 건강과 안녕Digital Health & Wellness	디지털 환경에서의 신체적 · 심리적 안녕
디지털 보안Digital Security	보안을 보장하기 위한 주의사항

그리고 디지털 시민성과 관련하여 대표적으로 UNESCO(2017)는 디지털 시대에 도덕적이고, 책임감 있게 참여할 수 있는 역량으로서 디지털 시민성을 언급하였고, 구체적 하위 역량과 개념을 다음과 같이 제시하였다.

✦ 표 2-3 디지털 시민성의 역량

역량	하위 역량	개념
디지털 리터러시	ICT 리터러시	ICT 하드웨어 및 소프트웨어를 책임감 있게 관리 및 운영하여 데이터, 정보 및 콘텐츠에 접근하고 검색하고 이를 활용할 수 있는 능력
	정보 활용 능력	정보에 입각한 결정을 내리기 위해 디지털 정보를 효과적으로 찾고 비판적으로 평가하고 사용할 수 있는 능력
디지털 안전 및 회복력	개인 정보 보호	개인 식별 정보를 사용하고 공유하는 방법을 이해하는 능력, 정보 및 장치 보안 및 개인 보안 프로토콜에 대한 전략을 구현하는 능력
디지털 참여	정보 공유 및 상호작용	데이터와 정보를 공유 및 상호작용하고, 적절한 디지털 기술을 사용하여 다른 사람들과 협력하여 공유 목표(일, 교육 등)를 달성하는 능력
	사회 참여	적절한 디지털 기술을 통해 온라인 또는 오프라인에서 커뮤니티에 긍정적인 영향을 미칠 수 있는 기회를 찾고 이를 인식하는 능력과 의지
	사이버 에티켓(네티켓)	서로 다른 사람과 서로 다른 디지털 환경에서 상호작용하고 참여할 때 선택 사항을 알리기 위해 윤리적이고 정중한 행동을 보이는 능력
디지털 정서지능	자기 인식	자기 성찰을 통해 자신의 기분, 감정, 추진력, 그리고 이것이 디지털 세계에서 자신과 타인에게 미치는 영향을 설명하는 능력
	동기 부여	디지털 영역의 좌절에도 불구하고 내부 또는 외부 목표를 달성하기 위한 주도권, 헌신을 입증하는 능력
	의사소통 및 대인관계	긍정적인 온라인 관계를 구축하여 소통하고, 다양성을 포용하고, 갈등을 관리하고, 건전한 결정을 내릴 수 있는 능력
	공감	디지털 상호작용 중에 다른 사람의 감정, 필요 및 우려에 대한 인식과 연민을 나타내는 능력
디지털 창의성 및 혁신	창의적 문해력	기술을 적용하고 도구를 사용하여 디지털 콘텐츠를 생성, 조정, 큐레이팅하는 능력
	표현	기술을 사용하여 자신의 정체성을 창의적으로 표현하는 능력

출처: UNESCO(2017) 재구성

그러나 디지털 시민성과 관련한 윤리, 도덕이나 규범이 이론적 정의에만 국한된 채 모호하게 제시되어 있어 교육체계로 구현되기에는 한계점이 있다고 지적된다(김법연, 권헌영, 김미량, 2021; 서윤주, 2020). 이에 따라 디지털 세계에서의 윤리적 이슈 발생 원인을 이해하고, 이를 예방하고 대처하기 위한 디지털 윤리와 관련한 역량을 구체적으로 제시하여 교육하는 것이 필요하다고 강조되었다.

이와 관련하여 최근 언급되는 것이 바로 '디지털 윤리 역량'이다. 이청재(2021)는 디지털 윤리를 디지털 세계의 시민으로서 지켜야 할 도덕적 책임과 의무에 관한 규범적 측면으로 디지털 환경에서 개인의 권리와 책임, 새로운 형태의 정치 · 경제 · 사회 · 문화 활동에 참여할 때 갖추어야 할 정의롭고 비판적인 사고와 디지털 기기 및 인터넷 사용에 있어 안전하고 올바른 태도 등을 의미한다고 언급하였고, 디지털 윤리 역량의 구성요인을 다음과 같이 밝혔다.

✦ 표 2-4 디지털 윤리 역량의 구성요인

<table>
<tr><th>범주</th><th>구성요인</th><th>하위요인</th><th>의미</th></tr>
<tr><td rowspan="8">태도</td><td rowspan="4">디지털
시민윤리</td><td>디지털 시민 정체성</td><td>디지털 세계에서 온 · 오프라인 정체성 분리 없이 살아갈 수 있는 역량</td></tr>
<tr><td>디지털 시민 가치관</td><td>디지털 세계에서 개인과 조직의 미래 가치, 개인의 영향력에 대한 이해, 조직 문화의 이해, 온 · 오프라인에서의 인간관계, 디지털 세계에서의 표현의 자유와 책임에 관한 인식, 수평적 문화와 평등에 대한 올바른 이해를 바탕으로 사회적 현상과 정보를 판단할 수 있는 역량</td></tr>
<tr><td>사회 참여 의식</td><td>정치, 경제, 사회, 문화적 이슈나 사회 공공의 문제에 적극적으로 개입하고자 하는 것으로 합리성, 도덕성, 사회 기여, 실천성과 공동체 의식, 네티켓을 역량으로 함</td></tr>
<tr><td>자기관리</td><td>디지털 환경과 연결된 자아에 대한 자기 통제, 절제, 비판적 정보수용과 회복력, 건강한 의사 결정과 문제 해결 역량</td></tr>
<tr><td rowspan="4">디지털
에티켓</td><td>도덕적 가치와 의무</td><td>디지털 활용의 적절성, 기술을 향한 균형 잡힌 태도와 윤리적 책임 의식</td></tr>
<tr><td>사이버 에티켓</td><td>디지털 환경에서 상호작용할 때의 윤리적이고 정중한 태도</td></tr>
<tr><td>개인 정보 보호</td><td>디지털 세계에서 나와 타인의 정보, 프라이버시를 보호하며 개인 정보의 비정상적인 사용과 오남용 방지에 관한 지적 역량</td></tr>
<tr><td>커뮤니케이션</td><td>디지털 소통 방식의 이해를 바탕으로 한 관계관리, 의사소통, 갈등관리 역량</td></tr>
</table>

범주	구성요인	하위요인	의미
지식	디지털 역량	정보의 생산과 소비	정보(콘텐츠)의 제작, 가공, 변조, 공유, 소비의 과정에서 스스로 윤리적, 도덕적 인식과 자각을 할 수 있는 역량
		비판적 사고	윤리적 가치들이 충돌할 때 올바른 선택과 판단할 수 있는 역량
		디지털 능력	사회에서 ICT의 역할에 대한 이해와 인식을 기반으로, 기술적, 문화적, 사회적, 성찰적 능력을 포함하는 역량
		디지털 활용	정보와 지식의 나눔, 디지털 능력의 건강한 사용, 공익적 · 이타적 행동과 기술을 향한 균형 잡힌 태도와 윤리적 책임의식
	디지털 규범	법제도 인식	디지털 세계에서 법적 권리와 책임을 인식하고, 인터넷 안전과 보안을 지키며, 지적 재산을 보호할 수 있는 역량
		디지털 관리	인권 및 법적 지식을 바탕으로 본인뿐만 아니라 타인의 저작권, 지식재산권, 초상권 등에 관한 권리를 이해하고 지키며 올바르게 활용할 수 있는 역량
		사이버 범죄	범죄에 대한 인식을 바탕으로 범죄로부터 자신과 타인을 보호하고 예방하며, 피해를 최소화하거나 대응할 수 있는 역량
		사이버 폭력	사이버 폭력을 유발하지 않거나 사이버 폭력을 예방하거나 대응할 수 있는 역량

다음으로 서윤주(2020)는 디지털 윤리 역량에 대해 안전하고 올바른 디지털 기기 및 인터넷 사용, 온라인에서 개인의 권리와 책임 이행이라고 언급하였고, 한국교육학술정보원(2017)은 다음과 같이 핵심역량 네 가지를 제시하였다.

- 도덕적 민감성: (정의적 공감) 정서적 공감
- 도덕적 판단력: (인지적 이해) 정보 리터러시
- 도덕적 실행력: (행동적 실천) 구체적 행동 연습
- 도덕적 동기화: (정의적 동기) 모범 사례

그리고 한국방송통신위원회와 한국지능정보사회진흥원(2022)에서 언급하는 디지털 윤리는 디지털 사회에서 지켜야 할 인간의 도리로 디지털 윤리 역량에는 개인의 권리, 상대에 대한 배려, 소통 역량, 신기술에 대한 이해능력, 온라인상 문제 등에 따른 법률적 이해 등이 포함된다.

마지막으로 인공지능과 관련한 윤리로서 과학기술정보통신부와 정보통신정책연구원(2020)에서는 '인공지능AI 윤리기준'을 마련하였다. 여기에서 언급한 인공지능 윤리의 개념은 사람 중심의 인공지능을 위한 것으로 인간 존엄성 원칙, 사회 공공선 원칙, 기술의 합목적성 원칙을 제시하였고, 그 세부 요건으로 인권보장, 프라이버시 보호, 다양성 존중, 침해 금지, 공공성, 연대성, 데이터 관리, 책임성, 안전성, 투명성을 언급하였다.

✦ 표 2-5 인공지능 윤리기준의 세부 요건

세부 요건	개념
인권보장	개발과 활용은 모든 인간에게 동등하게 부여된 권리를 존중하고, 다양한 민주적 가치와 국제 인권법 등에 명시된 권리를 보장하여야 하며, 인간의 권리와 자유를 침해해서는 안 된다.
프라이버시 보호	개발하고 활용하는 전 과정에서 개인의 프라이버시를 보호해야 하며, 개인 정보의 오용을 최소화하도록 노력해야 한다.
다양성 존중	개발 및 활용 전반에서 사용자의 다양성과 대표성을 반영해야 하며, 성별 · 연령 · 장애 · 지역 · 인종 · 종교 · 국가 등 개인 특성에 따른 편향과 차별을 최소화하고, 모든 사람에게 공정하게 적용되어야 한다.
침해 금지	인간에게 직간접적인 해를 입히는 목적으로 활용해서는 안 되며, 기술이 야기할 수 있는 위험과 부정적 결과에 대응 방안을 마련하도록 노력해야 한다.
공공성	개인적 행복 추구뿐만 아니라 사회적 공공성 증진과 인류의 공동 이익을 위해 활용해야 하며, 긍정적 사회변화를 이끄는 방향으로 활용되어야 하고, 순기능을 극대화하고 역기능을 최소화하기 위한 교육을 다방면으로 시행하여야 한다.
연대성	다양한 집단 간의 관계 연대성을 유지하고, 미래세대를 충분히 배려하여 기술을 활용해야 하며, 다양한 주체들의 공정한 참여 기회를 보장하여야 하고, 윤리적 기술의 개발 및 활용에 국제사회와 협력하도록 노력해야 한다.
데이터 관리	개인 정보 등 각각의 데이터를 그 목적에 부합하도록 활용하고, 목적 외 용도로 활용하지 않아야 하며, 데이터 수집과 활용의 전 과정에서 데이터 편향성이 최소화되도록 데이터 품질과 위험을 관리해야 한다.
책임성	개발 및 활용 과정에서 책임주체를 설정함으로써 발생할 수 있는 피해를 최소화하도록 노력해야 하며, 기술 설계 및 개발자, 서비스 제공자, 사용자 간의 책임소재를 명확히 해야 한다.
안전성	개발 및 활용 전 과정에 걸쳐 잠재적 위험을 방지하고 안전을 보장할 수 있도록 노력해야 하며, 활용 과정에서 명백한 오류 또는 침해가 발생할 때 사용자가 그 작동을 제어할 수 있는 기능을 갖추도록 노력해야 한다.

세부 요건	개념
투명성	사회적 신뢰 형성을 위해 타 원칙과의 상충관계를 고려하여 기술 활용 상황에 적합한 수준의 투명성과 설명 가능성을 높이려는 노력을 기울여야 하며, 기술 기반 제품이나 서비스를 제공할 때 활용 내용과 활용 과정에서 발생할 수 있는 위험 등의 유의사항을 사전에 고지해야 한다.

이상의 디지털 윤리 관련 내용들을 종합하여 양수영(2024)은 유아 대상 디지털 윤리 개념을 다음과 같이 정리하였다.

✦ 표 2-6 디지털 윤리 개념

범주	의미
디지털 시민 정체성	디지털 세계에서의 개인 내적 태도
디지털 시민의식	디지털 세계에서의 대인관계 태도
디지털 양면성 수용	디지털에 대한 이해와 접근 태도

1) 디지털 시민 정체성

디지털 시민 정체성은 디지털 세계에서의 개인 내적 태도 측면으로 스스로 정신적, 신체적으로 건전한 자아정체성을 형성하고 관리할 수 있는 소양을 의미한다. 이와 관련한 문제로는 디지털 중독, 가짜뉴스(부정확한 정보), 알고리즘 편향, 좌절감 형성 등이 있다. 디지털 중독은 디지털 세계에서 건강한 정신적, 신체적 정체성을 형성하지 못한 것으로 유아들이 스스로 디지털 미디어 사용 시간을 적절하게 관리하지 못하고, 과도하게 사용하려고 하는 것을 의미한다. 가짜뉴스(부정확한 정보)는 디지털 세계에서의 상호작용을 통해 건강한 가치관 형성을 어렵게 만드는 것이다. 유아들은 대체로 디지털 세계에서 제공받는 정보를 비판적으로 이해하기 어려워 무분별하게 받아들임으로써 잘못된 가치관을 형성하게 될 수 있다. 알고리즘 편향은 디지털 세계에서의 상호작용에서 사용자의 데이터를 저장하여 이와 관련된 데이터만을 노출하는 것을 의미하며, 이를 통해 사용자는 의도치 않게 관심사가 제한되거나 편견이 강화될 수 있고, 올바른 가치관 형성이 어려울 수 있다. 좌절감

형성은 아직 언어발달이나 고차원적 사고 발달이 미성숙한 유아가 디지털 미디어 활용에 어려움을 경험하고, 실패나 두려움으로 인해 좌절감을 형성할 수 있음을 의미하며, 이로써 디지털에 대한 부정적 인식이나 정서적 태도를 가질 수 있음을 의미한다.

2) 디지털 시민의식

디지털 시민의식은 디지털 세계에서의 대인관계 태도 측면으로 올바른 공동체 의식을 가지는 것을 의미하며, 구체적으로 디지털 세계에서 나와 타인의 존엄성 이해, 표현의 자유와 책임에 관한 인식, 수평적 문화와 평등에 대한 이해를 포함한다. 이와 관련한 문제들은 주로 개인 정보 유출(침해), 저작권 침해, 사이버 폭력, 부적절한 장면 노출 등이다. 개인 정보 유출(침해)은 디지털 세계에서 요구되는 올바른 공동체 의식 중 개인 정보 관리와 관련하여 발생하는 윤리적인 문제로 디지털 세계에서 나와 타인의 존엄성을 인식하지 못해 개인 정보를 중요하게 여기지 않고, 나의 개인 정보 제공이나 타인의 개인 정보 요구 및 활용을 쉽게 생각하는 것을 의미한다. 저작권 침해는 디지털 세계에서 요구되는 올바른 공동체 의식 중 저작권 존중과 관련하여 발생하는 윤리적인 문제로 디지털 환경에서 타인의 결과물 존중 및 다양한 자료 활용에 대한 책임 의식을 갖지 못한 채 자신의 필요나 욕구에 따라 동의, 허락 없이 마구 사용하는 것을 의미한다. 사이버 폭력은 디지털 세계에서 요구되는 올바른 공동체 의식 중 타인의 존엄성 이해 및 수평적 인간관계 존중과 관련한 윤리적인 문제로 디지털 환경에서 나와 타인에게 행해지는 따돌림이나 소외, 언어적 폭력 등을 의미한다. 부적절한 장면 노출은 디지털 세계에서 요구되는 올바른 공동체 의식 중 책임감 있는 표현과 관련하여 발생하는 윤리적인 문제로 디지털 환경에서 상대방이 거북하게 받아들이거나 상대방에게 부정적 영향을 미칠 수 있는 장면을 책임감 없이 노출하는 것을 의미한다.

3) 디지털 양면성 수용

디지털 양면성 수용은 디지털에 대한 이해와 접근 태도 측면으로 디지털 기술의 긍정적 측면뿐만 아니라 부정적 측면에 대한 비판적 이해와 수용 태도를 갖춰야 함을 의미한다. 이와 관련하여 주로 유아 측면에서 나타나는 문제에는 신체건강 등과 관련된 발달이나 안전에 미치는 부정적 영향이 있다.

3. 디지털 윤리 교육의 내용

디지털 윤리 개념은 사회변화에 따라 변화되어 왔으며, 전통적 윤리 개념에 디지털 기술 활용 측면이 반영되었다고 할 수 있다. 또한 발생한 문제에 집중한 사후 처방적 성격에서 디지털 기술 이해 및 활용능력을 기초로 문제 예방의 성격으로 변화하였다고 할 수 있다. 이러한 디지털 윤리 개념을 교육하는 디지털 윤리 교육은 다양한 교육 모델과 용어가 아직 혼용되고 정립되는 과정에 있다. 하지만 우리가 무엇을 가르쳐야 하는지에 대해서는 다음과 같이 보편적 공감대가 형성되었다고 할 수 있다(양수영, 2024).

첫째, 올바른 디지털 시민 정체성을 길러줘야 한다.
둘째, 디지털 환경에서의 시민의식을 길러줘야 한다.
셋째, 디지털 기술의 양면성 수용태도를 길러줘야 한다.

이러한 디지털 윤리 교육에서 있어서 중요한 점은 디지털 기술로 인한 사회적 범죄나 부정적 측면에만 초점을 맞추는 것이 아니라 디지털 기술 이해와 활용능력을 길러 긍정적으로 활용하여 삶을 개선하는 측면도 함께 알려주어야 한다는 것이다. 따라서 학습자들이 디지털 윤리의식을 가지고 디지털 기술을 보다 능동적으로 활용하도록 도와야 할 것이다.

수업 후 실습

디지털 윤리 교육의 내용 3가지를 어떻게 유아교육 현장에서 적용할 수 있을지 교육방법을 생각해 보세요.

CHAPTER

3

유아 대상 디지털 활용교육의 이해

수업 전 실습

유아교육기관에서의 디지털 활용교육은 어떤 모습일지 생각해 보세요.

1. 디지털 활용교육 필요성

디지털 활용교육의 필요성은 다음의 세 가지로 설명할 수 있다.

첫째, 시대 변화에 따른 교육 변화의 당위성이다. 교육의 목적은 시대의 변화와 요구에 따라 변화해야 한다(Tyler, 1949). 교육은 앞으로의 시대를 살아갈 사람들을 대상으로 그 시대에 필요한 지식, 기술, 태도를 길러 인재로 양성하는 것이므로 공교육에 있어서 시대 변화를 반영하는 것은 매우 당연한 일이다. 사회 변화에 적응하지 못하면 사회 구조에서 소외되는 문제로 이어지기 때문이다. 과거 1차 산업혁명은 18세기 후반에서 19세기 초반으로 기계에 의한 생산이 시작되면서 농업중심사회에서 공업중심사회로 전환되었고, 빈부격차가 발생하고 노동자 계급이 등장하게 되었다. 이에 따라 공장의 노동자와 자녀들을 위한 탁아시설 설립 및 3R 기초교육이 이루어졌다. 2차 산업혁명은 19세기 후반에서 20세기 초반으로 전기와 석유를 통한 에너지 혁명이 일어나 교통혁신 및 대량생산이 가능해졌다. 이로 인해 교육에서도 과거 도제식 교육에서 근대 학교제도로 변화하여 공교육 체제 강화 및 대중교육이 실시되었다. 그리고 20세기 중후반 정보통신기술의 발달로 인터넷 발달 및 생산의 자동화가 가능해진 3차 산업혁명은 교육 분야에 ICT 도입을 가져

	제1차 산업혁명	제2차 산업혁명	제3차 산업혁명	제4차 산업혁명
시기	18세기	19~20세기 초	20세기 중후반	21세기 초반
특징	증기기관 기반의 '기계화 혁명'	전기 에너지 기반의 '대량생산 혁명'	컴퓨터와 인터넷 기반의 '지식정보 혁명'	사물인터넷(IoT)과 빅데이터, 인공지능(AI) 기반의 '지능정보기술 혁명'
영향	수공업 시대에서 증기기관 기계가 물건을 생산하는 기계화 시대로 변화	전기와 생산조립 라인(컨베이어 벨트 시스템)의 출현으로 대량생산 체계 구축	반도체와 컴퓨터, 인터넷 혁명으로 정보의 생성·가공·공유를 가능케 하는 정보기술시대의 개막	디지털·물리적·생물학적 영역의 경계가 사라지면서 기술 융합의 시대로 변화

그림 3-1 ✦ 산업혁명을 통한 시대 변화

왔고, 지금의 4차 산업혁명은 IT 기술의 발달과 인공지능의 발달로 인한 초연결 기반의 지능화 혁명이 이루어진 지능정보사회(한국과학기술기획평가원, 2017)로 첨단기술 기반의 초연결·초지능의 실현을 통해 디지털 기술과 삶이 밀접하게 연결되는 디지털 전환 Digital Transformation의 시대가 열렸다(배영임, 신혜리, 2020). 이러한 산업혁명에 따른 시대 변화는 국가 시스템과 인간 개개인의 삶 전반에 혁신적 변화를 유발하였고, 이에 따라 교육 분야 역시 변화가 불가피하게 되었다(차명진, 2018).

교육의 변화는 코로나 19 감염병이 촉매 역할을 하였다고 할 수 있다. 이는 이슈격발메커니즘triggering mechanism으로 작용하여 원격교육 등 디지털 교육체제로의 전환에 대한 필요성을 가속화시켰다. 또한 COVID-19 팬데믹은 교육뿐만 아니라 재택근무, 전자상거래 등의 온라인 플랫폼을 기반으로 한 서비스 급증을 불러일으켰고, 생활 속 디지털 의존도를 높였다. 일상생활 전반에서 다양한 디지털 기기와 더불어 살아야 하는 시대가 됨에 따라 디지털 활용교육은 이제 우리 모두가 피할 수 없는 생존 조건이 되었다. 따라서 공교육 차원에서 시대 변화에 따른 디지털 활용교육이 필요하다고 할 수 있겠다.

둘째, 미래 인재 역량에 맞는 교육을 실현하기 위함이다. OECD 교육 2030(OECD Education 2030: The Future of Education and Skills)에서는 미래 인재의 역량으로 학생의 주도성Student Agency과 변혁적 역량transformative competencies을 강조하였다(OECD, 2018). OECD 교육 2030은 2015년부터 학교교육의 혁신을 위한 방향 설정을 염두에 두고 출범시킨 교육 사업이다. 2003년 21세기 미래핵심역량을 규정한 DeSeCo프로젝트의 후속적 의미를 지니고 있는 것으로 DeSeCo프로젝트가 역량 개념에 방점을 두었다면, 교육 2030 프로젝트는 학교교육에서의 실행에 초점을 맞추고 있다고 할 수 있다. 미래 인재의 역량 중 하나인 주도성Student Agency은 자신의 삶에 책임감을 가지고 개인과 사회의 성장에 기여하는 역량이고, 또 다른 하나인 변혁적 역량transformative competencies은 미래의 예측 불가능한 특성에서 비롯한 것으로 성찰reflection, 예견anticipation, 행동action으로 이어지는 능력을 강조한다. 성찰은 비판적 입장을 가지고 선택과 결정을 하는 것이고, 예견은 지금 취한 행동이나 결정이 미래에 어떤 결과를 가져올지 분석하고 예측하는 것이며, 이를 기반으로 행동이 이루어져야 함을 강조하는 것이다. 이러한 역량을 쌓기 위한 핵심 기초로서 디지털 활용능력 등이 언급된다(OECD, 2018).

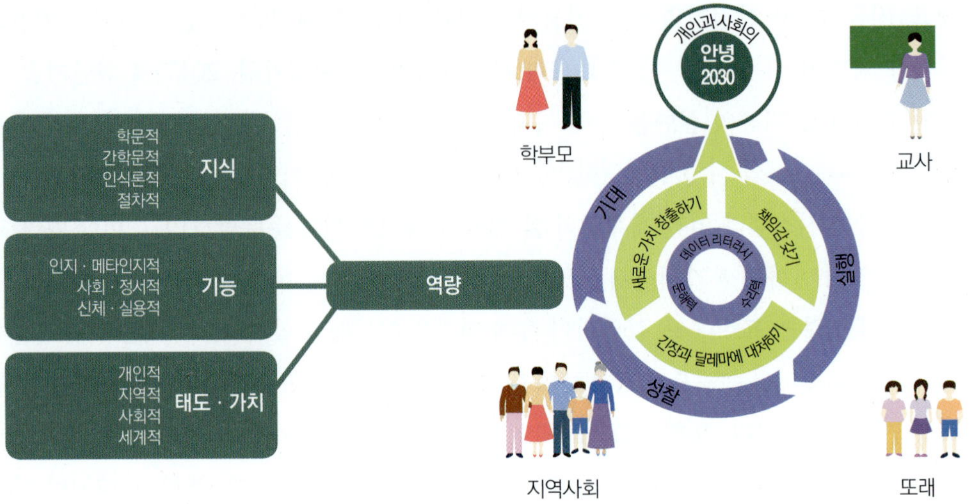

그림 3-2 ✦ OECD 교육 2030 학습 개념 틀

출처: 최상덕(2018)

또한, 교육부는 미래 인재가 갖추어야 할 역량으로 6C를 제시하였다. 6C는 핵심적인 개념적 지식Conceptual Knowledge, 창의성Creativity, 비판적 사고Critical Thinking, 컴퓨팅 사고Computational Thinking, 융합 역량Convergence, 인성Character이다(정제영, 2020).

개념적 지식Conceptual Knowledge은 교과의 핵심적 내용을 의미한다. 특히 학습 결과의 전이Transfer, 즉 단순한 정보에 그치는 것이 아닌 다른 범주와 상황에 적용할 수 있는 가치가 높은 지식을 의미한다. 창의적 학습을 위해서는 교과의 핵심적 개념을 이해하는 것이 반드시 필요하다. 창의성Creativity은 새로운 생각이나 개념을 찾아내거나 기존에 있던 생각이나 개념을 새롭게 조합하여 문제를 해결하는 역량을 의미한다. 비판적 사고Critical Thinking는 어떤 상황이나 내용에 대해 판단할 때 편향되지 않는 분석을 하거나 사실적 증거에 기반하여 평가하는 역량이다. 정보를 얻을 수 있는 형태와 매체가 더욱 다양해지는 미래 사회에서 무엇보다 중요한 역량으로 논의되고 있다. 컴퓨팅 사고Computational Thinking는 문제 상황에서 효과적인 해결을 위해 문제를 정의하고 그에 대한 답을 기술하는 것이 포함된 사고 과정 일체를 일컫는다. 다양한 문제 상황에서 문제의 분해, 패턴 인식, 추상화, 알고리즘화 등이 가능한 역량을 의미하며, 최근에는 데이터 리터러시, 디지털 리터러시 등에 포함되고 있다. 융합 역량Convergence은 문제의 해결을 위해 내용과 방법 측면에서 여러 학문과 실제 영역의 지식과 정보를 통합적으로 적용할 수 있는 역량을 의미한다. 내용적 측면에서는 학문과 학문 간 융합, 새로운 학문의 창출, 학문과 실제 생활과의 융합이 이루어질 수 있으며, 방법적 측면에서는 인공지능, 가상현실 등을 활용한 혁신적 융합이 가능하다. 인성Character은 동양에서는 인간 본연의 성질을 의미하며, 서양에서는 좀 더 구체적으로 사회정서역량과 같은 비인지적 역량을 의미한다. 즉, 자기인식, 자기관리, 사회적 인식, 관계 기술, 책임 있는 의사결정으로 구성된다. 미래사회는 글로벌 문제와 공동체 의식이 강조되므로 사회정서역량이 중요한 역량이라고 할 수 있다. 이러한 6가지 미래 인재 역량은 디지털 기술 활용 능력을 기반으로 길러진다. 따라서 미래 인재 역량에 맞는 교육을 실현하기 위해서는 디지털 활용교육이 필요하다고 할 수 있겠다.

셋째, 현재 학교교육의 한계점을 극복하는 교육 효과 측면이다. 앞서 살펴본 바와 같이 OECD Education 2030에서 미래 인재 역량으로 학생의 주도성 및 변혁적 역량을 강조하며, 이를 위해 개별 학생의 창의성과 다양성 존중을 위한 학교 교육을 강조하고 있다. 하지만 종래의 학교교육은 이러한 미래 인재 양성과 관련하여 한계점을 지니고 있다(이주호, 정제영, 정영식, 2021). 현재 교육과정은 대량교육체제mass-production of educational system로서 2차 산업혁명 이후 대량생산 체제에서 필요한 인재 양성을 목표로 설계된 것으로 아직도 3차와 4차의 시대를 반영하기에는 역부족이라고 할 수 있다(정제영 외, 2024). 대량교육체제가 모든 학생에게 교육의 기회를 평등하게 제공하는 것에는 대체로 성공적인 체제라고 할 수 있지만, 상대적으로 개별학생의 창의성이나 다양성을 존중하는 측면에서는 취약하다고 할 수 있다. 즉, 학년을 구분 짓는 학생의 연령이나 대다수 학생의 학습 수준을 중심으로 교육 내용과 학습 속도가 설계되어 있기 때문에 평균을 지향하는 교육이 교육 현장에 팽배하였고, 결과적으로 학생 개개인의 능력이나 다양성이 무시되어 왔다고 한계점을 지적할 수 있다(정제영, 조현명, 황재운, 문명현, 김인재, 2023).

또한, 현재의 디지털 교육 상황에서는 개별 학생의 가정환경에 따라 디지털 기술을 접하는 시기와 정도, 범위가 다르며, 적절한 교육의 부재 속에서 디지털 기술을 무분별하게 활용하면서 여러 가지 문제에 노출되는 경우도 있다. 모든 학습자가 디지털 기술에 평등하게 접근하고 활용하여, 디지털 환경에서 차별 없이 유능하게 살아가도록 돕기 위해서는 이러한 차이를 반영한 적절한 교육이 필요하다. 그렇지 않으면 학생들 간 디지털 격차에 따라 사회적 양극화를 초래하거나 학습 격차를 심화시킬 수 있다. 그리고 디지털 격차는 학생뿐만 아니라 교사들 간에도 존재하며, 교사 간 디지털 격차는 학생 간 학습 격차로 이어지게 된다. 이러한 디지털 격차를 효과적으로 해소하는 방안으로서 언급되는 것이 바로 '디지털 튜터' 도입이다(심연미, 2023). 공교육 차원에서 '디지털 튜터' 도입 등 다각적 차원의 디지털 활용교육이 필요하다고 할 수 있겠다.

그리고 교육을 효과적으로 수행하는 데 있어 인적자원이 부족하다는 것도 현재 학교교육의 한계점이다. 최근 우리나라 초중등 교사 1인당 학생 수는 OECD 평균보다 높은 수준을 유지해왔다. 이로 인해 개별 학생에 부합하는 교육 실현에 한계가 있다고 지적할 수 있다(한국교육개발원, 2023).

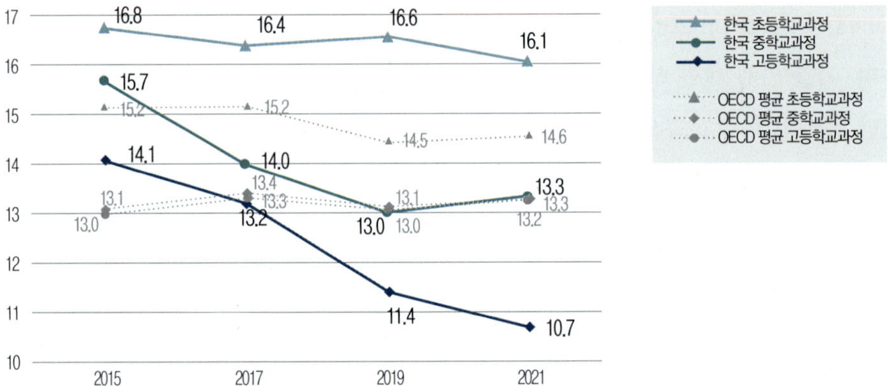

그림 3-3 ✦ 교사 1인당 학생 수 추이

출처: 한국교육개발원(2023)

현재의 학교교육 한계점은 교육의 패러다임을 디지털 교육체제로 전환하면서 어느 정도 극복할 수 있을 것이라고 기대할 수 있다(이주호 외, 2021). 4차 산업혁명을 추동하는 디지털, 인공지능 기술은 교육에도 긍정적 변화를 가져올 것이라고 예측할 수 있다. 지금까지 교육체제의 한계로 인해 생각지도 못했던 교육의 새로운 지평이 열릴 수 있다는 것이다. 즉, 정보에 대한 접근성 확대easy access to information, 개별학습personalized learning, 다양한 상호작용을 통한 교육interactive learning이 가능해질 것이다. 이를 위해 교육부(2023a)는 디지털 활용교육을 실현하는 교실의 모습을 다음과 같이 설명하였다.

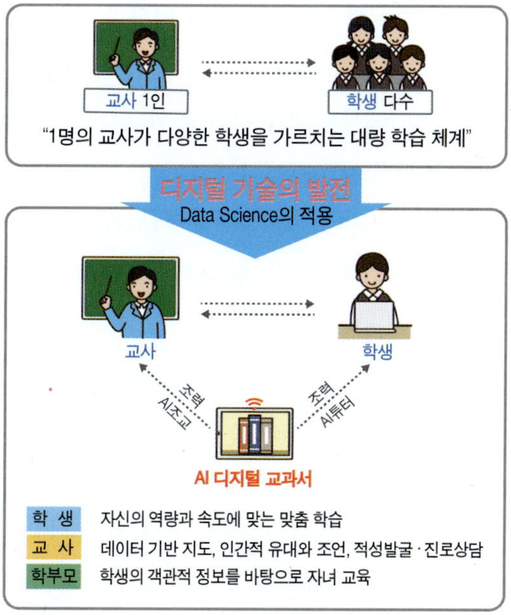

그림 3-4 ✦ 디지털 시대 교실의 변화

출처: 교육부(2023a)

디지털 시대 교실의 변화에서 교사는 각 학생의 학습 경로와 지식 수준을 파악하고, 데이터를 활용한 상호작용 수업(토론, 협업, 프로젝트 기반 학습 등)을 기획할 수 있다. 또한, AI 보조 교사로부터 얻은 활동 분석을 통해 평가를 수행하고, 학생 개인의 성취도에 맞춰 진행하는 맞춤형 학습을 제공할 수 있다. 이와 함께 학생의 발전을 데이터에 기반을 두고 기록하고 지원할 수 있게 될 것이다. 학생의 경우, 자신의 학습 속도에 맞춘 학습을 통해 성공을 경험하며, 이로 인해 내재적 학습 동기와 자신감이 향상되어, 가정과 학교 모두에서 지지받는 개인으로 성장할 수 있는 가능성이 열릴 것이다. 학부모의 입장에서는 데이터를 통해 자녀의 학습 과정에서의 어려움과 강점 및 약점을 이해하고, 다양한 활동 정보를 바탕으로 진로 탐색과 계획을 세울 수 있을 것이다. 이를 통해 자녀에 대한 깊은 이해를 바탕으로 적절한 정서적 지지와 격려를 과거에 비해 비교적 용이하게 제공할 수 있을 것이다. 결과적으로, 교수 · 학습 과정에 디지털 기술을 활용하고 적용함으로써 교육의 본질을 보다 더 발전시키는 것을 추구할 수 있을 것이다.

이상에서 본 바와 같이 디지털 활용교육은 시대 변화에 따른 교육변화의 당위성 측면에서 필요하며, 미래 인재 역량에 맞는 교육을 실현하기 위한 수단이 되고, 현재 학교교육 한계를 극복하는 교육 효과측면에서도 필요하다고 할 수 있겠다. 이러한 디지털 활용교육의 필요성은 유아에게도 불가피하다고 할 수 있다.

유아의 삶 또한 디지털 기기가 너무나 깊숙이 침투해 있어, 유아의 디지털 기기 사용을 완전히 통제한다는 것은 불가능한 일이며, 계속적으로 과학기술의 발전에 따라 새로운 형태의 디지털 매체가 빠르게 출현할 것이 분명하고, 유아를 이러한 변화로부터 단절시키는 것은 오히려 미래사회 발전에 역주행하는 일이라고 할 수 있다. 디지털 기술에 대한 올바른 이해와 발달에 적합한 능력을 길러주는 것은 미래사회에 대한 요구를 반영하고 유아의 사회 적응력을 강화하는 교육일 것이다. 하지만 사회 변화와 상관없이 유아기 발달은 인생 전반을 아우를 때 매우 중요하며, 이후 발달에 중요한 발판이 된다. 디지털 기술이 급속하게 발달하고 변화하는 상황에서 중요한 기본은 유아의 디지털 활용 초기 경험이 이후 발달과 성장에 도움이 되어야 한다는 것이다(OECD, 2023a).

디지털 활용교육에 대한 필요는 세계적인 현상으로 여러 국가들이 디지털 활용교육을 위해 많은 재정적 투자를 하고 있다(한국교육학술정보원, 2005). 북미, 유럽, 아시아, 오세아니아, 중남미 등의 여러 나라에서 차세대 브로드밴드 및 무선인터넷 설치 사업, 거꾸로 학습, 코딩교육, 유러피언 스쿨넷 등 디지털 활용교육을 위한 정책을 추진하고 있다(교육부, 2014). 우리나라도 미래사회가 요구하는 핵심 역량을 갖춘 창의융합형 인재를 양성하기 위해 디지털 활용교육 고도화 등 미래 교육체계 개편을 추진하고 있다(차명진, 2018). 구체적으로 2015 교육과정 개정으로 2018년부터 초중 SW 교육이 필수화되었고, 고등학교에서는 2020년부터 AI 과목이 신설되었다(교육부, 2022a). 그리고 2022년에는 교육부가 '디지털 인재양성 종합방안 기본계획'을 발표하여 유아교육을 포함한 디지털 활용교육 확대를 제시하여 유아놀이중심 유치원 교육과정 운영 시 디지털 기반 놀이 환경을 구성하고 활용할 수 있도록 지원할 것이라고 언급하였다(교육부, 2022a). 2023년에는 디지털 기반 교육혁신방안을 발표하여 교육 내용과 교육 방식에 대한 근본적 교육체제 전환을 제시하였다(교육부, 2022a, 2023a).

OECD 국가들의 유아 대상 디지털 활용교육 사례

- 80% 국가들이 원격교육의 일환으로 디지털 활용을 1일 평균 1시간 미만 활용하도록 함. 하지만 원격교육을 지원하는 부모 역량 문제, 디지털 기기 및 인터넷 연결의 격차, 유아를 위한 디지털 콘텐츠 질의 문제를 지적함.
- 60%의 국가들이 유아가 스크린에 노출되지 않고, 디지털 자료를 교육적으로 공유하도록 함. 유아 발달 수준에 적합한 디지털 활용을 강조함.
- 개별 국가 사례는 다음과 같음.

1. 이탈리아

디지털 기기 유형(태블릿PC, 카메라, 로봇 등) 사용에 대한 구체적 언급 및 유아교육기관과 가정 간의 연계를 통한 디지털 기술의 발달에 적합한 균형적 사용을 강조함.

2. 핀란드

국가수준 유아교육과정의 핵심으로 보고, 유아기부터 시작되어 전 생애를 거쳐 발달해야 하는 역량으로 강조함. 디지털 활용교육의 목표는 디지털 기술이 인간 활동의 성과라는 사실을 유아들이 이해하도록 돕는 것이며, 유아교육기관과 보호자의 동의된 방식에 따라 디지털 기기와 놀잇감을 교육에 활용하도록 하였고, 게임, 탐색, 신체활동, 예술적 표현 등에 디지털 기록화를 적극 활용하도록 함.

'The New Literacy Programme 2020–2022'은 유아가 이미 높은 수준의 디지털 기술 환경에 살고 있다는 전제 하에 사회 변화에 따른 ECEC 질 제고의 일환으로 계획됨. 프로그램의 목표는 유아들의 정보 및 소통 기술, 미디어 리터러시, 프로그래밍 역량 강화이며, 효과적 실행을 위한 교사 대상 연수를 강조함.

3. 일본

2017년 개정된 국가수준 유아교육과정의 교육 수료 단계에서 추구하는 이상적인 유아의 이미지Ideal Image by the End of Childhood를 설정하고 있으며, 이를 위해서는 디지털 역량이 필수적임. 따라서 교육과정에 디지털 기술 관련 내용을 명시하고, 교육에 활용하도록 하고 있으며, 유아 경험과의 관련성을 강조함. 그리고 유아교육기관 내 관련 기기와 설비를 지원하도록 함(2020년 기준: 2.4명의 유아교사 당 1대의 컴퓨터 보급, 3세 유아를 위한 아이패드 활용 및 5세 유아 대상 비디오 영상편지 제작 등을 위한 지원)

출처: 육아정책연구소(2021)

2. 디지털 활용교육 개념

디지털 활용교육은 기존의 교육과 다르게 디지털 기술을 활용함으로써 교육이 이루어지는 시간, 장소, 경로가 자율적이라는 특성이 있다. 즉, 과거 정해진 교육시간에 교실에 앉아 교사에 의해 주어진 교과서나 교재교구를 가지고 수업하거나 놀이하던 것에서 이제는 교실이 아닌 다른 공간에서 정규 교육시간 이외 디지털 기술을 활용하여 주도적, 능동적으로 교육이나 놀이가 가능하다. 교육의 자료 또한 교사에 의해 주어지기보다는 학습자 스스로 원하는 자료를 검색하여 학습하거나 놀이할 수 있다. 이러한 디지털 활용교육의 특성은 학습자뿐만 아니라 교사에게 엄청난 자율성과 책임감 있는 선택 및 활용을 요구한다고 할 수 있다. 이에 따라 디지털 활용교육에 대한 깊이 있는 이해와 실천이 요구된다.

이러한 특성에 따라 디지털 활용교육의 개념을 살펴보면, 다음의 세 가지 측면으로 설명할 수 있다.

1) 디지털 리터러시Digital Literacy

디지털 리터러시는 소양의 개념으로 교육학적인 개념에서의 학문적 지식을 의미한다. 1997년 길스터Gilster가 처음 사용한 용어로 기존의 컴퓨터 활용능력과 관련된 컴퓨터 리터러시에 이어서 디지털 기술에 대한 이해와 활용능력을 의미하였다(Gilster, 1997). 즉 인터넷 검색, 하이퍼텍스트 탐색, 지식 조립, 콘텐츠 평가 능력을 포함하는 것으로 인터넷 리터러시, (멀티)미디어 리터러시 개념을 포함한다. 이후 2000년대 보덴Bawden은 길스터의 논의를 확장하면서 상호작용과 커뮤니케이션을 강조하였다(Bawden, 2001). 그리고 에셋−알칼라이Eshet-Alkalai는 기술적 능력으로 제한되거나 컴퓨터 환경에서의 작업 측면에만 그쳤다고 비판하면서 디지털을 활용하는 사용자 활동의 대부분을 포괄하는 통합적 개념이 필요하다고 주장하였다(Eshet−Alkalai, 2004). 이후 마틴Martin과 그루젯스키Grudziedcki의 행위 과정 모형에서 체계화되었다. 즉, 디지털 활용이 삶의 전반에서 비롯되고, 삶에 영향을 미치는 사회적 행동이라고 보았고(Martin & Grudziedcki, 2006), 이에 따라 기술적 능력을 포함하여 개인의 인식, 태도라는 기술적, 사회정서적 행위 개념을 통합적으로 제시하였다. UNESCO(2018, 2024)는 디지털 리터러시를 세계 시민교육의 핵심으로서 필수적이라고 강조하였다. 앞으로의 시대를 디지털 대전환의 시대로 정의함으로써 이에 따른 핵심 교육으로 여겼으며, 구체적으로 다양한 디지털 도구를 활용하여 정보를 수집하고, 비판적으로 분석하여 문제를 해결하고, 창의적으로 사고할 수 있는 능력이 필요하다고 보았다.

따라서 디지털 리터러시란 좁은 의미로는 ICT(정보통신기술)의 특성을 알고 디지털 정보를 이해하고 활용하는 역량을 의미한다. 구체적으로 디지털을 활용하는 것에 있어서 읽기, 쓰기, 셈하기와 같은 기본 소양을 익히는 능력으로 주로 기술적 관점에 초점을 맞춘 의미라고 할 수 있다(Hatlevik & Christophersen, 2013). 하지만 점차 디지털 기술을 여러 분야에 적용하는 능력, 디지털 기술 및 기기를 활용한 의사소통능력, 디지털 환경에서의 적응능력 등을 포함하면서 점차 그 의미가 확장되고 있다(한국교육학술정보원, 2019, 2020). OECD(2023a, 2023b)에 따르면, 디지털 기술 활용방법에 대한 지식뿐만 아니라 디지털 기술의 위험성과 이점을 이해하고, 자신을 보호하는 개념을 포함하는 것으로 의미가 확장되었다고 제시하고 있다. 즉, 디지털 기술 활용과 관련된 지식, 기술뿐만 아니라 자신감, 비판적 태도, 책임감 등의 태도를 포함한다. 그리고 유아 대상 디지털 리터러시 개념에서는 유아의 흥미와 요구에 기반한 디지털 기술에 대한 기초적 이해와 태도를 기르는 것이 더욱 요구된다(Burns & Gottschalk, 2020).

디지털 리터러시 구성요소

디지털 리터러시를 언급한 연구(한국교육학술정보원, 2019, 2020; Hatlevik & Christophersen, 2013; OECD, 2023a, 2023b; UNESCO, 2011, 2018, 2024)들을 종합하면, 확장된 개념의 디지털 리터러시 구성요소는 다음과 같다.

- 디지털 기술 이해 및 활용 능력
- 미디어 리터러시
- 컴퓨팅 사고력
- 디지털 윤리
- 주도성과 자신감
- 창의적 · 비판적 태도

미디어 리터러시(Media Literacy)와 컴퓨팅 사고력(Computational Thinking)

디지털 리터러시에 포함되는 요소로 미디어 리터러시와 컴퓨팅 사고력이 있다.

• 미디어 리터러시

신문, 잡지, 텔레비전, 온라인 뉴스, 소셜미디어 등 다양한 미디어로부터 얻는 정보를 비판적으로 이해하고 해석하는 능력을 말한다. Hobbs(2010), Hobbs, Seyferth-Zapf & Grafe(2018)는 현대사회가 수많은 정보에 노출되어 있기 때문에 필요한 정보를 선별하고 필요 없는 정보를 걸러내는 능력이 필요하다고 보았고, 이를 위해 미디어 정보에 대한 비판적 사고를 길러야 한다고 보았다. 구체적으로 정보의 출처와 신뢰성을 판단, 메시지의 의도 분석, 언론의 자유와 다양성 존중, 메시지의 사회문화적 영향력 이해가 요구된다.

• 컴퓨팅 사고력

컴퓨팅 사고력은 컴퓨터 과학자 시모어 페퍼트(Pepert, 1980)가 처음으로 언급한 것으로 컴퓨터가 문제를 정의하고 그에 대한 답을 기술해내는 사고 과정 일체를 일컫는다. 정답이 정해지지 않은 문제를 알고리즘을 통해 논리적으로 풀어가는 과정이라고 할 수 있다. 컴퓨팅 사고력의 하위요소는 크게 문제분해Docomposition, 패턴인식Pattern recognition, 추상화Abstraction, 알고리즘Algorithms 4가지로 구분된다(BBC, 2018).

2) 디지털 역량Digital Competence

디지털 역량은 소양의 개념에서 보다 확장된 역량의 개념으로 교육 분야로만 제한된 것이 아닌, 학습한 지식을 가지고 사회 전반에 참여하거나 복잡한 사회문제 해결에 활용하는 능력을 의미한다. 2006년 유럽연합EU은 정보사회 평생학습을 위해 교사의 역량 증진이 필요하다고 보고, 8가지 핵심 역량을 언급하였고, 이 중 하나로 디지털 역량이 처음 제시되면서 세계적으로 부각되었다(Ala-Mutka, 2011). 따라서 디지털 역량은 주로 교사에게 요구되는 역량으로 해석할 수 있지만 이 중 학습자의 역량 개발과 관련하여 학습자의 디지털 역량을 5가지로 제시하였다. 미디어 리터러시, 의사소통, 콘텐츠 제작, 책임감 있는 활용능력, 문제해결능력이다. 즉, EU는 학습자에게 요구되는 디지털 역량을 일상에서의 문제해결을 위해 디지털 기술을 자신감 있고 분별력 있게 사용하는 것으로 정의하면서 디지털 기술에 대한 지식, 기술, 태도뿐만 아니라 문제해결을 위한 창의적, 비판적 사고력을 기르는 것을 강조하였다(European Commission JRC, 2013, 2016).

디지털 역량과 디지털 리터러시는 거의 같은 구성요소를 포함한다고 볼 수 있어 비슷한 의미로서 통용되기도 한다. 하지만, 디지털 리터러시는 각각의 구성요소별 소양 증진에 중점을 두지만, 디지털 역량은 보다 복잡한 일상 문제해결과 관련한 사회적 측면의 능력증진이 강조된다고 볼 수 있다(Ferrari, Punie & Redecker, 2012; Janssen, Stoyanov, Ferrari, Punie, Pannekeet & Sloep, 2013).

3) 디지털 지능DQ: Digital Quotient

디지털 활용교육과 관련하여 기술 지능TQ: Technology Quotient과 디지털 지능DQ을 구분할 수 있다. 기술 지능TQ은 새로운 기술을 이해하여 자신의 역량을 키우고 변화를 만들어가는 것을 의미한다. 현대사회는 새로운 기술이 끊임없이 등장하기 때문에 모두가 전문가일 필요는 없지만, 사용자로서 기술과 그 활용에 대해 이해하고 받아들일 필요가 있으며, 기술의 원리와 활용을 이해하는 것이 디지털 부작용을 막는 데에도 크게 기여한다. '기술 지능'이라는 책에도 기술의 노예가 되지 않고, 기술을 우리의 노예로 만드는 데 필요한 능력이라고 언급되어 있다(정두희, 2017). 디지털 지능DQ은 기술 지능뿐만 아니라 디지털 윤리의식을 포함하는 용어로 '디지털 기술을 이해하고 윤리적으로 이용하는 능력'이라고 할 수 있다. 하지만, 지능이라는 것은 교육으로만 가능하기보다는 교육을 포함한 다양한 일상의 경험을 통해 길러질 수 있겠다.

이상의 내용을 종합하면, 디지털 활용교육은 단순히 디지털 기술을 이해하고 활용하는 능력을 가르치는 지식과 기술 함양의 교육뿐만 아니라 디지털 윤리와 같은 태도적인 측면을 일상생활의 문제와 관련하여 함께 교육해야 함을 알 수 있다. 다만, 유아 대상 디지털 활용교육의 개념을 살펴보면 유아는 발달적으로 디지털 기술을 복잡한 사회문제 해결에 적용하거나 다각적 접근의 활용 등 복합적 능력을 요구하는 디지털 역량 개념은 적합하지 않고, 그러한 능력의 기초와 토대로서 소양을 교육하는 디지털 리터러시의 개념이 발달에 적합하다고 할 수 있겠다(Burns & Gottschalk, 2020).

3. 디지털 활용교육과 교사

디지털 사회에서 학습자들이 효과적으로 그 적응력을 기르기 위해서는 교사의 역할이 상당히 중요하다. 교육현장에서 디지털 매체 등 환경적 지원이 풍부하다고 할지라도 어떤 교사에 의해 교육이 실행되는지에 따라 학습자들의 디지털 능력 함양에 미치는 영향이 달라지기 때문이다. 따라서 교사의 디지털 활용교육 관련 능력의 증진은 디지털 활용교육 성패의 핵심이자 중점사항이라고 할 수 있다(권귀염, 2018; 김수혜, 신형석, 2020; Ma, Chutiyami, Zhang & Nicoll, 2021). 특히 교육 운영의 지식, 기술 습득뿐만 아니라 교육적 신념이 형성되는 예비교사양성과정에서 관련 교육을 받는 것이 중요하다. 현직 교사가 되어 디지털 활용교육을 실천하는 과정에서 교사가 가진 신념에 따라 교육장면에서 실천하는 정도가 다를 수 있기 때문이다(Schiller, 2003).

국내 교사들의 디지털 활용교육에 대한 인식

초 · 중 · 고등학교 교사 1000명을 대상으로 2022년 8월 16일부터 8월 29일까지 약 2주간 디지털 기술 활용 실태 및 학교교육의 디지털 전환에 대한 인식을 설문 조사하였다(정혜주 외, 2022).

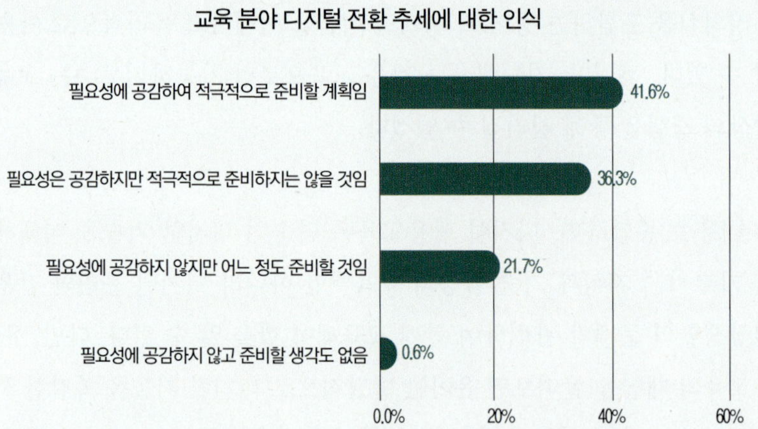

교육 분야 디지털 전환 추세에 대한 교사의 인식과 관련해서는 대체로 교사들은 교육 분야의 디지털 전환을 피할 수 없는 시대적 흐름으로 인식하고 있는 것으로 나타났다. 하지만 여전히 22.3%의 교사는 디지털 전환의 필요성에 대해서는 깊이 공감하지 못하고 있는 것으로 나타났다.

디지털 활용에 대한 본인, 동료 교사, 학교 관리자의 태도

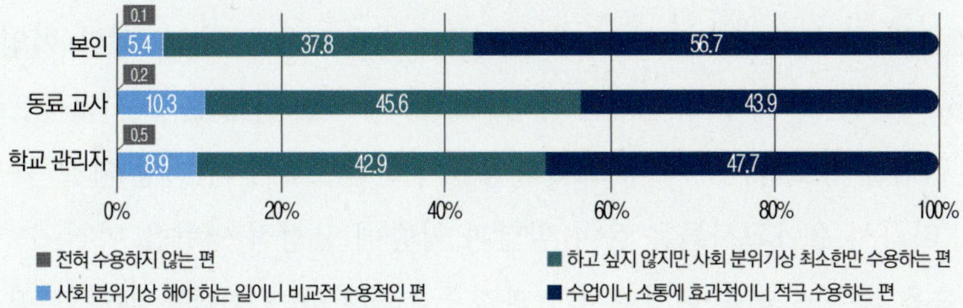

디지털 활용에 대한 본인, 동료 교사, 학교 관리자 태도에 대해서는 응답자 본인 스스로(56.7%)가 학교 관리자(47.7%)나 동료 교사(43.9%)보다 '수업이나 소통에 효과적이니 적극 수용하는 편'이라고 인식하고 있었다. 전반적으로 본인뿐만 아니라 학교 관리자와 동료 교사가 대체로 디지털 기술 활용에 수용적인 태도라고 인식하고 있음을 알 수 있다.

디지털 활용교육의 저해요인

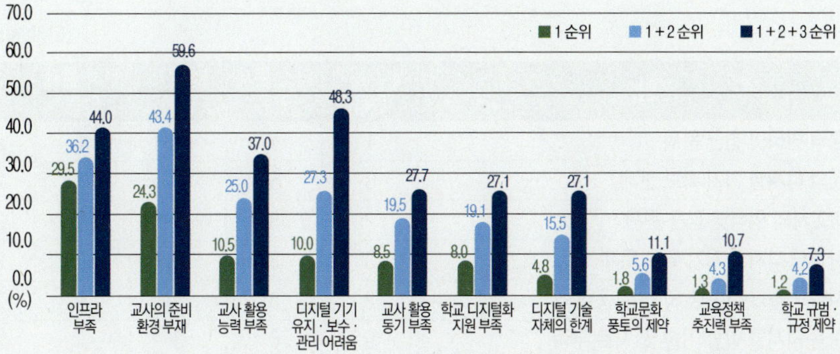

디지털 활용교육의 저해 요인에 대해선 1순위로 '인프라 부족'(29.5%)이 가장 높고, '교사의 준비 환경 부재'(24.3%), '교사 활용능력 부족'(10.5%) 등의 순으로 나타났다. 그러나 1, 2, 3순위를 모두 합산한 결과를 살펴보면 '교사의 준비 환경 부재'(59.6%)가 가장 높고, '디지털 기기 유지 · 보수 및 관리의 어려움'(48.3%) 등의 순으로 나타났다. 즉 업무 부담이 높아 새로운 디지털 기술을 교육에 활용할 준비 환경이 갖추어지지 않았다고 인식하는 교사가 많았으며, 디지털 기기의 관리가 부담스럽고 충분한 인프라나 스스로의 역량이 갖추어지지 않았다고 인식하는 교사가 많음을 알 수 있다.

출처 : 교육플러스(https://www.edpl.co.kr/news/articleView.html?idxno=8469)

특히, 유아교사들의 경우 여전히 디지털 매체 활용보다는 감각적 자료 활용이 더 중요하다고 생각하는 경향이 지배적이며, 디지털 매체 도입은 유아 발달에 부적절하다고 여기는 등 활용에 대한 불안과 거부적 태도가 존재하고 있음을 알 수 있다(이영미, 2019; 하얀, 2023). 하지만 교육부가 유아를 대상으로도 디지털 시대에 맞는 교육으로서 다양한 디지털 경험을 강조하는 미래형 교육과정을 추진함으로써 더 이상 피할 수 없는 실정이 되었다. 따라서 유아교사들은 유아 발달과 학습에 긍정적 영향을 미칠 수 있는 디지털 활용교육을 배우고 교육 현장에서 효과적으로 실천하는 능력을 배양할 필요가 있다(Chaudron, Di Gioia & Gemo, 2018).

유아교육 현장의 디지털 활용 관련 문제점

17개 시도교육청(서울, 경기, 부산, 인천, 광주, 대전, 세종, 대구, 울산, 강원, 충북, 충남, 전북, 전남, 경북, 경남, 제주) 유아 원격교육 담당 장학사를 대상으로 실시한 유아 원격교육 및 디지털 기술 활용 관련 현황 조사 결과이다.

단위: 시도 수(개)

문항	매우 문제 있음	다소 문제 있음	별 문제 없음	전혀 문제 없음	평균
1) 가정의 인터넷 접근 문제	1	4	5	4	2.86
2) 가정의 디지털 기기 확보 문제	3	5	5	1	2.29
3) 유아교사의 인터넷 접근 문제	2	3	5	4	2.79
4) 유아교사 디지털 기기 확보 문제	3	3	6	2	2.50
5) 디지털 기술 및 콘텐츠의 낮은 품질	2	8	3	1	2.21
6) 유아용 디지털 학습 기술 및 자료 부족	5	6	3	1	2.00
7) 유아교사 디지털 역량 문제	2	9	1	2	2.21
8) 부모/보호자의 디지털 역량 문제	4	7	2	1	2.00
9) 가정에서 유아 디지털 학습지원 시간 부족	12	2	0	0	1.14
10) 유아 대상 디지털 사용에 대한 교사의 부정적 인식	4	7	3	0	1.93
11) 유아 대상 디지털 사용에 대한 부모의 부정적 인식	4	6	4	0	2.00

*평균이 낮을 수록 문제 정도가 심각하다고 할 수 있음

디지털 기술 활용과 관련된 가장 큰 문제점으로 '가정에서 유아 디지털 학습지원 시간 부족', '유아 대상 디지털 사용에 대한 교사의 부정적 인식', '유아 대상 디지털 사용에 대한 부모의 부정적 인식', '유아용 디지털 학습 기술 및 자료 부족', '부모의 디지털 역량' 순으로 나타났다.

출처: 육아정책연구소(2021)

이러한 사회적 배경을 반영하여 2023년 4월 5일 교육부에 따르면, 유치원 및 초등 · 중등 · 특수학교 등의 교사자격 취득을 위한 세부기준(교육부고시 제2023-14호)에서 교직과목 중 교직소양영역에 '디지털 교육(인공지능 교육 포함)' 과목을 1~2학점 이상으로 추가하는 방안을 제시하였고, 2024년 입학자부터는 필수과목으로 포함되었다(교육부, 2023b). 교육부에서 제시한 디지털 교육(인공지능 교육 포함)의 기본 교수요목은 교사로서 디지털의 특성을 이해할 수 있도록 '디지털의 이해', '디지털 교과 융합교육', '디지털 활용교육', '디지털 윤리'를 포함한다. 하지만 대부분의 대학에서는 과목 도입에 따른 교수요목 정도의 대략적인 방향성만 인지할 뿐, 교육 내용에 대한 심도 있는 연구와 개발이 뒤따르지 못하고 있는 현실이다(이은화, 신하영, 2024). 따라서 적합한 교사 교육을 위해서 예비교사들에게 필요한 역량을 탐색할 필요가 제기되었다.

UNESCO(2018)에서도 교사양성 과정에서 디지털 리터러시 함양 교육을 강조하였고, 디지털 활용에 대한 이론적 지식을 넘어 실제 교육현장에서 활발히 실천할 수 있는 실천적 지식을 형성해야 한다고 언급하였다(국회입법조사처, 2024; UNESCO, 2018).

유럽연합EU에서는 평생학습을 위해 교사의 역량 증진이 요구된다고 보았고, 8대 핵심 역량을 발표하였으며, 이 중 하나로 '디지털 역량digital competence'을 새롭게 언급하였다(Ala-Mutka, 2011). 그리고 2017년 'DigCompEdu Framework'라는 이름으로 교육자를 위한 디지털역량 프레임워크를 정의했다. 디지털 역량은 교사의 배경변인인 국가, 직위, 교육수준에 상관없이 증진할 수 있는 것을 목표로 하며, 그림 3-5와 같이 6개 영역의 22개 기본 역량으로 구성된다(Redecker & Punie, 2017).

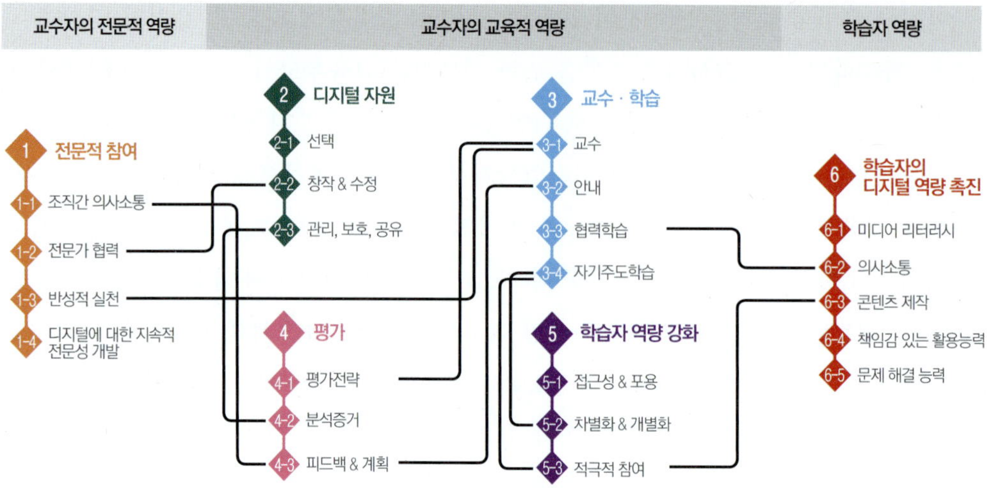

그림 3-5 ✦ 교사의 디지털 역량

6개의 영역은 교육의 다양한 측면에 초점을 맞추고 있다.

✦ 표 3-1 교사에게 요구되는 디지털 역량의 6개 영역

영역	설명
1. 전문적 참여	커뮤니케이션, 협업 및 전문성 개발을 위한 노력
2. 디지털 자원	디지털 자원 선택, 창작 및 공유
3. 교수 · 학습	교수 · 학습에서 디지털 기술의 사용을 통한 협력학습, 자기주도학습 도모
4. 평가	평가 역량 강화를 위한 디지털 기술 사용
5. 학습자 역량 강화	디지털 기술을 사용하여 학습자 개별 지도 및 적극적 참여 도모
6. 학습자의 디지털 역량 촉진	학습자가 정보 활용, 의사소통, 콘텐츠 제작 및 문제 해결을 위해 디지털 기술을 창의적이고 책임감 있게 사용할 수 있도록 지원

교육부(2020)는 유럽연합EU의 디지털 역량에 기초하여 국내 상황에 맞게 재정리하였다. 즉, 교사의 디지털 역량은 디지털 사회 구성원으로서의 자주적인 삶을 살아가기 위해 필요한 기본소양으로 윤리적 태도를 가지고 디지털 기술을 이해 · 활용하여 정보를 탐색 및 관리, 창작을 통해 문제를 해결하는 실천적 역량이다. 이는 학습자에게 요구되는 역량

이기도 하며, 학습자가 디지털 시대에 적극적으로 참여할 수 있도록 교사의 디지털 역량 증진이 요구된다고 강조하였다.

특히, 유아교사는 초중등교사보다 디지털 인재 양성을 위한 역할이 매우 중요하다. 유아교육의 경우, 교육계획 및 운영에 대한 교사의 자율성이 매우 크기 때문에 교사의 역량에 따라 교육의 질적 수준이 달라지기 때문이다. 또한 유아는 시기적으로 발달의 기초적 시기이므로 초기 교육의 성패가 이후 교육의 성패를 좌우하기 때문이다. 이러한 이유에서 OECD에서도 유럽연합EU의 디지털 역량에 기초한 '디지털 시대의 유아교육Early Childhood Education and Care in a Digital World' 보고서에서 다음과 같이 유아교사에게 요구하는 디지털 역량을 구분하였다(OECD, 2023b).

✦ 표 3-2 OECD의 디지털 역량과 유아교사 역할과의 관련성 예시

디지털 역량	유아교사 역할과의 관련성 예시
정보 관리	건강상태, 알레르기 등 개별 유아에 대한 출석 및 정보를 확인하고 관리함
협동	동료와 함께 관련 교육활동을 계획하거나 전문 네트워크를 통해 아이디어를 개발 및 발전시킴
소통과 공유	교육 현장이나 유아들의 활동 모습, 그리고 개별 유아에 대한 특이사항 등에 대해 가정과 소통하고 공유함
콘텐츠와 지식의 창조	유아들과 함께 활동할 리소스를 개발하거나 유아들이 디지털 도구를 사용하여 창의적 결과물을 창출할 수 있는 방법을 이해하도록 도움
윤리와 책임	유아의 개인 정보 및 디지털 활동으로부터의 웰빙 및 건강을 보호함
평가 및 문제 해결	유아의 복지, 발달 및 학습을 모니터링함
기술 운영	지속적으로 자신의 디지털 활용 기술 증진 기회에 참여함

OECD(2023b)는 이러한 역량 이외에도 유아에게 디지털 기술을 언제, 어떻게 활용할지 의사결정하기 위한 전문가적 판단이 중요하다고 강조한다. 따라서 전문가적 판단을 위해서 교사는 유아의 발달에 대한 이해, 적용 가능한 교육과정 및 교수방법에 대한 지식을 확고하게 갖추어야 한다. 또한, 디지털 기술이 유아에게 초래할 수 있는 위험을 알고, 이를

방지하기 위한 기초적인 지식과 기술이 필요하며, 이러한 기술에 대한 이해는 시대 변화나 상황에 따라 변화할 수 있으므로 지속적인 전문성 개발을 위한 노력을 기울여야 한다.

4. 디지털 활용교육 방향

교육은 본래 개별 인간의 고유함에 근거하여 역사의 발전 및 인류의 진보를 가능하게 했지만 현대의 과학기술과 산업의 발달로 인해 정치 · 경제적 논리에 교육이 휘둘리고 있다(정영근, 2013). 교육은 인간을 대상으로 하여 사람됨의 형성을 목적으로 하는 활동이라 할 수 있다. 이는 모든 교육의 이론과 실제에서 인간에 대한 이해가 선행되어야 하고(정혜영, 2005), 더 나아가 올바른 인간 이해에 근거하여 교육이 진행되어야 함을 의미한다. 유아교육 또한 교육을 받는 대상인 유아의 전인적 발달에 그 본질적 의미가 있기 때문에 유아의 존재론적 특성을 충분히 이해한 후 그에 알맞은 교육이 실행되어야 할 것이다(이병진, 1999; 이주상, 2006). 따라서 올바른 디지털 활용교육은 학습자인 유아 본연의 발달과, 유아교육 본연의 목적에 상응하는지 고민하면서 이루어져야 할 것이다.

OECD(2019)에서도 미래사회 디지털 의존도가 높아질 것을 예측하여 유아를 포함하여 모든 학습자를 대상으로 올바른 디지털 활용교육이 이루어질 필요가 있다고 강조하였다. 유아가 디지털 안전의 사각지대에 놓이지 않도록 예방적, 처방적 관점에서 디지털 활용교육이 이루어질 필요가 있다.

따라서, 향후 더 발전될 디지털 기술과 더불어 살아야 할 성장세대의 교육을 준비하기 위해서는 디지털 관련 교육이 궁극적으로 유아의 긍정적 발달 및 유아의 삶에 어떤 영향을 줄 것인지에 대한 교육학적 숙고와 고민을 거쳐야 한다. 급변하는 기술문명 속에서도 주체적으로 사고 · 판단하는 능력을 키우고, 자신의 정체성을 잃지 않은 채 타인과의 원활한 의사소통 및 상호작용을 하며, 평화로운 공존을 추구하는 인간의 본질적인 면의 성장과 발전을 도와야 하기 때문이다.

수업 후 실습

학습한 내용을 토대로 여러분이 경험한 디지털 활용교육의 문제점을 생각해 보세요.

CHAPTER

4

유아 대상 디지털 활용교육의 목적

수업 전 실습

앞장에서 학습한 '디지털 활용교육의 방향'에 따라 교육 목적을 한 문장으로 설정해 보세요.

1. 디지털 활용교육의 역사

유아 대상 디지털 활용교육의 목적은 시대에 따라 변화해 왔다. 디지털 활용교육은 정보통신기술이 발전하면서 등장하였고, 우리나라는 1995년에 제정된 '정보화촉진기본법'에 근거하여 1996년 교육정보화 정책이 발표되었다. 교육정보화 정책의 추진계획은 6차에 걸쳐 5년 단위로 기본계획을 수립하여 정책을 추진해왔다(계보경, 박준홍, 이다영, 2022). 각 단계별 성과는 다음과 같다.

- 1단계(1996~2000): 학생용, 교원용 컴퓨터 보급, 학내망 구축, 교육정보관 시설 완비 등
- 2단계(2001~2005): ICT 활용을 위한 물적기반 고도화, 이러닝 지원 등
- 3단계(2006~2010): 이러닝 체제 고도화, 사이버윤리의식 강화 등
- 4단계(2011~2013): '2011 스마트교육 추진전략'에 따른 디지털교과서 개발 및 적용, 클라우드 교육서비스 기반 조성 등(교육과학기술부, 2010)
- 5단계(2014~2018): '지능정보사회에 대응한 중장기 종합계획'에 따른 유초중등의 맞춤 학습 지원체제 구축 등(교육부, 2014, 2016)
- 6단계(2019~2023): 'AI 국가전략' 발표, 미래형 스마트 교육환경 조성(평생교육, 생애주기 교육 모두 포괄), 빅데이터 정보화 기반의 맞춤형 교육 서비스 인프라 구축 등(과학기술정보통신부, 2019; 육아정책연구소, 2021)

정책적 전략과제 중 교수 · 학습 측면에서 교육의 디지털화에 큰 역할을 한 것은 2011년 6월 발표된 '스마트교육 추진전략'이라고 할 수 있다. 스마트교육은 기존의 교육을 넘어서 시 · 공간의 확장, 교육의 내용과 방법 혁신, 교육역량의 확장이라는 목적을 설정하였다. 그리고 '온라인 수업 · 평가 활성화', '교육콘텐츠 공공목적 이용환경 조성', '교원 스마트교육 실천역량 강화', '클라우드 교육서비스 기반 조성'을 통해 교실을 혁명한다는 비전을 제시하였다. 같은 해 11월에는 '스마트교육 추진전략 실행계획'이 발표되어 정책의 추진 방향, 성과지표 관리, 세부 추진계획을 천명하였고, 스마트교육을 적극

적으로 홍보하였다(교육과학기술부, 2011). 여기서 사용되는 '스마트SMART'란 용어는 Self-directed(자기주도적), Motivated(흥미 중시), Adaptive(수준/적성 반영), Resource enriched(풍부한 자료), Technology embedded(정보기술 활용)의 첫 글자를 연결하여 만든 단어이다(임희석, 2012; 정영근, 2015).

교육과학기술부(2011)는 기존의 교육과 차이를 부각시키며 전통적인 학교체제가 교실이라는 물리적 공간 속에서 제한된 내용의 서책형 교과서를 가지고 강의식으로 3RRead, wRite, aRithmetic 중심의 교육이 이루어졌다면, 스마트교육에서는 기존의 제한된 교육 영역이 확대된 것이라고 제시하였다. 즉, 공간, 시간, 교육 내용, 교육 역량, 교육 방법의 측면에서 기존의 영역을 확대하고 미래 사회에 대비하기 위한 새로운 교육 패러다임으로의 전환으로 평가된다(김영애, 2012). 이처럼 새로운 교육 형태로의 전환은 학생에게는 자기주도학습·개별학습·협력학습 등 다양한 놀이와 수업 참여를, 교사에게는 교육자료 준비 부담 해소, 그리고 학부모에게는 자녀의 학습정보를 신속·정확하게 제공할 것으로 기대하게 하였다. 이러한 기대 속에 2015년에는 초등학교에서 연구학교 71개교, 희망학교 1,063개교가 스마트교육을 적용하였다(교육부, 2016).

그러나 정부의 의도와는 달리 스마트 기기와 온라인 시스템에 지나치게 익숙해진 학생들에게서 발생하는 여러 가지 문제로 인해 그 효과에 대한 검증과 논란이 있었다. 교육정책연구소(2016)에 따르면, 수업의 긍정적인 효과를 제시하는 연구 대부분은 결과의 객관성을 입증하기 어려운 자기보고 형식의 보고서인 것으로 나타났고, 학업성취도 검사에서 유의한 차이가 없거나 디지털 기기 고사용군 초등학생들의 신체건강, 정서, 사회성, 인지발달 측면에서 문제가 있는 것으로 나타났다.

유아 대상 디지털 활용교육은 2000년을 전후로 하여 컴퓨터와 같은 디바이스가 보급됨에 따라 자연스레 유아교육 관련 디지털 관련 연구가 등장하였다. 대부분이 디지털 리터러시에 대한 연구가 집중적으로 수행되었다(정현선, 2012). 2014년 G20 국가 중 최초로 영국은 컴퓨팅Computing 과목을 만 5세를 포함하여 교육 목표를 설정하고, 교육을 시작하였다(강유나, 이영신, 2020). 그리고 2021년 유럽연합EU은 2030년경 실현을 목표로 하는 장기 디지털 정책 청사진 '디지털 컴퍼스Digital Compass'를 발표하였다. 구체적으로 제안된 디지털 활용교육 실행 방안은 크게 두 가지 방향의 전략이 포함되어 있다. 첫째, 고

성능의 디지털 활용교육 환경을 구축하는 것이다. 이는 공간, 디바이스 등을 포함한 체계적인 교육 계획, 디지털 활용능력이 우수한 교사, 양질의 콘텐츠, 안전한 플랫폼 등을 포함한다. 둘째, 디지털 변화에 대비한 적절한 역량 개발이다. 이를 위해서는 유아기부터 적절한 교육을 통해 개발되어야 함을 강조한다(European Commission, 2021).

우리나라는 유아교육의 디지털 활용교육 지원을 위해 2020년 유치원 교육과정 운영에서 원격교육을 인정하였고, 유아 발달에 적합한 원격교육이 이루어질 수 있도록 실물자료가 포함된 놀이꾸러미, TV 교육콘텐츠 등을 활용하여 원격수업을 운영할 수 있도록 지원하였다. 또한 다양한 교육온라인 플랫폼을 활성화하였다.

이후 교육부는 '코로나 이후, 미래교육 전환을 위한 10대 정책과제(안)'을 발표하여 '2019 개정 누리과정'의 교육 방향에 부합하도록 유아 중심, 놀이 중심 교육과정에 디지털 환경의 경험을 반영하는 '미래형 유치원 교육과정'을 제시하였다(교육부, 2020). 이는 유아교육에서 디지털 매체를 활용한 교육은 더 이상 선택이 아닌 필수가 되었음을 의미하며, 이에 교육부는 '미래형 유치원 교육과정'의 운영과 유아의 디지털 소양을 함양하기 위한 방안으로 유아교사를 대상으로 한 현장지원자료를 다수 보급하였다. 교육부가 보급한 자료는 유아교육기관에서의 디지털 매체 활용을 위해 요구되는 교사의 전문성과 교육콘텐츠, 교실환경의 질적 수준을 높이기 위한 것으로 '디지털 기반 놀이환경 현장지원자료(교육부, 2021a)', '유치원 교사의 디지털 역량 강화 프로그램(교육부, 2021b)', '온라인 교육콘텐츠 제작 개발(교육부, 2021c)' 그리고 '유아 디지털 미디어 문해 교육운영 지원자료(교육부, 2022b)' 등이 있으며, 이러한 보급자료를 통해 유아놀이 중심 교육과정에서 디지털 매체와의 통합이 이루어지기 위해서는 교사의 전문성이 요구됨을 알 수 있다.

그리고 2022년에는 교육부가 '디지털 인재양성 종합방안 기본계획'을 발표하여 유아교육을 포함한 디지털 활용교육 확대를 제시하면서 유아놀이 중심 유치원 교육과정 운영 시 디지털 기반 놀이환경을 구성하고 활용할 수 있도록 지원할 것을 언급하였다(교육부, 2022a). 또한 디지털 활용교육에 대한 단순한 접근보다는 포괄적 개념으로 역량 강화를 위한 교육 지원을 강조하였다.

유아의 경우, 전통적인 성인 사용자와는 구분되게 디지털이 일상이 되는 삶을 사는 실질적인 사용 주체로서 디지털 활용교육의 목적에 대해 성인과 구분하여 고민할 필요가 있다. 이와 같은 맥락에서 독일, 영국, 캐나다, 핀란드 등 세계 각국은 디지털 활용교육에 단순히 기술적 측면이 아닌 태도적 측면을 포함한 디지털 윤리교육을 함께 실시하는 것을 강조하고 있다(황치성, 김광재, 한승연, 2014). 미국교육위원회Education Commission of the States도 2020년 디지털 기술에 대한 이해와 활용능력 증진뿐만 아니라 윤리의식을 증진하는 교육을 강조하였다(이수진, 2020).

종합하면, 지금까지 디지털 활용교육의 동향은 디지털 매체의 급속한 발달과 보급으로 디지털 활용교육의 필요성이 점차 강조되어 왔고, 디지털이 교육에 활용되는 관점과 범위가 확대되는 방향으로 변화되어 왔음을 알 수 있다. 최근에는 디지털 활용교육에 있어서 디지털 윤리 등 태도적 측면의 교육이 포함되어야 함이 강조되고 있음을 알 수 있다.

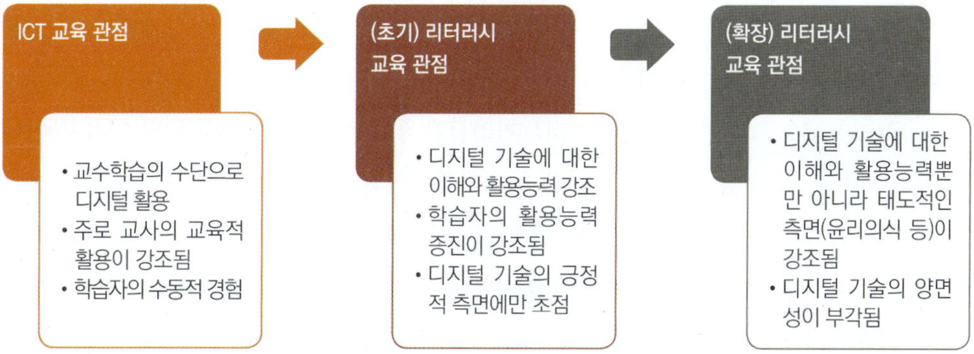

그림 4-1 ✦ 디지털 활용교육의 동향

2. 디지털 활용교육의 한계

정부의 교육선진화 정책에 따라 교육현장에서 디지털을 활용한 교육이 활발히 이루어지면서 많은 변화가 나타나고 있다. 디지털 기기 활용의 편리성과 유용성이 강조되다 보니 교과 운영, 놀이 지원, 학부모 상담, 기관 운영 등 교육 전반에서 디지털화가 급속하게 진행되고 있다. 그러나 변화 과정에서 디지털 중심의 학습을 통해 사회적 필요 역량을 산출하려는 기술공학적 교육설계가 만연하고 있다. 유아들은 점점 디지털 기술이 유도하는 것에 맞춰 자극적 경험에 근거한 직관적 사고와 즉각적 행동방식에 익숙해지고, 교사와 학생 사이의 직접적 · 생동적 의사소통과 상호작용이 점점 약화되어 가고 있다(한기순, 정영근, 2016).

또한 과학기술정보통신부와 한국정보화진흥원(2021)의 스마트폰 과의존 실태조사 결과를 살펴보면, 가정 내 디지털 사용이 저연령화되고, 유아의 과의존 위험군이 증가하고 있음을 알 수 있다. 또한 2021년 1월 한국언론진흥재단이 발표한 '어린이 미디어 이용 조사 보고서'에 따르면, 어린이들은 하루 평균 4시간 45분을 디지털 매체 사용에 할애하는 것으로 드러났다(한국언론진흥재단, 2021). 이와 같은 수치는 세계보건기구WHO에서 권고하는 1시간을 기준으로 했을 때 4배가 넘는 수준이다(남창우, 2021). 태어난 지 몇 개월 되지 않은 영아들이 스마트폰 스크린을 능숙하게 터치하고 스와이프swipe하는 모습을 쉽게 찾아볼 수 있는 이유이다.

하지만 유아의 디지털 활용에 대한 경고와 우려의 목소리는 더 이상 강제성을 띠는 통제나 차단으로는 어려울 것이다. 이러한 현상을 증명하듯 일명 FAANGFacebook, Apple, Amazon, Netflix, Google로 불리는 글로벌 IT 기업들은 일제히 아동용 플랫폼 및 교육용 콘텐츠에 투자하고 있다(남창우, 2021). 키즈 크리에이터라는 새로운 단어를 등장시킨 유튜브YouTube와 키즈 채널을 따로 분리하여 콘텐츠를 제공하는 넷플릭스 등 구독형 OTT 등을 통한 유아의 디지털 콘텐츠 접근 가능성은 무궁무진해지고 있다. 이러한 디지털 기술과 콘텐츠의 확대는 유아의 삶과 발달 과정에 큰 영향을 미치게 될 것이다. 이는 이전 부모세대가 겪은 영향력과는 비교가 되지 않을 것이다.

전인교육을 목적으로 하는 인생 초기 단계의 유아교육에서 학습자인 유아에 대한 본질적 이해와 전인발달을 위한 디지털 활용교육 실천이 이루어져야 하는데, 교육의 효율성이나 정책 수용에 대한 급급한 태도로 인해 이런 점들이 제대로 숙고되거나 반영되지 못한 채 과학기술의 논리를 맹목적 추종하는 방향으로 교육현장이 변화되고 있다고 문제점을 지적할 수 있다. 그리고 현재의 누리과정에서는 디지털 활용교육과 관련하여 신체운동 · 건강영역의 '안전하게 생활하기'에만 관련 내용이 제시될 뿐, 그 외 교육 목적이나 목표, 구체적 교육 내용이 적절하게 제시되고 있지 않다는 것 또한 문제라고 할 수 있으며, 교사 연수 자료에서도 대부분이 교사의 다양한 디지털 기기 활용에만 치우치고 있다는 것이 문제라고 할 수 있다.

그리고 21세기 미래형 인재 양성을 목적으로 추진·적용된 스마트교육에 따른 디지털 활용교육의 효과성과 타당성에 대해서도 여전히 의문점이 있다. 대표적으로 성장기 유아들의 전인적 발달은 차치하더라도 인터넷 중독의 심각성이 사회문제로 제기되고 있다(정영근, 2015). 디지털 교육이 유아들의 성장과 교육에 제대로 기여하고 있는지 고민해볼 필요가 있다. 또한 교육의 디지털화가 상업기술에 많은 부분을 의존하기 때문에 교육 본연의 원리보다는 기업의 성장논리나 시장지배 입장이 우선시되지 않는지도 고민해봐야 할 필요가 있다(정영근, 2015).

이러한 우려에도 불구하고, 급진적으로 디지털 활용교육을 시도하려는 정부의 정책이 유아교육의 본질을 구현하는 데 기여할 수 있는지에 대한 의문은 여전히 존재한다. 따라서 유아교육 디지털화 정책에 대한 비판적 논의를 통해 올바른 디지털 활용교육의 목적을 고찰해볼 필요가 있다.

3. 유아 대상 디지털 활용교육의 목적

유아 대상 디지털 활용교육의 목적은 **3장 디지털 활용교육 개념**에서 살펴본 것처럼 디지털 리터러시Digital Literacy 함양이라고 할 수 있다. 디지털 리터러시Digital Literacy는 앞서 교육의 동향에서 언급한 대로 디지털 기술에 대한 이해와 활용능력 증진뿐만 아니라 디지털 기술의 양면성을 이해하고, 능동적·창의적 활용기술을 증진하며 태도적인 측면에서 주도성과 자신감, 그리고 디지털 윤리의식 및 책임감 있게 활용하는 능력을 기르는 것이라고 할 수 있다.

디지털 시대의 유아 역량 강화에 대해 언급한 OECD(2023a)에서도 이러한 개념의 디지털 리터러시를 강조하였다. 이는 유아발달에 미치는 디지털 기술의 잠재적인 부정적 효과와 디지털 격차의 문제점을 고려한 것으로 유아기부터 국가수준의 교육과정을 통한 디지털 리터러시 교육을 강조하였다. 그리고 교육을 통해 발달해야 할 유아의 디지털 활용능력을 차원별로 다음과 같이 구분하였다(OECD, 2023a).

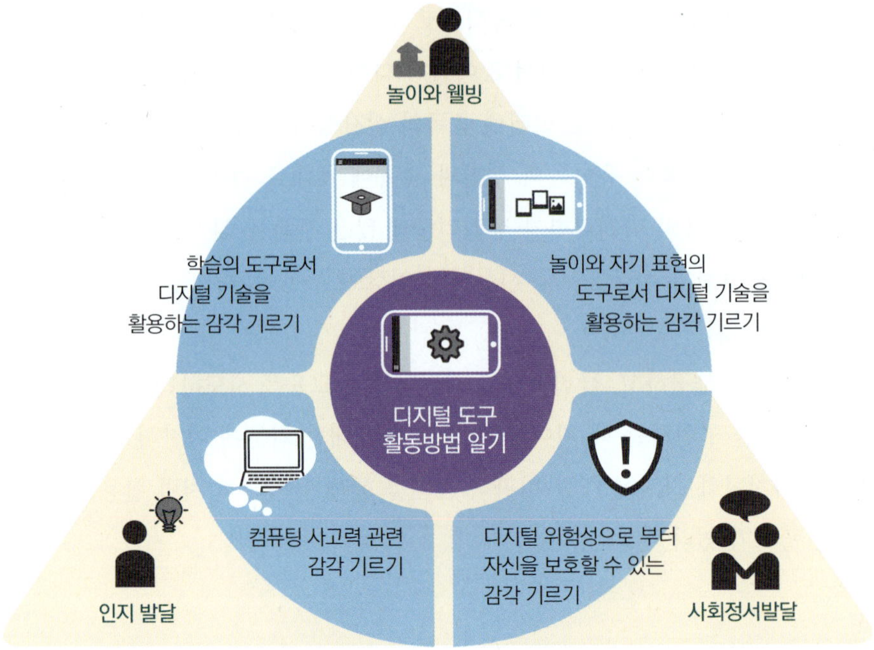

그림 4-2 ✦ 유아의 디지털 활용능력

유아의 디지털 활용능력은 인지발달, 사회정서발달, 놀이와 웰빙의 세 가지 차원과 관련하여 구체화할 수 있다. 이 중 디지털 도구를 어떻게 활용하는지에 대한 방법을 아는 것은 모든 차원을 포괄하는 가장 기초적인 것이며, 사회정서발달 차원에서 유아들이 디지털 위험성으로부터 스스로를 보호할 수 있는 감각을 기르는 것도 필요함을 알 수 있다. 즉, 디지털 중독, 부적절한 장면 노출, 개인 정보 보호 문제 등을 이해하고, 이러한 위험으로부터 자신을 보호하는 방법을 배우는 것이 필요하다. 그리고 인지발달 측면에서 컴퓨팅 사고력을 기르는 것이 필요함을 알 수 있다(Bers, Strawhacker & Sullivan, 2022). 컴퓨팅 사고력은 디지털 기술을 직접 활용하지 않은 상태에서도 교육이 가능한 것으로 수학적 사고력과 언어능력, 문제해결력 등과 관련되어 있어, STEAM의 통합적 교육방식이 적합하다고 언급되었다(Bers et al., 2022). 마지막으로 놀이와 웰빙 차원에서 유아로 하여금 놀이와 자기 표현 혹은 학습의 목표를 가지고 스스로 디지털 기술을 능동적·주도적으로 활용하도록 교육해야 함을 알 수 있다. 이러한 능력은 자연스럽게 길러지는 것이 아니기 때문에 디지털 경험의 초기인 유아기부터 적절한 교육이 필요하다(Caena &

Redecker, 2019). 그리고 적절한 교육방법으로서 교과 간 통합교육이 효과적일 것이라고 제안하면서도 의미 없는 통합은 오히려 좋지 않을 수도 있음을 지적하였다(OECD, 2023).

따라서 유아 대상 디지털 활용교육의 목적으로서의 디지털 리터러시는 디지털 기술에 대한 기초적 이해와 활용능력뿐만 아니라 디지털 기술에 대한 태도적 측면의 함양을 포함한다고 할 수 있다. 이를 통해 유아 스스로 자신의 목표에 따라 디지털 기술을 적절히 취사선택하고, 선택한 기술을 주도적이고 창의·비판적으로 책임감 있게 활용하는 능력을 기르는 것이라고 할 수 있겠다.

4. 유아 대상 디지털 활용교육의 목표

디지털 리터러시 함양이라는 목적에 따른 유아 대상 디지털 활용교육의 목표는 다음과 같다.

1) 지식 측면

디지털 기술에 대한 이해를 높인다.

디지털 기술의 활용목적과 기능, 활용방법에 대한 이해뿐만 아니라 디지털 기술이 가진 양면성에 대한 이해를 포함한다.

2) 기술 측면

디지털 기술을 능동적 · 창의적으로 활용하고, 컴퓨팅 사고력을 기른다.

디지털 기술의 활용방법에 대한 이해를 토대로 디지털 기술을 능동적 · 창의적으로 조작할 수 있어야 한다. 디지털 기술 조작을 보다 효율적으로 하기 위해서는 컴퓨팅 사고력의 함양도 필요하다.

3) 태도 측면

디지털 기술을 활용하는 데 있어서 주도성, 자신감, 윤리의식을 길러야 한다.

유아 스스로 목표의식을 가지고 주도적으로 활용할 수 있어야 하며, 디지털 기술을 두려워하기보다는 디지털 기술에 대한 이해를 바탕으로 자신감 있게 조작하고 활용할 수 있어야 하고, 디지털 윤리의식을 함양해야 한다.

수업 후 실습

디지털 활용교육 목표 중 여러분이 학창시절 경험한 디지털 활용교육과 관련 있는 것은 무엇인지 생각해 보세요.

CHAPTER

5

유아 대상 디지털 활용교육의 내용

수업 전 실습

디지털 활용교육 목표에 따른 교육 내용을 생각해 보세요.

1. 지식

유아 대상 디지털 활용교육의 목표 중 지식 측면의 목표는 다음과 같다.

> **디지털 기술에 대한 이해를 높인다.**
>
> 디지털 기술의 활용목적과 기능, 활용방법에 대한 이해뿐만 아니라 디지털 기술이 가진 양면성에 대한 이해를 포함한다.

이와 관련하여 구체적인 교육 내용을 살펴보면 다음과 같다.

1) 디지털 기술의 활용목적과 기능, 활용방법 이해

디지털 기술의 활용목적과 기능, 활용방법의 이해는 '2019 개정 누리과정' 중 '자연탐구 영역'과 '의사소통 영역'에 해당할 수 있는 것으로 다음의 교육 내용들과 관련 있다고 할 수 있다. 현재의 교육과정 내용은 직접 경험을 통한 감각운동적 특성을 기반으로 하고 있기 때문에 디지털 활용과 관련이 있다고 하기 어렵지만, 향후 디지털의 추상성 등의 특성을 포함한다면 해당할 수 있다고 판단된다.

✦ 표 5-1 '2019 개정 누리과정' 관련 교육 내용

영역	내용범주	내용
자연탐구 영역	탐구과정 즐기기	• 주변 세계와 자연에 대해 지속적으로 호기심을 가진다. • 궁금한 것을 탐구하는 과정에 적극적으로 참여한다. • 탐구과정에서 서로 다른 생각에 관심을 가진다.
	생활 속에서 탐구하기	• 물체의 특성과 변화를 여러 가지 방법으로 탐색한다. • 물체의 위치와 방향, 모양을 알고 구별한다. • 주변에서 반복되는 규칙을 찾는다. • 일상에서 모은 자료를 기준에 따라 분류한다. • 도구와 기계에 대해 관심을 가진다.
의사소통 영역	읽기와 쓰기에 관심 가지기	• 주변의 상징, 글자 등의 읽기에 관심을 가진다.

※ 현재의 교육과정에 디지털 특성을 포함한다는 가정하에 제시됨

자연탐구 영역의 '탐구과정 즐기기'와 '생활 속에서 탐구하기'를 통해 유아들은 디지털 기술의 활용목적과 기능, 활용방법을 이해할 수 있으며, 의사소통 영역의 '읽기와 쓰기에 관심 가지기'를 통해 디지털 기술에 사용되는 추상적 상징이나 기호인 아이콘의 사회적 의미를 이해할 수 있다. 이를 통해 디지털 기술에 대해 피아제Piaget의 지식 유형 3가지를 형성할 수 있다. 각각에 대해 구체적으로 살펴보면 다음과 같다.

(1) 물리적 지식

- 디지털 기기와 기술에 대한 사실 그대로를 수집하는 것
- 지식은 유아 머릿속이 아닌, 외부(물체)에 객관적으로 존재함
- 유아의 관찰 혹은 조작 행위를 통해 지식을 획득할 수 있음
- 유아에게 적절한 디지털 기술은 유아의 관찰 혹은 조작 행위를 통해 물리적 반응이 즉각적이고, 관찰 가능해야 함

'물리적 지식' 형성 예시

- 디지털 기기: 인공지능 로봇

유아들은 로봇을 만지고, 관찰하면서 로봇의 생김새 등에 대한 지식을 형성하게 된다. 이때 교사가 로봇의 정보를 하나하나 직접 시연을 통해 보여주는 것도 지식을 형성하는 데 도움이 된다.

- 주의점

만약 유아 행위에 대한 반응이나 결과가 즉각적이지 않고, 관찰하기 어렵다면 유아 대상 디지털 기기로서 부적절하다고 할 수 있다. 예를 들어, 터치하는 부위 자체가 미세하게 다르다거나, 몇 회 터치해야 하는 등 관련성이 명확하지 않고, 복잡하다면 유아 대상으로 선정하기에 적절하지 않다.

(2) 논리수학적 지식

- 유아의 관찰 혹은 조작 행위를 통해 수집한 정보를 조직화하고 관계성을 형성하여 나름의 지식을 형성한 것임
- 지식은 유아 머릿속에서 정신적 활동을 통해 주관적으로 만들어짐
- 유아의 관찰 혹은 조작 행위와 관련해 활용방법이나 기능에 대한 예측, 추론 등의 사고의 기회를 제공해야 함
- 개인마다 논리수학적 지식은 다르게 형성될 수 있음

'논리수학적 지식' 형성 예시

- 디지털 기기: 인공지능 로봇

유아들은 로봇을 만지고, 관찰하면서 로봇에 대한 물리적 지식을 수집하게 된다. 그 이후, 머리를 터치할 때 로봇에 어떤 변화들이 있는지 등의 관계성을 형성하도록 유아들에게 질문해 볼 수 있다. 이를 통해 유아는 나름의 활용방법에 대한 통합적 지식을 형성하게 된다.

출처: https://m.post.naver.com/viewer/postView.naver?volumeNo=27611826&memberNo=17316762

- 주의점

유아들이 관계성을 이해하여 통합적 지식을 형성해야 하므로 유아의 조작 행위별로 로봇의 변화를 기록하는 등 분류표를 만들어 제시할 수 있다.

(3) 사회적 지식

- 개념, 규범, 상징체계 등 사람들 간의 약속으로 이루어진 지식임
- 논리적으로 설명하기 어려우며, 사회적 전달과정을 통해 획득되는 지식임

'사회적 지식' 형성 예시

• 디지털 기기: 인공지능 로봇

유아들은 로봇을 만지고, 관찰하는 과정에서 기기 버튼 등이 의미하는 사회적 의미가 무엇인지 이해하게 된다. 이때 교사의 정확한 설명과 시연이 필요하다. 그리고 사회적 약속에 대한 유아의 이해를 돕기 위해 유아가 다시 조작해 보도록 하는 기회를 제공하는 것이 필요하다.

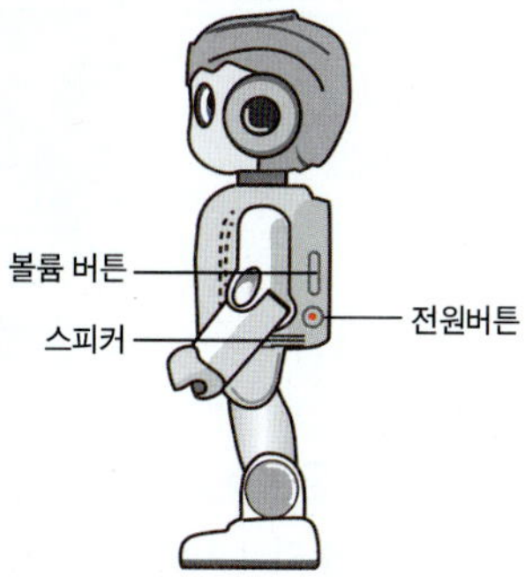

• 주의점

기기에 있는 버튼(상징) 등이 유아가 이해하기 쉽게 표현된 디지털 기기를 선택하는 것이 좋다. 예를 들어, 볼륨 버튼에서 볼륨 크기를 동그라미 크기의 변화로 표현하고 있는 것은 유아가 이해하는 데 도움이 된다. 만약 이해하기 어려울 것이라고 판단한다면, 교사가 자체적으로 유아가 이해하기 쉬운 방식으로 색깔 스티커 등을 붙여 나름의 사회적 약속을 다시 만드는 것도 가능하다.

2) 디지털 기술의 양면성 이해

디지털 기술의 양면성 이해는 유아들로 하여금 디지털 기술의 긍정적 측면뿐만 아니라 부정적 측면도 이해하도록 하는 것이며, 이로 인해 유아 스스로 디지털 기술 활용에 대한 올바른 목적 의식을 가지고 자신의 행동을 긍정적으로 통제하도록 도울 수 있다.

디지털 기술의 양면성 사례

1. 공공감시 카메라CCTV

- 범죄나 위험 등에서 안전을 보장함
- 하지만 민주주의의 기본가치인 인간의 자율성, 익명성, 신뢰를 위협함

2. 인공지능 로봇(서빙로봇)

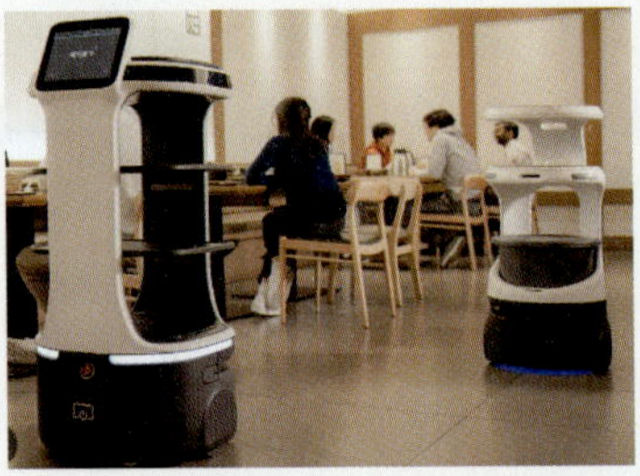

- 인건비 절약 및 인간의 노동력을 감축시켜 줌
- 하지만 기계로 대체 가능한 인간 노동의 가치가 하락되며, 대인 간 대면 소통의 기회가 줄어듦

3. 다양한 스마트 장치(스마트폰, 스마트워치, 블루투스 이어폰)

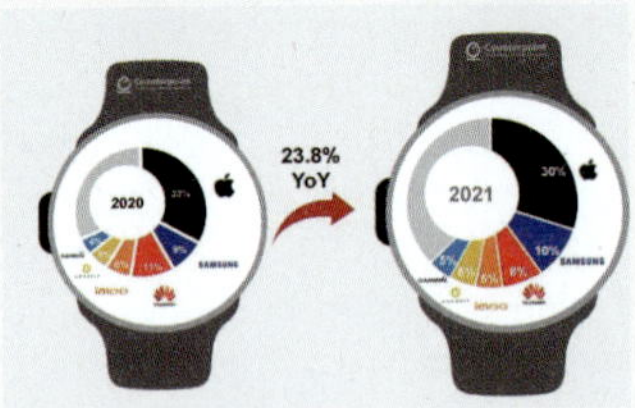

- 간편하고 손쉽게 언제 어디서나 활용할 수 있음
- 하지만 디지털 기술에 중독되고 시력과 청력에 손상을 줄 수 있음

특히, 유아들에게 디지털 중독과 관련하여 가장 문제가 되는 디지털 기기는 바로 스마트폰(태블릿PC)이다. 과학기술정보통신부와 한국지능정보사회진흥원(2023b)의 실태 연구에 따르면, 전국 3세 이상 유아의 인터넷 이용실태조사 결과 88.5%가 한 달 이내 인터넷 이용 경험이 있으며, 79.3%는 하루에 1회 이상 이용하는 것으로 나타났다. 또한 3~5세 유아 스마트폰 과의존 위험군 비율이 24.8%로 성인의 22.7%보다 높은 수치이며, 주로 스마트폰을 통한 만화 등 동영상 시청과 게임이 많은 것으로 나타났다. 이는 유아의 스마트폰 과의존 주요 원인으로 가정에서 양육자가 훈육방법을 잘 모르기 때문인 것으로 나타났다.

스마트폰 과의존 요인은 3가지로, 유아의 경우에는 현저성이 주된 요인이며, 그 다음으로 조절 실패, 문제적 결과 순서라고 할 수 있다. 유아들은 '다른 어떤 것보다 스마트폰을 가지고 노는 것을 좋아한다'고 응답한 점수가 가장 높았다(과학기술정보통신부, 한국지능정보사회진흥원, 2023b).

✦ 표 5-2 스마트폰 과의존 요인

요인	개념
현저성 salience	개인의 삶에서 스마트폰을 이용하는 생활패턴이 다른 행태보다 두드러지고 가장 중요한 활동이 되는 것
조절 실패 self-control failure	이용자의 주관적 목표 대비 이용에 대한 자율적 조절능력이 떨어지는 것
문제적 결과 serious consequences	스마트폰 이용으로 인해 신체적 · 심리적 · 사회적으로 부정적인 결과를 경험함에도 불구하고 지속적으로 이용하는 것

이처럼 스마트폰은 유아가 일상에서 가장 많이 활용하고 있는 기기이기 때문에 스마트폰(태블릿PC)의 양면성 이해에 대한 교육이 반드시 필요하다. 양면성 이해를 위해서는 스마트폰(태블릿PC) 등 디지털 기기에 대한 유아의 경험을 토대로 토의식 수업을 진행하는 것이 효과적이며, 토의식 수업에서 토의가 필요한 내용은 다음과 같다.

(1) 디지털 기기를 활용한 경험 공유하기

경험을 공유하면서 디지털 기기의 다양한 기능과 긍정적인 측면을 이해할 수 있으며, 향후 자신의 활용목적을 정해보는 데 도움이 될 수 있다.

(2) 디지털 기기의 부정적 측면 생각해 보기

경험을 토대로 어떤 부정적 측면이 있을 수 있는지 생각해 보도록 할 수 있으며, 교사가 느낀 부분이 있으면 유아들과 생각을 공유할 수 있다. 이를 토대로 향후 자신의 행동을 긍정적으로 통제하는 데 도움이 될 수 있다.

(3) 디지털 기기의 올바른 사용계획 생각해 보기

- 긍정적 측면을 토대로 활용목적 정하기
- 부정적 측면을 토대로 활용 시 필요한 규칙 등을 정해 보기

스마트폰(태블릿PC)의 양면성 이해

1. 긍정적인 측면: 모든 정보(동화, 동요 등)를 편리하게 찾아 활용할 수 있다.

2. 부정적인 측면: 자극적인 정보를 제공함으로써 유아로 하여금 계속 찾게 만들며, 오랜 시간 활용하는 경우 눈 건강을 포함한 신체건강에 좋지 않으며, 기계와만 소통하기 때문에 정서사회성 발달에 부적합하고, 중독된 경우 뇌 발달에 치명적일 수 있다.

3. 적절한 디지털 활용(규칙)이란?
   - 미국소아학회American Academy of Pediatrics: AAP에서는 아이의 시각 발달이나 뇌 발달을 위해 24개월 이하 영아에게는 스마트폰이나 TV를 보여주지 않도록 권고하고 있다(AAP, 2016). 그리고 유아가 활용할 때도 보호자와 함께할 것을 강조하고 있다.
   - 세계보건기구WHO에서는 만 2~4세 영유아는 하루 1시간 미만으로 사용 시간을 제한해야 하며, 신체활동의 중요성을 강조하고 있다(WHO, 2019).

• 양수영(2018a)은 유아 뇌 발달에 근거한 디지털 활용교육 방안을 제시하면서 활용 전前 디지털 기기 활용의 목적을 가지도록 해야 하며, 활용방법과 기능을 유아가 이해하여 스스로 조작해 보도록 하고, 목적된 활용이 끝난 후後에는 off-line의 감각 활동과 통합한 창의적 활동으로 연계하여 디지털 활용을 끝마칠 수 있도록 해야 한다고 강조한다. 이를 통해 목적에 따른 올바른 디지털 활용 습관이 길러질 수 있으며, 스마트폰을 한 경우 신체적인 피로감을 유아들이 깨달을 수 있도록 언급해 줌으로써 유아가 스스로 그 양면성을 몸소 느낄 수 있다고 언급하고 있다.

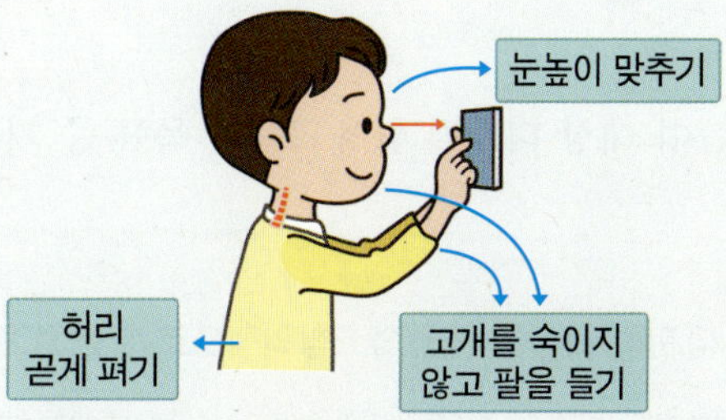

• 한국지능정보사회진흥원에서는 디지털 기기 사용 시 바른 태도로서 디지털 기기와 눈과의 적절한 거리 유지, 목과 허리의 곧은 자세를 염두에 둔 활용 자세를 안내하고 있다.

이외에도 유아들이 많이 활용하는 디지털 기술과 관련하여 양면성 이해 교육을 할 수 있다.

디지털 기술의 양면성 이해 교육 사례

디지털 기술의 양면성과 관련해서는 미디어 리터러시에서 언급하는 정보에 대한 비판적 이해도 포함된다.

〈인공지능 스피커〉

1. 디지털 기기를 활용한 경험 공유하기
   • 인공지능 스피커를 사용한 경험을 공유하기
   "동화도 들려주고, 음악도 들려주고, 날씨도 알려주었어요."

2. 디지털 기기의 부정적 측면 생각해보기
   • 인공지능 스피커를 사용하면서 좋지 않은 기분이 들었던 상황 생각해보기
   "내 말을 잘 못 알아들었어요. 내가 원하는 동화와 내용이 달랐어요."

3. 디지털 기기의 올바른 사용 계획 생각해 보기
   • 긍정적 측면을 토대로 활용목적을 정하기
   • 부정적 측면을 토대로 활용 시 필요한 규칙 등을 정해 보기
   "인공지능 말고도 책을 찾아보거나 어른에게도 물어볼래요."

2. 기술

유아 대상 디지털 활용교육의 목표 중 기술 측면의 목표는 다음과 같다.

디지털 기술을 능동적 · 창의적으로 활용하고, 컴퓨팅 사고력을 기른다.

디지털 기술의 활용방법에 대한 이해를 토대로 디지털 기술을 능동적 · 창의적으로 조작할 수 있어야 한다. 또한 디지털 기술 조작을 보다 효율적으로 하기 위해서는 컴퓨팅 사고력의 함양도 필요하다.

이와 관련하여 구체적인 교육 내용을 살펴보면 다음과 같다.

1) 능동적 · 창의적으로 디지털 기술 활용하기

디지털 기술 활용하기는 앞서 언급된 지식 측면의 '디지털 기술의 활용목적과 기능, 활용방법의 이해'와 동시에 이루어지는 것이라고 할 수 있다. 또한 단순 흥미 추구를 위한 활용이 아니라 목적을 가지고 능동적으로 디지털을 활용하고, 이후 off-line의 감각활동과 통합된 창의적 활용을 포함하는 것이다. 이는 '2019 개정 누리과정' 중 '자연탐구 영역'과 '의사소통 영역' 그리고 '사회관계 영역'과 '예술경험 영역'의 교육 내용과도 관련이 있다고 할 수 있다.

✦ 표 5-3 '2019 개정 누리과정' 관련 교육 내용

영역	내용범주	내용
자연탐구 영역	탐구과정 즐기기	• 주변 세계와 자연에 대해 지속적으로 호기심을 가진다. • 궁금한 것을 탐구하는 과정에 적극적으로 참여한다. • 탐구과정에서 서로 다른 생각에 관심을 가진다.
	생활 속에서 탐구하기	• 물체의 특성과 변화를 여러 가지 방법으로 탐색한다. • 물체의 위치와 방향, 모양을 알고 구별한다. • 주변에서 반복되는 규칙을 찾는다. • 일상에서 모은 자료를 기준에 따라 분류한다. • 도구와 기계에 대해 관심을 가진다.

영역	내용범주	내용
의사소통 영역	읽기와 쓰기에 관심 가지기	• 주변의 상징, 글자 등의 읽기에 관심을 가진다.
사회관계 영역	나를 알고 존중하기	• 내가 할 수 있는 것을 스스로 한다.
예술경험 영역	창의적으로 표현하기	• 다양한 미술재료와 도구로 자신의 생각과 느낌을 표현한다.

※ 현재의 교육과정에 디지털 특성을 포함한다는 가정하에 제시됨

현재의 사회관계 영역의 '나를 알고 존중하기' 교육 내용은 주도성의 개념보다는 자율성의 개념이 크다고 할 수 있다. 따라서 스스로 목적을 가지고 행하는 주도성 개념을 포함한다면 디지털 활용교육의 내용에 해당할 수 있다고 판단된다. 그리고 예술경험 영역의 '창의적으로 표현하기' 교육 내용은 생각과 느낌을 표현하는 데 있어 미술(조형)적 표현만을 언급하고 있으나 다양한 통합적 표현을 추가한다면 디지털 활용교육의 내용에 해당할 수 있다고 판단된다. 따라서 이러한 교육 내용을 포함하여 과학적 탐구과정에 따른 탐구기술을 활용해 디지털 기술을 목적에 따라 능동적 · 창의적으로 활용해 보도록 도울 수 있다. 양수영(2024)이 제시한 과학적 탐구과정에 따른 탐구기술을 통한 디지털 기술의 활용을 구체적으로 살펴보면 다음과 같다.

(1) 호기심 가지기

과학적 탐구과정의 첫 번째 과정으로서 디지털 활용과 관련하여 유아가 목적을 가지도록 도울 수 있다. 따라서 교사가 먼저 유아 측면에서 디지털 활용을 하는 목적을 생각해 보고, 이를 토대로 디지털 활용의 결과물을 보여주어 어떻게 결과물이 만들어질 수 있는지 호기심을 가지도록 하거나, 디지털 기기를 보여주어 어떻게 활용할 수 있는 것인지 활용 목적에 맞는 호기심을 가지도록 도울 수 있다.

▶ '호기심 가지기'를 통한 활용하기

- 디지털 기기: 스마트폰(태블릿PC)
- 활동 목적: 봄이 되어 달라진 자연 변화를 스마트폰(태블릿PC)을 활용해 사진으로 찍어본다.
- 활동 방법: 활동 전날, 교사가 유아들과 봄 산책을 하면서 유아들의 모습을 스마트폰으로 사진을 찍는다. 본 활동의 도입단계에서 찍은 사진을 보여주며, 봄이 되어 달라진 자연의 모습을 찾아보게 한다. 그리고 사진은 어떻게 찍었을지 유아들이 생각해 보게 하고, 스마트폰(태블릿PC)을 보여주어 이를 활용한 사진 찍기에 호기심을 가지도록 한다.

(2) 관찰하기

관찰하기는 유아의 호기심으로부터 행해지는 매우 능동적 행위 과정이라고 할 수 있다. 관찰을 할 때는 다양한 관찰도구를 활용하도록 할 수 있으며, 디지털 기기가 부족하여 개인별 관찰의 경험이 어려울 때는 실물화상기 등의 집단 관찰도구를 활용할 수 있다. 그리고 관찰한 결과를 말이나 그림 등으로 설명하도록 할 수 있다.

▶ '관찰하기'를 통한 활용하기

- 디지털 기기: 스마트폰(태블릿PC)
- 관찰 대상: 화면에 보이는 다양한 '아이콘'의 의미
- 교사 발문 예1: 화면에서 보이는 • • • • • • 아이콘의 의미는 무엇일까요?
- 교사 발문 예2: 사진을 찍고 싶다면, 어떤 아이콘을 눌러야 할까요?
- 주의점: 유아가 그림으로 유추할 수 있는 아이콘을 관찰하도록 하는 것이 좋으며, 유아용 애플리케이션의 아이콘은 유아가 쉽게 유추할 수 있는 이미지여야 한다. 만약 이미지가 적절치 않다면 사용자가 만들 수 있다. (아이콘 생성 사이트 : https://make-appicon.com/)

(3) 측정하기

측정하기는 수나 양, 크기 등을 파악하는 것으로 임의측정 단위를 사용하여 측정해 보도록 할 수 있다.

'측정하기'를 통한 활용하기

- 디지털 기기: 스마트폰(태블릿PC)
- 측정 대상: 화면에 보이는 아이콘 조절에 따른 수학적 변화 측정
- 교사 발문 예1: 화면에 보이는  아이콘의 높낮이 조절에 따라 화면 밝기가 어떻게 달라졌을까요?
- 교사 발문 예2: 화면을 더 밝게/어둡게 하고 싶다면, 어떤 아이콘을 어떻게 조절해야 할까요?
- 주의점: 유아가 변화를 인식하여 그 차이를 측정할 수 있을 만큼 조절하는 것이 좋다.

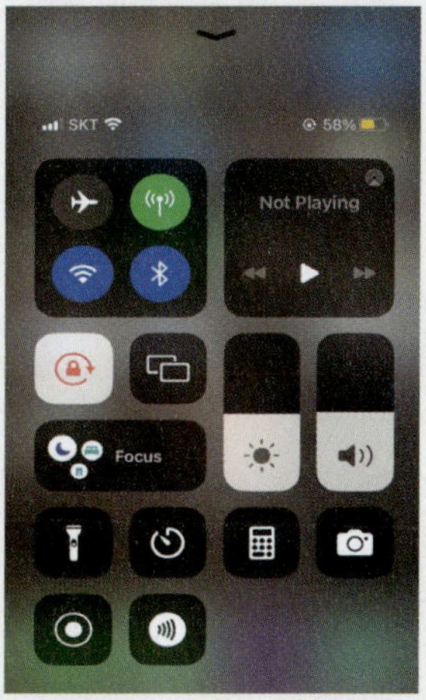

(4) 분류하기

분류하기는 관찰된 사실들 간의 여러 아이디어를 연결시켜서 공통점, 차이점을 발견하여 논리적 관계를 형성하는 것이다.

'분류하기'를 통한 활용하기

- 디지털 기기: 스마트폰(태블릿PC)
- 분류 대상: 터치 방식에 따른 분류
- 교사 발문 예1: 손가락을 한번 눌러서 실행하는 것들은 어떤 것들이었나요?
- 교사 발문 예2: 손가락을 화면에 대고 밀어서 실행하는 것들은 어떤 것들이었나요?
- 주의점: 분류하기를 위해서는 복합분류방식보다는 단순분류방식으로 한 가지 공통된 기준을 가지고 찾아보도록 하는 것이 좋다.

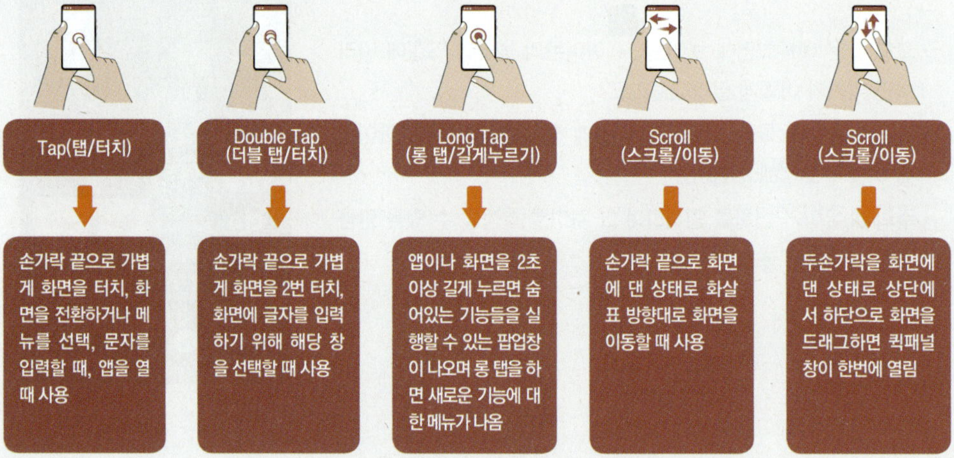

〈스마트폰 화면 터치 방법과 기능〉

출처: https://m.blog.naver.com/easyan365/222152283102

(5) 추론하기

추론하기는 행위의 인과관계를 정리해보는 것으로 연역적 추론과 귀납적 추론이 있다. 연역적 추론은 사실이라고 여기는 것에 대한 근거를 수집하는 논리이고, 귀납적 추론은 여러 가지 사실들로부터 나름의 법칙을 만들어내는 논리이다. 추론하기를 위해서는 유아들이 직접 조작을 통해 논리적 사고를 해볼 수 있도록 많은 경험의 기회를 제공하는 것이 필요하다.

▶ '추론하기'를 통한 활용하기

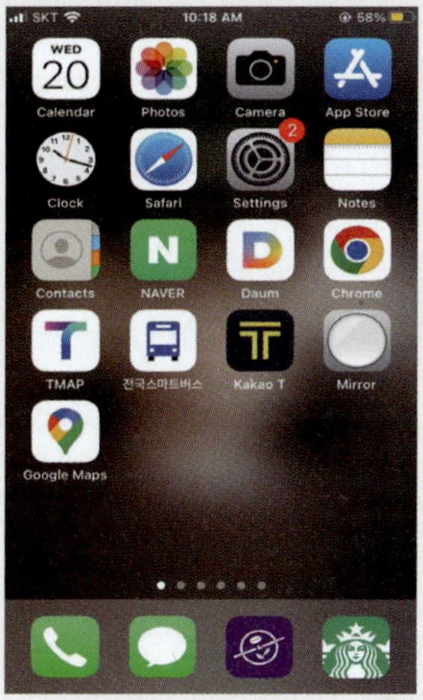

- 디지털 기기: 스마트폰(태블릿PC)
- 추론 대상: '사진을 찍고, 확인하기' 방법과 이유 논리적으로 설명하기
- 교사 발문 예1: 사진을 찍을 수 있는 아이콘은 무엇일까요? 왜 그렇게 생각했나요?
- 교사 발문 예2: 찍은 사진을 확인할 수 있는 아이콘은 무엇일까요? 왜 그렇게 생각했나요?
- 주의점: 바로 실행해 보도록 하는 것보다 실행해 보기 전에 그 조작 원리를 논리적으로 설명해 보도록 하는 것이 필요하다. 이는 컴퓨팅 사고력과 관련된 것으로 이후 조작의 실패를 경험했을 때, 그 이유를 찾아내기 용이하기 때문이다.

(6) 예측하기

조작 행위에 대한 결과를 미리 예측해 보는 것을 의미하는 것으로 가설 설정이라고 한다. 이것 또한 추론하기와 마찬가지로 바로 실행하기보다는 실행하기 전에 조작행위의 결과를 미리 예측해 보는 것이 필요하다.

▶ '예측하기'를 통한 활용하기

- 디지털 기기: 스마트폰(태블릿PC)
- 예측 대상: '사진을 찍고, 확인하기' 조작행위 결과 예측
- 교사 발문 예: 찍고 싶은 장면을 지금보다 뚜렷하게 하려면 어떻게 해야 할 거 같나요?
- 주의점: 바로 실행해 보도록 하는 것보다 실행해 보기 전에 조작행위의 결과를 논리적으로 예측해 보도록 하는 것이 필요하다. 그리고 예측한 결과가 즉각적으로 보이지 않고, 관찰하기 어렵다면 유아 대상 디지털 기기로서 부적절하다고 할 수 있다.

(7) 실험하기

예측한 것을 토대로 실제 행위를 토대로 예측의 결과를 알아보도록 할 수 있다. 이때 다양한 변인을 실험해 보도록 다양한 조작행위가 허용되도록 하는 것이 필요하며, 다만 그 행위가 안전한 것인지, 윤리적인지 교사의 검토 과정이 요구된다.

'실험하기'를 통한 활용하기

- 디지털 기기: 스마트폰(태블릿PC)
- 실험 대상: '사진을 찍고, 확인하기' 예측의 결과
- 교사 발문 예: 생각했던 대로 사진이 흔들리지 않고, 뚜렷하게 찍기 위해 스마트폰을 잠깐 멈춰보면, 화면이 어떻게 되는지 살펴보자.

(8) 평가하기

평가하기는 과학적 탐구과정의 마지막 과정으로서 앞선 과학적 탐구기술들을 사용한 활용의 결과물을 소개하며 활용목적과 활용한 방법도 함께 설명해 보도록 할 수 있다. 이때 활동 목적에 따른 디지털 기기 활용을 마무리하고, off-line의 감각활동과 통합된 창의적 활용을 하도록 할 수 있다.

'평가하기'를 통한 활용하기

- 디지털 기기: 스마트폰(태블릿PC)
- 평가 대상: 사진을 찍어 본 경험과 사진 속 자연 변화 설명하기

• 교사 발문 예: 스마트폰(태블릿PC)을 활용해 어떻게 사진을 찍었는지 설명해 보자. 그리고 내가 느낀 자연의 변화를 사진으로 찍었다면, 이제 언어영역이나 미술영역에서 사진을 찍어본 경험과 사진 속 자연의 변화를 그림이나 글로 표현하거나 음률영역에서 악기 소리로 표현해 보자.
• 주의점: 활동 목적에 따른 디지털 활용이 끝났음을 알리고, off-line의 감각활동과 통합된 창의적 활용이 이루어지도록 안내하는 것이 필요하다.

2) 컴퓨팅 사고력 실천하기

컴퓨팅 사고력CT, Computational Thinking은 컴퓨터 과학자 시모어 페퍼트(Pepert, 1980)가 1980년에 처음 언급한 것으로 컴퓨터가 입력된 문제를 정의하고 그에 대한 답을 기술해 내는 사고 과정 일체를 의미한다. 문제를 논리적으로 풀어가는 과정으로서 문제해결에 있어 상당히 효율적이라고 할 수 있다. 컴퓨팅 사고력의 하위 요소는 크게 다음 4가지로 구분된다(BBC, 2018).

✦ 표 5-4 컴퓨팅 사고력의 하위 요소

하위 요소	설명	예시 "문제: 라면 끓이는 방법"
문제 분해 Docomposition	문제해결의 목적을 가지고, 목적에 따라 해결 가능한 작은 단위로 문제를 분해하는 것을 의미한다.	물이 끓기 전/ 물이 끓은 후로 나누기
패턴 인식 Pattern recognition	문제 혹은 데이터에서 일정한 경향이나 반복되는 특성 혹은 공통점과 차이점을 찾아내는 것을 의미한다.	모든 라면을 끓일 때 '물이 끓기 전/ 물이 끓은 후'의 공통점과 차이점 구별
추상화 Abstraction	문제해결을 위한 핵심 요소를 파악하여, 단순화하는 것을 의미한다. 이를 통해 파생된 다양한 문제들을 해결할 수 있다.	물이 끓기 전 – 면과 스프 준비 물이 끓은 후 – 모두 넣기 모든 과정을 다 언급하지 않고 핵심만 표현
알고리즘 Algorithms	추상화된 핵심 원리를 활용하여 문제 해결의 단계별 전략을 제시하는 것을 의미한다.	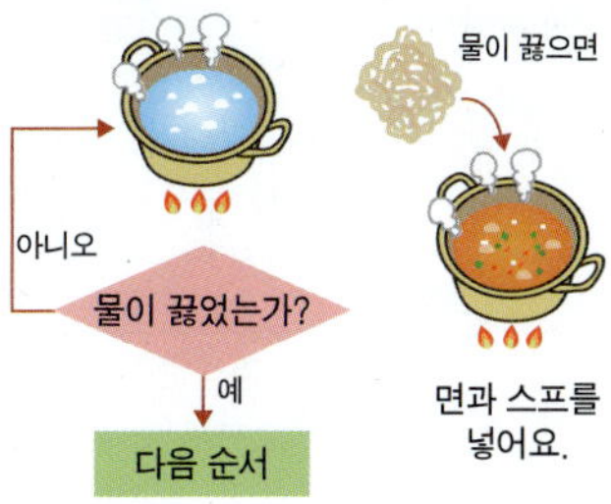

하지만 컴퓨팅 사고력은 복합적 문제해결 상황과 관련된 것으로 유아 수준에서는 어렵다고 할 수 있다. 다만 유아의 컴퓨팅 사고력 함양을 위해 단순한 문제를 대상으로 할 수 있으며, 활용할 디지털 기기에 어느 정도 익숙한 상태에서 가능할 수 있다. 예를 들어, "인터넷을 실행해서 '콩쥐 팥쥐' 동화를 검색하여 동영상을 시청하고, 동화 장면 중 마지막 장면을 캡처해서 출력한 다음, 그 다음에 일어날 일을 상상하여 그림을 그려보세요"라고 문제를 제시할 수 있다. 이 문제를 해결하기 위한 컴퓨팅 사고력은 다음과 같이 교육할 수 있다.

✦ 표 5-5 유아 대상 컴퓨팅 사고력 교육 예시

하위 요소	유아 대상 교육 예시
문제 분해 Decomposition	목적에 따른 문제 분해 1. 활용목적 이해하기 2. 인터넷 실행하기 3. '콩쥐 팥쥐' 동화를 검색하여 동영상 찾기 4. 동화를 시청하고, 마지막 장면 캡처하기 5. 캡처한 것을 출력하기 6. 출력한 것 위에 다음 사건 상상하여 그림 그리기
패턴 인식 Pattern recognition	• 문제 2, 3, 4는 스마트폰으로 해결 가능 • 문제 5는 프린터 필요 • 문제 6은 미술도구 필요
추상화 Abstraction	• 스마트폰 준비 – 인터넷 실행→동화 검색→동영상 시청→장면 캡처 • 프린터 준비 – 장면 출력 • 미술도구 준비 – 그림 그리기
알고리즘 Algorithms	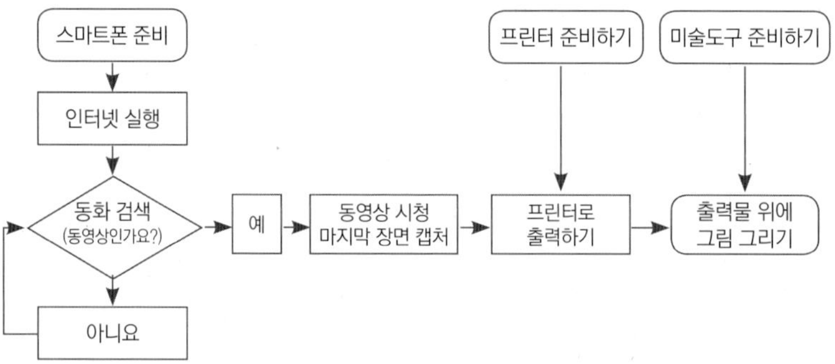

3. 태도

유아 대상 디지털 활용교육의 목표 중 태도 측면의 목표는 다음과 같다.

디지털 기술을 활용하는 데 있어서 주도성, 자신감, 윤리의식을 길러야 한다.

유아 스스로 목표의식을 가지고 주도적으로 활용할 수 있어야 하며, 디지털 기술을 두려워하기보다는 디지털 기술에 대한 이해를 바탕으로 자신감 있게 조작하고 활용할 수 있어야 하고 디지털 윤리의식을 함양해야 한다.

이와 관련하여 구체적인 교육 내용을 살펴보면 다음과 같다.

1) 주도성

주도성은 유아가 디지털 활용에 대한 목적의식을 가지고 활용하는 태도를 의미한다. 유아의 주도성을 길러주기 위해서는 디지털 기기 활용의 목적이나 기능 및 활용방법을 완전히 이해하고, 이를 토대로 자신의 놀이 상황 등에 따라 창의적으로 활용계획을 세워 활동해 보도록 할 수 있다. 따라서 주도성을 증진시키기 위해서는 먼저 디지털 기술에 대한 지식과 기술 측면의 교육이 우선되어야 하고, 이를 토대로 자신의 놀이상황 혹은 활용목적과 관련하여 활용계획을 세워보도록 할 수 있다. 이때 주도성을 기르기 위해서는 디지털 활용교육을 실시할 때, 교사의 시범 위주의 수동적 교육방식보다는 시범 이후 유아가 직접 활용해 볼 수 있는 기회를 제공하는 방식이 적절하다. 또한 디지털 기기 자체도 목적에 따른 행위가 단순하고 결과가 즉각적이며 분명한 것이 적절하다.

주도성 관련 예시

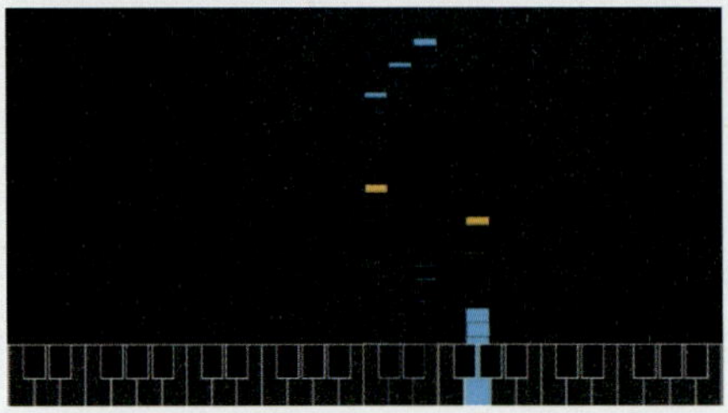

AI Duet

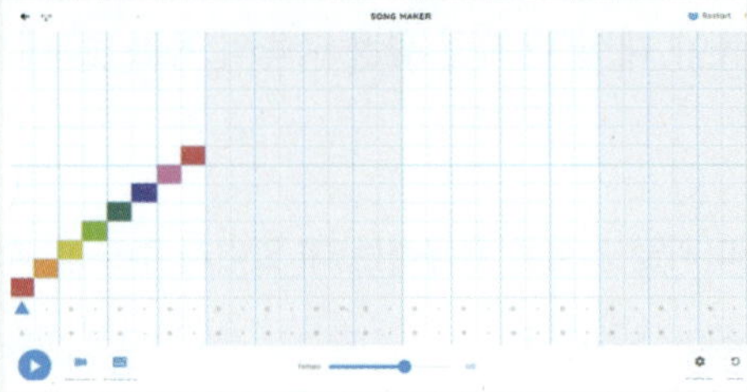

Song Maker

출처: https://m.blog.naver.com/PostView.naver?blogId=lgwanh1&logNo=222364311927&categoryNo=39&proxyReferer=

AI Duet은 실제 들리는 소리의 멜로디나 높낮이가 화면에 제시되는 색깔, 높낮이와 유의한 상관이 없다고 할 수 있으나, Song Maker는 들리는 소리의 멜로디나 높낮이가 화면에 제시되는 색깔, 높낮이와 유의한 상관이 있다고 할 수 있다. 따라서 AI Duet보다는 Song Maker가 시각적 인식에 따라 유아가 조작의 결과를 관찰하고, 행위를 변화시켜가며 목적을 가지고 주도적으로 소리의 탐색과 실험을 하도록 돕는다.

2) 자신감

자신감도 앞서 살펴본 지식 측면과 기술 측면이 교육된 이후에, 길러질 수 있다. 유아의 자신감을 길러주기 위해서는 디지털 기기 활용의 목적이나 기능이 유아의 일상생활과 밀접해 유아의 흥미를 유발할 수 있는 것이어야 하고, 활용방법이나 조작기술이 유아의 발달 수준에 적합한 것이어야 한다. 즉, 유아의 소근육 발달이나 인지발달 등에 적합한 수준의 활용방법과 조작기술을 요구하는지 검토가 필요하다. 또한 교사도 디지털 기기를 다루는데 있어 자신감 있는 태도를 보이는 것도 중요하며, 기기의 고장 등의 결함이 없는지 사전에 검토도 필요하다. 그리고 유아가 두려움을 갖지 않고 스스로 자유롭게 활용할 수 있도록 하는 심리적 환경을 제공하는 것도 필요하다.

자신감 관련 예시

양수영(2024)의 연구에 따르면, 실제 유아교육 현장에서 아래의 디지털 기기를 사용했을 때 유아들이 자신감을 갖지 못하고, 디지털 기기 활용에 대한 좌절감을 형성하는 것으로 나타났다.

디지털 기기	문제 사례
태블릿PC(스마트폰)	• 고가의 가격으로 인해 호기심에 따른 자유로운 실험적 조작이 어려움
애플리케이션 전체	• 앱 검색 및 설치 등, 활용에 있어서 기초적으로 언어발달 등이 요구되어 성인에게 의존하게 됨
AI 스피커, AI 로봇 & 관련 애플리케이션	• 미성숙한 언어(발음 등)발달로 소통이 잘되지 않아 좌절감을 가짐 • 유아에게 어려운 정보를 전달하거나 어려운 용어를 사용함으로써 좌절감을 가짐
AI 로봇	• 다양한 기능(관련 애플리케이션 설치 및 활용, 친구 등록 등)을 활용하기 위해서는 성인에게 의존하게 됨
코딩블록(로봇)	• 기본적인 공간 능력(위치, 방향) 등의 수학적 발달이 이루어져야 활발히 놀이가 가능하므로 오히려 성인이나 유능한 또래에게 의존하게 됨 • 센서('○○봇'의 선이나 색의 인식 등)가 명확하게 작동되지 않아 생각대로 움직이지 않은 경우, 자신의 잘못이 아닌데도 좌절감을 갖게 됨
전자칠판	• 터치(자극)에 대한 반응이 너무 민감하거나 혹은 반응이 잘 되지 않는 등 관계성이 명확하지 않고, 즉각적 소통이 불가능해 좌절감을 느낌

3) 윤리의식

윤리의식은 2**장 디지털 윤리**와 관련된 것으로 디지털 윤리에 대한 이해를 바탕으로 윤리의식을 가지고 디지털 기기를 활용할 수 있도록 해야 한다. 또한 디지털 윤리의식은 '2019 개정 누리과정'의 '신체운동 · 건강 영역'과 관련이 있으며, '사회관계 영역'의 교육 내용과도 관련이 있다고 할 수 있다.

✦ 표 5-6 '2019 개정 누리과정' 관련 교육 내용

영역	내용 범주	내용
신체운동 · 건강 영역	안전하게 생활하기	• TV, 컴퓨터, 스마트폰 등을 바르게 사용한다.
사회관계 영역	나를 알고 존중하기	• 나를 알고 소중히 여긴다.
	더불어 생활하기	• 친구와 서로 도우며 사이좋게 지낸다. • 약속과 규칙의 필요성을 알고 지킨다.

※ 현재의 교육과정에 디지털 특성을 포함한다는 가정하에 제시됨

현재의 사회관계 영역의 교육 내용은 디지털 환경에서의 나 자신이나 친구, 약속과 규칙의 내용을 포함하지 않고 있다. 따라서 가상 세계에서의 나의 존재와 친구, 약속과 규칙을 포함한다면 디지털 활용교육의 내용에 해당할 수 있다고 판단된다. 그리고 2장에서 정리한 디지털 윤리의 교육 내용 3가지는 디지털 시민 정체성, 디지털 환경에서의 시민의식, 디지털 기술의 양면성 수용이다. 이 중 디지털 기술의 양면성 수용은 앞서 '지식' 측면의 교육 내용을 통해 형성될 수 있기 때문에 디지털 시민 정체성 형성, 디지털 환경에서의 시민의식 형성과 관련한 교육 내용을 살펴보면 다음과 같다.

(1) 디지털 시민 정체성

① 목적에 따른 디지털 활용 습관 기르기

디지털 환경에서의 올바른 정체성을 갖도록 하기 위해서는 디지털에 중독되도록 하지 않는 것이 중요하다. 따라서 '기술 측면'에서의 목적에 따른 디지털 기기 활용하기 교육이 중요하며, 활용목적이 종료된 상태가 무엇인지 명확히 알려주고, 이후 어떻게 해야 하는지 분명하게 안내하는 것이 필요하다. 그리고 올바른 습관 형성이 될 때까지는 교사나 성인의 관리가 필요하다.

'목적에 따른 디지털 활용 습관 기르기' 교육 예시

• 놀이상황

실외 놀이시간에 유아들이 주변에 보이는 꽃의 이름에 관심을 보임

• 교사 놀이지원 계획

태블릿PC를 가지고 나와 유아들이 꽃의 이름을 검색할 수 있도록 지원하고자 함

* 활용 디지털 매체 : 태블릿PC

* 활용 목적: 꽃의 이름 검색

* 활용 기능: 인터넷 네이버의 스마트 렌즈 기능 활용

(호기심 가지기)

T: 태블릿PC를 활용하면 궁금한 꽃의 이름을 알 수 있어요. 어떻게 알 수 있을까요?

T: 우리가 주로 궁금한 것을 검색할 때 태블릿PC에서 어떤 기능을 사용했었는지 기억나나요?

C: 네이버에 물어봤어요.

T: 궁금한 꽃의 이름도 인터넷의 네이버를 누르면 돼요. 그런데, 우리가 궁금한 꽃을 글로 물어보기 어려우니 어떻게 물어보면 될까요?

(관찰하기)

T: 예전에 글로 물어봤던 곳을 터치하면 옆에 어떤 그림들이 보이나요? 사진기 그림이 보이나요?

(예측하기)

T: 사진기 그림을 활용해 어떻게 하면 될까요?

(추론하기)

T: 왜 그렇게 생각했나요?

(실험하기)

T: 그럼, 생각한 대로 조작해 볼까요?

(평가하기)

T: 꽃의 이름을 알게 되었나요? 그럼 다음 친구가 사용할 수 있도록 태블릿PC는 바구니에 담아주세요. 그리고 언어영역이나 미술영역에서 꽃의 특징을 그려보고 이름도 적어보기로 해요.

이러한 습관 형성이 이루어지면, 디지털 활용에 있어서 자신의 목적이나 정체성이 확고해지므로 디지털 중독 외에도 알고리즘 편향으로부터도 보호할 수 있다.

알고리즘 편향으로부터 보호하기

- 알고리즘 편향에 의한 '추천 정보'에 대해 알려주기
  - 필터링 기술을 토대로 특정 사용자가 관심을 가질 만한 정보를 추천하는 것
  - 내가 검색한 것을 기억해 뒀다가 관련 정보만 보여주는 것
  - 추천 정보만 보다보면, 필터 버블filter bubble에 갇혀 다양한 정보를 보지 못할 수 있음

    필터 버블이란, 구글, 아마존, 페이스북 등의 인터넷 정보제공자가 사용자에 맞추어 필터링한 정보를 사용자에게 제공함으로써, 사용자가 이미 필터링된 정보만을 접하게 되는 것을 말함. 따라서 같은 단어를 검색해도 사용자에 따라 다른 정보가 화면에 등장하는 것으로 그 결과 사용자들이 자신의 관점에 동의하지 않는 정보로부터 분리될 수 있게 하면서 효율적으로 자신만의 문화적, 이념적 거품에 가둘 수 있게 함

- 보호 방법에 대해 알려주기
  - 추천 정보를 무조건적으로 수용하기보다는 그 외 다양한 정보를 찾아보도록 하기

② 가상 세계와 현실 세계의 정체성 구분하기

디지털 환경에서의 올바른 정체성을 갖도록 하기 위해서는 가상 세계와 현실 세계를 구분하고, 나의 다양한 정체성을 이해하는 것이 필요하다. 따라서 다음의 교육이 필요하며, 올바른 태도 형성이 될 때까지는 교사나 성인의 관리가 필요하다.

- 첫째, 가상 세계 속 아바타 이해하기

  유아로 하여금 현실의 자아와 가상 세계 속 아바타가 다른 존재가 아님을 알려줘야 한다. 즉 자신의 별명 같은 것임을 알려줘야 한다. 따라서 가상 세계 속 나 자신을 소중히 여기도록 해야 하며, 아바타가 표현하는 모든 것은 자신으로부터 나오는 것이고, 아바타를 통해 내 자신이 도덕적으로 동일하게 평가될 수 있음을 알려줘야 한다.
- 둘째, 아바타를 통해 다양한 개성 발현하기

  현실 세계의 자아가 다양한 개성을 가지고, 잘할 수 있는 것이 다양함을 생각해 보도록 할 수 있다. 그리고 다양한 개성이나 잘하고 싶은 것을 아바타를 통해 표현해 봄

으로써 현실 세계의 자아가 자신감을 가질 수 있도록 할 수 있다.

- 셋째, 타인의 아바타를 존중하기
  타인의 아바타도 현실 세계의 친구처럼 소중한 인격체임을 인식하도록 해야 하며, 타인의 아바타도 존중하도록 알려줘야 한다.

디지털 환경에서의 '아바타'는 가상 세계와 현실 세계를 상호작용하고 융합하게 만들었고, 디지털 환경에서의 대리경험을 가능하도록 하였으며, 다중 정체성을 갖게 하였다(윤기영, 2021). 아바타를 통해 억눌려 있던 자신의 개성을 발현하고, 다양한 페르소나를 마음껏 펼칠 수 있는 경험을 제공함으로써 학습자 개인의 개성과 다양성 발현에 긍정적 역할을 한다고 할 수 있다(김수향, 문미경, 2021). 하지만 오히려 정체성이 아직 정립되지 못한 유아 시기에는 건강한 정체성 형성을 저해할 수 있으며, 현실과 가상 세계를 혼동하고, 과몰입을 유발할 수 있으며 아바타와 자아, 타인을 분리함으로써 디지털 윤리의식마저 저하되게 만들 수 있다(김수향, 문미경, 2021). 따라서 아바타를 통해 자신의 다양한 개성을 이해하고, 다양성을 표현하면서 자신감을 가지도록 돕고, 가상 세계 속 아바타 또한 건강한 정체성을 형성하도록 교육을 해야 하며, 이를 통해 이후 디지털 시민의식 형성의 기초가 길러질 수 있다.

③ 가짜뉴스 분별하기

마지막으로 디지털 환경에서의 올바른 정체성을 갖도록 하기 위해서는 가짜뉴스(부정확한 정보)를 분별할 수 있도록 교육하는 것이 필요하다. 페이스북과 영국의 비영리 팩트체크 재단인 풀팩트Full Fact가 개발한 가짜뉴스 판별법 중 유아 수준에 맞게 수정한 7가지 교육 내용은 다음과 같다. 올바른 태도가 길러질 때까지는 교사나 성인의 관리가 필요하겠다.

- 제목을 비판적으로 읽기: 제목이 자극적일수록 가짜뉴스일 가능성이 높다고 인식해야 한다.
- 뉴스의 출처 점검하기: 인터넷 주소가 신뢰할 만한 언론사인지 혹은 뉴스를 전달하는 사람이 신뢰할 만한 사람인지 어른에게 확인한다.

- 문법적 오류 확인하기: 적절하지 않은 단어나 표현, 맞춤법 오류가 있는지 어른과 함께 찾아본다.
- 날짜나 시간의 정확성 확인하기: 가짜뉴스에는 사건의 구체적인 발생 날짜, 시간이 아예 없거나 잘못된 오류가 많으므로 날짜나 시간의 오류가 없는지 어른과 함께 찾아본다.
- 주장의 근거 따져보기: 통계표나 그래프를 무조건 신뢰하기보다는 정확한 것인지 어른과 함께 확인한다.
- 관련 동일한 보도 찾아보기: 다른 신뢰할 만한 언론사에 동일한 뉴스가 있는지 어른과 함께 찾아본다.
- 의도적 의심하기: 무조건적으로 신뢰하기보다는 합리적 의심을 가지고 앞에 제시된 내용을 바탕으로 비판적으로 따져보는 습관이 필요하다.

(2) 디지털 시민의식

디지털 환경에서의 올바른 시민의식을 갖도록 하기 위해서는 다음의 항목에 대한 교육이 필요하다.

① 개인 정보 보호

디지털 환경에서 개인 정보 보호의식을 길러주기 위해 가상 세계 속 나 자신과 친구의 존재를 소중히 여길 수 있어야 하며, 이를 교육할 필요가 있다. 다음은 한국인터넷진흥원(2020)의 어린이 대상 개인 정보 보호 교육 내용을 참고한 것이다.

- 이름, 주소, 부모님 이름과 전화번호, 유치원(어린이집) 이름, 사진(초상권) 등의 개인 정보를 알려주지 않는다.
- 초상권은 자신이 가진 얼굴, 음성 등에 대한 권리로 나와 타인의 초상권을 유의하고, 보호할 수 있어야 한다. 개인 정보와 초상권은 나뿐만 아니라 친구, 가족도 보호되어야 한다.

출처: 한국인터넷진흥원(2020)

• 누군가 나의 개인 정보를 알게 되면, 나 인척 혹은 나를 아는 척 다른 사람을 속일 수 있다.

출처: 한국인터넷진흥원(2020)

• 개인 정보를 요구하거나 이상한 느낌이 들면, 클릭하거나 답을 하지 말고 바로 부모님이나 어른께 물어본다. 이상한 경우란 모르는 사람에게 문자(카톡)가 오는 경우거나 모르는 사람이 나를 아는 척 전화나 문자(카톡)을 보내는 경우이다.

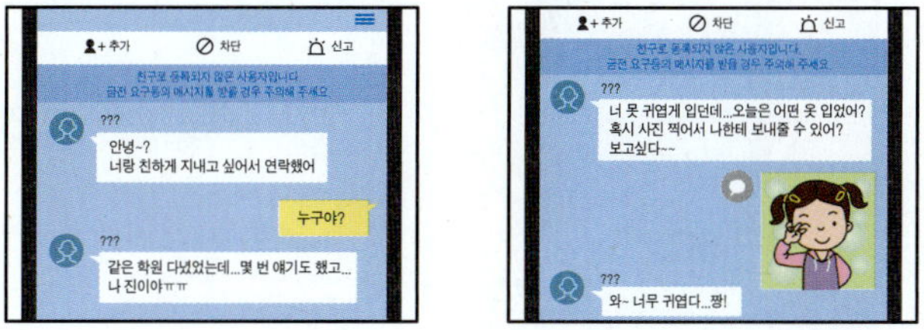

출처: 한국인터넷진흥원(2020)

② 저작권 보호

디지털 환경에서의 정보 활용에 있어서 저작권을 보호할 수 있어야 한다. 저작권은 인간의 창의성을 통해 만들어진 결과물에 대한 소유권이다. 따라서 나와 타인의 저작권을 유의하고, 보호할 수 있어야 한다. 이를 위해 다음을 교육할 필요가 있으며, 교사의 저작권을 유의 및 보호하는 태도에 대한 모델링도 중요하다.

- 디지털 환경에 있는 대부분의 정보는 저작권이 있다고 생각해야 한다.(내가 좋아하는 만화 캐릭터 이미지라 하더라도 마구 사용해서는 안 됨)
- 음원, 영상, 동화책 그림 등을 다운받아 활용하기 위해서는 저작자의 허락이 필요하다는 사실을 기억해야 한다.
- 내가 듣는 동요 음원이나 동화 영상 등이 저작자의 허락을 받은 것인지 확인해야 한다.
- 내가 올리는 영상도 다른 사람이 이미 저작한 것을 따라 모방한 것이라면 업로드해서는 안 된다.(예: 춤 커버 영상, 이미 있는 곡을 연주한 영상)

③ 사이버 폭력 예방

사이버 폭력에는 언어폭력, 따돌림, 스토킹, 사이버 갈취 등이 있고, 이를 예방하기 위해서는 앞서 언급했던 디지털 시민 정체성 교육이 요구되며, 구체적으로 다음을 교육할 필요가 있다.

사이버 폭력 예방 교육하기

출처: 방송통신위원회 · 한국지능정보사회진흥원, 디지털윤리 홈페이지(디지털윤리.kr)

1. 피해 예방 교육하기

- 단체 대화방(사이버 공간)에서 나를 무시하거나 조롱한다고 생각되는 경우, 즉각 어른에게 알리기
- 자신에게 기분 나쁜 말(문자, 채팅 등)을 하는 경우, 즉각 어른에게 알리기
- 원하지 않은 영상(유해한 사진이나 영상 등)을 나에게 보여주는 경우, 즉각 어른에게 알리기
- 원하지 않은 요구(돈, 사진, 개인 정보 등)를 하는 경우, 즉각 어른에게 알리기

2. 가해 예방 교육하기

- 피해를 받는 사람의 감정을 인식하고, 공감하기
- 익명(별명)이나 아바타의 경우에도 고운말 바른말 사용하기
- 악플보다는 선플 달기

3. 지지, 방관 예방 교육하기

- 지지는 가해를 적극적으로 하지 않지만, 동참하는 것을 의미함
- 방관은 가해를 원하지 않지만, 가해를 저지하거나 피해를 막으려고 관여하지 않은 것을 의미함
- 사이버 폭력을 감지할 수 있도록 이해교육이 필요하며, 문제 상황을 어른에게 적극적으로 알리고 폭력이 멈출 수 있도록 도움을 요청해야 함

④ 부적절한 장면 노출로부터 보호

부적절한 장면에 자주 노출되는 경우, 유아들의 성性 인식 및 법 준수 인식이 잘못 형성될 우려가 있다. 다음은 유아들에게 부적절한 장면이라고 할 수 있는 콘텐츠의 예이다.

✦ 표 5-7 부적절한 콘텐츠 예

구분	예시
폭력적인 콘텐츠	• 유혈장면이나 공격적 행위가 있는 이미지나 영상
저속한 콘텐츠	• 욕설 텍스트, 욕설하는 이미지나 영상 • 은어 같은 의미 없는 말의 텍스트, 은어를 사용하는 이미지나 영상
연령 부적합 콘텐츠	• 담배 및 알코올 관련 이미지나 영상 • 과격한 운전 이미지나 영상
성적 콘텐츠	• 포르노 이미지나 영상

이러한 부적절한 장면이나 콘텐츠를 제한하는 소프트웨어 프로그램들이 개발되고는 있지만, 완전한 제한은 어렵다고 할 수 있다. 따라서 유아기 디지털 활용 초기에 교사나 성인이 함께 활용하면서 부적절한 장면이 노출되는 경우 왜 부적절한 것이며, 이를 어린 시기부터 경험하는 것은 좋지 않음을 설명해 줄 수 있어야 한다. 또한 절대 모방해서는 안 된다고 알려주어야 한다.

부적절한 장면 노출이 유아에게 해로운 이유

1. 부적절한 장면의 특성
   - 인간 본능을 자극하는 특성이 있음
   - 주로 의도치 않게 자극을 접하게 됨

2. 부적절한 장면 노출이 해로운 이유
   - 의도치 않은 자극은 뇌에 과다한 보상을 주어 도파민 과다 분비가 될 수 있음
   - 도파민 과다 분비는 지속적으로 관련 장면을 찾아 즐거움과 쾌락을 추구하므로 중독을 일으키게 됨
   - 도파민이 과다분비되는 경우, ADHD와 밀접한 관련이 있어, 공격적 행동을 제어하기 어려움
   - 뇌의 자기조절, 집중력, 향후 학습 습관형성에 부정적 영향을 미침
   - 순간의 흥미로 모방행동을 하는 경우, 또래나 다른 사람으로부터 의도치 않게 지속적으로 나쁜 행동을 하는 아이로 인식되고, 낙인찍힐 수 있음

유아가 부적절한 장면에 노출되지 않도록 하기 위해서는 먼저, 목적에 따른 디지털 활용 습관을 기르도록 하고, 부적절한 장면에 노출된 경우에는 어른에게 바로 알릴 수 있도록 교육해야 한다. 그리고 유아 스스로 위험을 알고 즉각 차단하는 것이 올바른 태도임을 알려주는 것이 필요하다.

수업 후 실습

디지털 기기를 선정해서 학습한 교육 내용(지식, 기술, 태도)을 포함한 교육 계획을 세워보세요.

CHAPTER

6

유아 발달에 적합한 디지털 활용교육의 방법

수업 전 실습

유아 발달적 측면에서 디지털 활용교육의 긍정적인 점과 부정적인 점을 각각 생각해 보세요.

1. 유아 발달적 측면에서의 디지털 활용교육

현대 사회는 4차 산업혁명 시대가 되면서 사회의 모든 영역이 디지털 전환을 맞게 되었고, 디지털 활용능력이 사회 적응의 필수역량으로 인식되었다. 이에 따라 유아기부터 디지털 미디어 이용이 증가하게 되었다. 또한 교육 패러다임의 변화가 일어나 교수매체와 교수 · 학습 방법 측면에서도 디지털 활용이 가속화되고 있다. 특히 코로나 19 이후 유아교육에서도 원격교육이 전면 실시되면서 유아의 디지털 미디어 활용 경험은 이제 피할 수 없는 것이 되었다. 이러한 사회적 흐름에 따라 2020년 G20 교육부장관 회의를 거쳐 OECD에서도 '디지털 시대의 유아교육과 보육Early Childhood Education and Care in a Digital World' 사업을 추진하게 되었고, 사업을 통해 디지털 시대 유아의 학습과 발달, 웰빙을 지원하는 유아교육과 보육의 역할을 규명하고자 하였다(OECD, 2023b). 따라서 유아에게 적합한 디지털 활용교육이 이루어지기 위해서는 먼저 유아 발달적 측면에서 디지털 활용교육을 살펴볼 필요가 있다.

1) 발달에 대한 디지털 활용의 부정적 견해

유아 발달적 측면에서 디지털 활용교육의 부정적 측면은 주로 유아가 디지털을 활용하는 과정에서 나타나는 주요 특성에 기초하여 살펴보았다(양수영, 2018a, 2018b, 2021; 하민경, 김은정, 2021; Inan, 2021).

첫째, 디지털 활용은 주로 화면을 통한 시청각적 자극이 주가 되는 등 오감각을 충분히 경험하기 어려운 특성이 있다. 이는 유아의 신체발달과 관련하여 과도한 시각적 자극에 영향을 받아 유아의 시각발달에 부정적인 영향을 미칠 수 있다. 또한 인지발달과 관련하여 유아는 구체물을 활용한 직접경험을 통해 오감각으로 주변환경과 사물을 이해하는 것이 적합한데, 디지털을 활용하는 경우 유아발달에 적합한 감각적 이해가 충분히 이루어지기 어렵다.

그림 6-1 ✦ 과도한 시청각적 자극이 주가 되는 디지털

둘째, 디지털 기기를 조작하기 위해서는 매체의 한계로 인해 조그만 버튼의 조작이나 터치식 활용방법의 이해 등 사회적으로 약속된 합의를 가진 기호와 방법을 이해해야 한다. 이는 유아 신체발달과 관련하여 정교한 소근육 조작이 어려운 유아에게 조작의 좌절감을 주거나 단순한 조작방식의 반복으로 인해 소근육의 발달에도 부정적 영향을 미칠 수 있다. 또한 사회정서발달에 있어서도 사회적 합의를 이해하여야 활용이 가능하므로 성인에게 어느 정도 의존할 수밖에 없고, 이에 따라 자율성, 주도성 등을 기르기 어렵다. 그리고 언어발달과 관련하여서도 화면에 제시된 추상적 기호에 대한 이해를 요구하며, 음성언어보다는 문자언어를 이해하여 활용하도록 하기 때문에 유아가 언어 사용에 어려

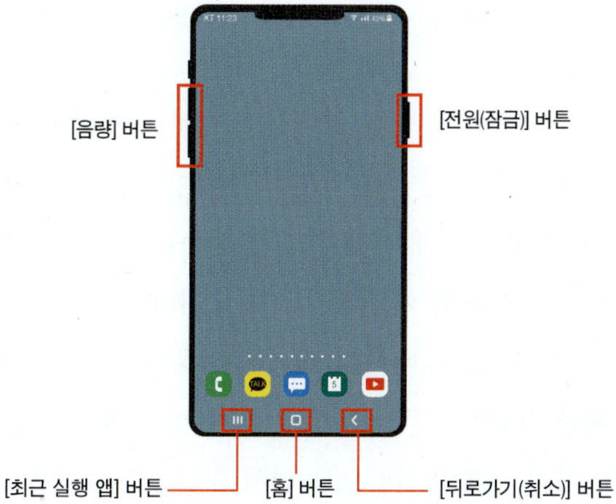

그림 6-2 ✦ 디지털 매체 조작의 어려움

출처: https://digital-trip.tistory.com/2#google_vignette

움을 느끼고, 언어발달에 부정적 영향을 미칠 수 있다.

셋째, 디지털 경험의 시작은 성인으로부터 수동적으로 이루어지고, 활용하는 동안에는 주로 성인의 중재 없이 혼자서 경험하게 된다. 이는 유아로 하여금 목적에 따른 주도적 활용이 아닌, 단순 흥미 추구의 활용 습관을 기르게 만든다. 또한 자극적 장면에 그대로 노출될 수 있는 위험이 있으며, 이러한 노출이 잦을 경우 유아의 사회정서발달에 부정적 영향을 미치게 된다. 그리고 언어발달과 관련하여 대면 상호작용의 기회가 줄어들게 됨으로써 의사소통 능력의 발달에 부정적 영향을 미치게 되고, 특히 비언어적 의사소통 요소에 대한 이해가 충분히 이루어지지 않게 되어 의사소통 능력뿐만 아니라 사회정서발달과 관련한 공감능력, 대인관계 능력에도 부정적 영향을 미치게 된다.

그림 6-3 ✦ 방치되는 디지털 활용 경험

넷째, 디지털 매체 개발자들이 유아의 발달을 고려하여 개발하였다고 보기 어렵기 때문에 기기 자체의 문제나 활용의 결함이 있을 수밖에 없다. 예를 들어 유아들이 많이 사용하는 스마트폰이나 태블릿PC는 유아가 다루기 힘든 무게이며, 인공지능 스피커는 유아 발음을 잘 인식하지 못하거나 유아 인지발달을 고려하지 못한 어려운 답을 하는 등 유아발달에 부적절하다고 할 수 있다. 따라서 디지털 활용이 성인의 올바른 중재나 관리 없이 그대로 유아에게 제공된다면, 아직 발달의 과정에 있는 유아 전인발달에 부정적 영향을 미칠 수 있다. 또한, 기기 자체의 결함으로 인해 유아들은 활용 도중 잦은 고장 등을 경험하면서 오히려 디지털에 좌절감을 형성하거나 부정적 태도를 형성할 가능성이 높다. 과거 2006년 R러닝Robot-Based Learning이 도입되어 교육용 로봇인 아이로비와 제니보가 교육현장에 등장했지만 유아 발달을 충분히 고려한 기술이라고 보기 어려웠고, 교사들의 교육적 활용에 대한 인식이 낮아 현장에서 거의 방치되었다. 또한 유아가 성인의 도움 없이 스스로 활용하는 과정에서 고장이 잦았으며, 이에 따라 유아는 오히려 기기에 대한 두려움과 걱정의 부정적 정서를 가지게 되었다(양수영, 2018a, 2018b; 유미열, 김경철, 최연철, 장연주, 2012).

그림 6-4 ✦ 유아에게 버거운 디지털 매체 무게

이외에도 디지털 매체가 다양해지고 있는 만큼 그 특성이나 부정적 측면은 더 다양해질 수 있다. 따라서 지속적인 성인의 적절한 중재와 관리 노력이 요구된다고 할 수 있다. UNESCO(2010, 2014)에서 발표한 디지털 매체의 유아교육 활용실태 보고서에서도 대다수 국가의 교육현장에서 교사의 교육적 활용에 대한 이해와 적용이 부적절하여 유아에게 미치는 영향이 부정적일 수밖에 없음을 지적하며, 효과적 활용을 위해서는 교사를 지원하거나 교육하는 것이 무엇보다 중요하다고 강조하였다.

2) 발달에 대한 디지털 활용의 긍정적 견해

최근 연구들에서는 유아 대상 디지털 매체 활용의 효과성을 검증하며, 교육을 통해 디지털 기술을 적절히 활용하였을 때 유아의 학습 및 다양한 발달을 향상시킬 수 있다는 가능성을 제안하고 있다(Gjelaj, Buza, Shatri & Zabeli, 2020; Isikoglu & Güzen, 2024; Otterborn, Sundberg & Schönborn, 2024). 또한 유아 발달에 미치는 부정적 측면을 고려하여 최근에는 다양한 디지털 매체가 보완되어 개발됨으로써 기존과는 다른 방식의 놀이와 학습, 탐색 등 새로운 기회를 제공하며 이전에는 경험하지 못했던 새로운 경험을 가능하게 한다. 각 발달영역별 긍정적 측면을 살펴보면 다음과 같다.

첫째, 신체발달 측면에서 교수매체로서 사용되는 디지털 매체는 과거 책상과 교과서, 칠판으로 구성된 교육공간의 제약에서 벗어나 제한된 공간 안에서도 다양한 게임, 창의적 신체 표현 등의 신체활동이 가능하여 유아의 신체발달을 돕는다. 또한 여러 디지털 기기를 조작해 보는 과정에서 유아는 터치하기, 확대하기, 클릭하기, 끌어 옮기기 등의 동작을 수행하며 눈과 손의 협응력을 기르고, 미세한 소근육 능력을 향상시킬 수 있다.

그림 6-5 ✦ 시공간 제약 없이 신체 움직임 가능한 디지털 매체

둘째, 인지발달 측면에서 디지털 매체와의 역동적인 상호작용이 가능하다. 디지털 매체 및 기술에 대한 호기심을 바탕으로 유아는 놀이와 학습에 대한 동기유발이 더욱 잘 일어날 수 있으며, 감각적으로 경험의 폭을 확장하게 되면서 유아의 창의력을 증진시킬 수 있다. 즉, 직접 경험하기 어려운 것에 대한 사실적 경험이 가능해지게 되었다. 과거 뇌의 구성이 직접 체험을 통한 감각운동적 경험과 논리성에 기초해 이루어졌다면, 디지털 매체를 통한 감각적 자극과 운동적 경험을 통해 보다 다양한 방식으로 복합적인 형태로 이루어지게 되었다. 놀이학자 베르겐Bergen은 디지털 활용 놀이와 뇌 발달과의 관련성을 언급하면서 디지털을 활용한 놀이를 통해 뇌는 비선형적 역동적 시스템을 구성하게 된다고 언급하였다(Bergen, Davis & Abbit, 2016).

그림 6-6 ✦ AR을 활용한 공룡 체험

셋째, 사회정서발달 측면에서 최근에는 디지털 활용에 있어서 유아의 협력적 놀이를 강조하게 되면서 디지털 활용과정에서 나타나는 다양한 문제 해결이나 다양한 시도와 관련하여 또래 간 질 높은 활발한 상호작용이 이루어지게 되었다(손혜진, 엄정애, 2022; Disney & Geng, 2022). 또한, 디지털 매체를 스스로 조작하게 되면서 유아들은 자신감과 유능감을 갖게 된다.

그림 6-7 ✦ 인공지능 로봇을 활용한 놀이를 하면서 함께 협력하는 유아들

넷째, 언어발달 측면에서 유아는 디지털 활용에 대해 궁금한 것을 교사나 성인에게 묻거나 친구와 상호작용하면서 언어능력을 발달시켜 나간다. 또한, 디지털 활용과 관련된 문자 언어 등 다양한 언어에 관심을 보이게 된다. 유아 대상 AI 스피커를 활용한 연구에

따르면, 유아가 음성명령에 대한 오류를 수정하거나 새로운 서비스 요청을 위해 좀 더 완성된 구문을 만들고자 할 때 또래와 의논하게 되고, 이러한 과정을 통해 유아의 표현언어 능력이 향상되었다고 밝혔다(이재은, 오세경, 2021).

이상에서 본 바와 같이, 디지털 활용의 긍정적 측면은 과거 연구들이 밝혀온 부정적 측면을 이해하고, 이를 수정・보완하는 방향으로 디지털 매체가 개발되거나 보다 적합한 방향으로 활용되면서 나타난 효과라고 할 수 있겠다. 따라서 앞으로 유아 대상 디지털의 활용은 불가피한 것이기 때문에 유아에게 적합한 디지털 매체의 개발 노력뿐만 아니라 교사를 포함한 성인의 올바른 교육적 활용의 노력이 요구된다고 볼 수 있겠다.

2. 유아 발달에 적합한 디지털 활용교육 방법

발달적 측면에서의 디지털 활용의 부정적 측면을 보완하고, 긍정적 측면의 효과를 기대하기 위해서는 다음의 교육방식이 요구된다고 할 수 있다.

첫째, 디지털 활용 교과 융합교육

디지털 활용 교과 융합교육은 디지털을 활용할 때 유아의 뇌 구성방식이 보다 다양하고 복잡한 형태의 비선형적으로 구성된다는 사실에 기반한 것으로 공통의 주제와 관련한 2개 이상의 교과 개념을 디지털을 활용해 경험하고 학습할 수 있도록 하는 교육방식이다. 이러한 교육방식을 통해 앞서 살펴본 디지털 활용의 긍정적인 측면의 효과를 더욱 기대할 수 있다.

둘째, 놀이중심의 디지털 활용교육

놀이중심의 디지털 활용교육은 유아의 놀이 상황에서 자유롭게 디지털을 유아 스스로 활용하도록 지원하거나, 유아의 놀이에 기반하여 놀이를 지원하기 위한 집단 활동 시 디지털을 활용할 수 있다. 이러한 놀이중심의 디지털 활용교육은 디지털 활용의 부정적 측면을 보완하는 것으로 유아로 하여금 구체물을 활용한 놀이와 디지털 활용을 스스로 접목하도록 도우며, 놀이 중심의 활용이기 때문에 유아가 수동적 태도가 아닌, 주도적 태도를 가지고 활용하도록 돕는다. 따라서 이러한 교육방식을 통해 앞서 살펴본 디지털 활용의 부정적인 측면을 보완할 수 있다.

두 가지 교육방식에 대한 구체적 교육운영 방법은 **실제편 9장**에서 구분하여 제시하였다.

또한, 위의 두 가지 교육방식 모두에서 다음에 제시되는 발달에 적합한 6가지 교육단계와 구체적 교수 · 학습방법을 적용해야 한다. 이는 양수영(2018a)이 뇌과학과 유아교육 분야 간 융합연구를 실시하여 유아교육에 디지털을 활용할 때 적용해야 할 구체적 교수 · 학습방법을 교육의 단계별로 정리한 것으로 그 내용을 요약하면 다음과 같다.

- **1단계: 호기심 자극을 통해 활용의 동기부여하기**

뇌과학 연구 결과에 따르면, 일반적으로 인터넷이나 게임 중독은 도파민 분비의 장애와 관련하여 전전두엽PFC의 구조적 변화를 일으킴으로써 중독된 행동을 부추기고, 다른 정보 자극은 차단하여 오직 그 행동에만 집중하도록 한다. 이러한 도파민 분비는 의도치 않는 자극으로부터 본능적 보상을 받을 때 분비가 증폭되어 일어나고, 그 자극pavlovian cue을 경험하기 위한 행동을 증가시키고자 수용체 하향조절receptor down regulation을 통해 그 행동만을 유도하게 된다. 또한 도파민의 과다 분비는 전전두엽PFC 중 특히 안와전두피질OPFC의 구조적 변화를 일으켜 얇아지도록 하여 영역의 활동을 감소시키는데, 이 영역은 일반적으로 학습자가 스스로 동기화하는 영역으로 학습에 매우 중요한 영역이라고 할 수 있다. 따라서 유아에게 활용할 디지털 활용과 관련된 결과 자극이 무엇인지 정확하게 먼저 알려주고, 이를 통해 유아가 호기심을 가지고 자발적 동기부여를 하여 활용해 볼 수 있도록 해야 한다.

- **2단계: 활동의 목적을 이해시키기**

뇌과학 연구결과에 따르면, 유아의 전전두엽PFC 발달은 이후 학령기 뇌 발달에도 영향을 미치는 것으로 전전두엽PFC을 발달시킴으로써 고차원적 인지기능과 자기조절력의 발달을 도모할 수 있다. 전전두엽PFC은 Colom 등(2012)의 연구에서 4주간의 컴퓨터 활용을 통해 두뇌 변화가 가능하였음이 밝혀졌고, 이때 전전두엽PFC 발달을 가능하게 하는 중요한 교육적 요인은 유아가 활용목적을 이해하도록 하는 과정이었다. 이를 통해 유아는 목적에 맞게 매체를 활용하면서 다양한 정보 자극을 통합해 사고할 수 있었다. 또한 유아는 활동 이후 자신의 경험에 대해 매우 높은 성취감과 만족감을 표현하였다. 따라서 디지털 매체 활용 전, 유아에게 디지털 활용의 목적을 구체적으로 제시하여 이해시키고, 활용 중에는 유아가 목적에 맞게 활용하는지 관찰하면서 적절한 도움을 제공하는 것이 필요하며, 활동이 끝난 후에는 목적에 맞는 성취감과 만족감을 얻도록 도와야 한다.

• 3단계: 조작의 인과관계를 이해시키기

뇌과학 연구결과에 따르면, 유아기는 고차원적 인지기능을 담당하는 전전두엽PFC이 발달하고, 두뇌 연결과 관련된 백질white matter의 분포가 점차 증가하기 때문에 정보들을 서로 관련지어 연결하는 인과관계에 대한 이해가 요구된다. 또한, 디지털 매체 조작의 인과관계를 이해하도록 하는 것은 유아 대상 디지털 활용교육에서 강조하는 디지털 리터러시의 기초 능력과도 관련이 있다. 따라서 유아가 디지털을 활용하는 과정에서 조작의 인과관계를 이해하도록 돕는 노력이 필요하다. 즉, 어떤 버튼을 눌렀기 때문에 어떤 화면이 나타났고, 어떤 변화가 일어났는지를 이해하도록 하며, 역으로 다시 유아에게 변화의 원인을 추론하도록 질문함으로써 디지털 매체 조작의 인과관계를 이해하도록 도와야 한다.

• 4단계: 직접 조작의 기회를 제공하기

뇌과학 연구결과에 따르면, 직접 조작의 경험은 소뇌를 활성화시켜 소근육 활동을 보다 정밀하게 발달시키며, 두뇌의 인지영역과 운동영역은 서로 상호작용하기 때문에 직접 조작의 운동경험은 두뇌의 인지영역까지 활성화시킨다. 따라서 유아가 단순히 교사나 성인의 조작을 관찰하고, 지켜보도록 하는 수준에서 벗어나 직접 조작해 보도록 하는 기회를 제공하는 것이 중요하다고 할 수 있다. 이를 효과적으로 수행하기 위해서는 앞선 과정에서 언급된 조작의 인과관계를 이해하도록 하는 교육이 우선되어야 한다.

• **5단계: 활용목적 달성 여부에 따른 활동 제한 규칙을 안내하기**

뇌과학 연구결과에 따르면, 일반적으로 현장에서 실천하고 있는 규칙인 시간제한을 두는 방식이 오히려 유아에게 활동의 아쉬움을 갖게 하여 복측선조체ventral strirum가 그 행동을 갈망하게 함으로써 행동의 증가를 일으킬 가능성이 높다(Frydman & Camerer, 2016). Seo, Chun, Jwa & Choi(2011)에 따르면, 사회정서발달 측면이 컴퓨터 사용의 올바른 습관과 관련이 있으므로 아쉬움보다는 성취감이나 만족감을 얻고 컴퓨터 활동을 그만하도록 하는 규칙이 필요하다. 즉, 앞서 언급한 교육방법인 활용목적을 유아에게 제시함으로써 활용목적이 달성된 경우에는 활동을 그만하고 멈출 수 있도록 안내하는 것이 적합한 규칙이라고 할 수 있다. 따라서 유아가 디지털을 활용하기 전 활용목적을 제시하고, 활용목적이 달성된 경우에는 활용을 그만하도록 규칙을 정함으로써 규칙에 따른 자기조절능력을 기르고, 올바른 디지털 활용습관도 기를 수 있다.

• **6단계: 창의적으로 활용할 수 있는 기회 주기**

뇌과학 연구결과에 따르면, 유아기 시냅스 밀도는 다른 어느 시기보다 매우 높아 창의성 발달에 중요한 시기이다. 그리고 적절한 디지털 활용교육이란 창의적 사고를 고려한 것이라고 할 수 있다. 따라서 Off-screen learning & play가 가능해지기 위해서는 오프라인 놀이 및 활동과 연계될 수 있도록 하는 것이 필요하며, 오프라인 매체로서 프린터를 설치하여 출력물을 활용해 다양한 창의적 확장활동이 이루어지도록 할 수 있다.

발달에 적합한 디지털 활용교육 방법 6단계를 적용한 교사 발문 예시

스마트폰과 네이버 스마트렌즈를 활용해 꽃 이름 알아보기

단계	교사 발문
호기심 자극을 통해 활용의 동기부여하기 활동의 목적을 이해시키기	"다양한 꽃의 이름이 궁금한데, 어떻게 하면 이름을 알 수 있을까?" "오늘은 스마트폰을 활동해 궁금한 꽃의 이름을 알아보려고 해." "스마트폰의 검색기능을 활용하면 꽃의 이름을 쉽게 찾아볼 수 있단다."
조작의 인과관계를 이해시키기 직접 조작의 기회를 제공하기	"먼저 궁금한 것을 알려주는 N으로 들어가보자." "그리고 궁금한 것을 적는 빈칸을 눌렀더니, 이런 화면이 나오는 구나." "이 중에서 카메라로 꽃의 모습을 보여주고 이름을 알기 위한 것은 무엇일까?" "을 눌러보자." "카메라 화면에 꽃을 비추고 아래 카메라 버튼을 눌렀더니 어떻게 되었니?" "이때 카메라에 궁금한 것이 잘 담기도록 해야 한단다. 어떻게 해야 할까?" "이번엔 ○○이가 직접 스마트폰을 활용하여 궁금한 꽃의 이름을 찾아보자"
활용목적 달성 여부에 따른 활동 제한 규칙을 안내하기	"궁금한 꽃의 이름을 찾았다면, 이름을 잘 기억하고 다음 사람이 사용할 수 있도록 스마트폰을 넘겨주자."
창의적으로 활용할 수 있는 기회 주기	"오늘 우리가 새롭게 알게 된 꽃을 종이에 그려보고, 검색한 이름을 써보자."

제시된 교육 단계는 고정적이기보다는 교육적 상황에 따라 융통성 있게 운영할 수 있다.

3. 유아 발달에 적합한 원격교육 방법

원격교육이란 교사와 학습자가 시간적, 공간적 제약을 받지 않고 물리적으로 떨어진 상태에서 교수·학습 활동이 이루어지는 수업 형태를 의미한다(교육부, 2020). 원격교육은 크게 교육 영상을 학습자에게 제공하는 일방향적 방식과 zoom 프로그램 등의 비대면 소통 플랫폼을 활용해 온라인으로 만나 교육하는 쌍방향적 방식으로 나눌 수 있다. 각 방식의 유아 대상 적절한 교육방법을 살펴보면 다음과 같다.

1) 일방향 원격교육 방법

일방향 원격교육은 교사가 교육영상을 학습자에게 일괄 제공하는 방식으로 영상은 교사가 자체 제작하거나 기성 제작된 유튜브 등의 영상을 활용하기도 한다. 일반적으로 유아를 대상으로 하는 원격교육에서는 유아 스스로 쌍방향 소통 플랫폼을 조작하는 것이 불가능하다고 판단하여 주로 교사가 영상을 제공하는 방식의 일방향 원격교육이 많이 이루어져 왔다. 양수영(2021)에 따르면 일방향적 방식의 원격교육 영상은 교사의 교육적 목적에 따라 제공되어야 하는 것으로 기성 영상보다는 교사가 학습자의 역량에 맞게 제작하는 것이 적절하다고 할 수 있다. 즉, 기성 영상의 경우 오락성만을 추구하거나 상업적 목적이 있기 때문에 교사가 제작한 영상이 교육적 기능을 보다 효과적으로 할 수 있다고 보았다. 또한, 원격교육은 단순히 교육 상황에서의 디지털 매체 활용을 의미하는 것이 아니라 교수·학습방법을 포함한 교육 전체를 의미하므로 반드시 교수·학습을 위한 수업 단계를 포함해야 한다. 그리고 유아 대상 원격교육은 비대면 상황에서도 유아의 전인 발달이나 놀이 중심의 교육이 효과적으로 이루어지도록 고려가 필요하다.

다음은 양수영(2021)이 개발한 유아 대상 일방향적 방식의 온라인 콘텐츠 적절성을 평가하기 위한 평가도구이다. 교사가 자체적으로 영상을 제작할 때나 양질의 기성 영상을 선택할 때 적합한 기준이 될 수 있다.

✦ 표 6-1 유아 대상 온라인 콘텐츠 적절성 평가 도구

1. 매우 부적절하다, 2. 부적절하다, 3. 보통이다, 4. 적절하다, 5. 매우 적절하다

영역	하위 영역	문항	평정
내용	발달의 적합성	1. 신체발달) 대 · 소근육 운동이 가능한가?	
		2. 언어발달) 자연스러운 듣기 · 말하기 · 읽기 · 쓰기가 가능한가?	
		3. 인지발달) 오감각적 탐구 경험이 가능한가?	
		4. 인지발달) 논리적 · 창의적 사고가 가능한가?	
		5. 인지발달) 자연스러운 수학적 경험이 가능한가?	
		6. 사회정서발달) 주도적으로 행할 수 있는 과제가 주어지는가?	
		7. 사회정서발달) 성취감을 기를 수 있는 내용을 포함하는가?	
		8. 사회정서발달) 다른 사람과 함께할 수 있는 과제가 주어지는가?	
	교육과정 관련성	1. 활동 전 놀이경험(오프라인)과 관련한 내용인가?	
		2. 활동의 결과보다는 과정을 중시하는가?	
		3. 후속으로 확장된 놀이(오프라인)가 가능한 내용인가?	
		4. 교육과정 5개 영역과 관련된 내용인가?	
		5. 유아의 다양성(개인차, 지역사회특성 등)을 고려한 내용인가?	
		6. 반편견적 교육 내용인가?	
기술 요소	텍스트	1. 명확한 글씨체를 사용하였는가?	
		2. 띄어쓰기를 고려하였는가?	
		3. 글자(색, 크기)는 명확하게 보이는가?	
	이미지 (영상)	1. 중요 이미지(영상)만이 포커싱되어 명확하게 전달되는가?	
		2. 내용과 관련 없거나 주의집중에 방해되는 요소는 없는가?	
		3. 자극적이거나 폭력적인 이미지(영상)가 포함되지 않았는가?	
		4. 심미성을 고려하는가?	
	음성	1. 언어 사용에 있어서는 발음과 억양이 정확한가?	
		2. 말의 전달속도가 적절한가?	
		3. 소리 크기 변화가 적절한가?	
	기능	1. 유아 스스로 조작이 가능한가?	
		2. 일관성 있게 작동하는가?	
교수 학습 전략	단계구성	1. 흥미 유발 및 주의집중을 위한 도입 단계가 있는가?	
		2. 활동의 목표와 관련된 전개 단계가 있는가?	
		3. 활동에 대한 평가를 위한 마무리 단계가 있는가?	
	상호작용	1. 교사의 얼굴을 보며, 상호작용하는가?	
		2. 도입단계에서 활동 전 놀이경험(오프라인)과 관련지어 동기유발하는가?	
		3. 전개단계에서 유아가 스스로 생각해 볼 수 있도록 적절한 질문을 하는가?	
		4. 전개단계에서 활동 전 놀이경험(오프라인)과 관련하여 사고의 확장을 돕는가?	
		5. 마무리단계에서 후속 놀이(오프라인)에 대한 안내를 하는가?	
		6. 전반적으로 유아의 참여를 유도하고, 참여에 대한 피드백을 주는가?	

2) 쌍방향 원격교육 방법

쌍방향 원격교육이란 특정 플랫폼을 활용해 교사와 학습자가 정해진 시간에 온라인으로 만나 비대면으로 소통이 가능한 교육방식이다. 대표적인 플랫폼이 zoom 프로그램이다. Yang(2022)의 실행연구 결과에 따르면 유아를 대상으로 zoom 프로그램을 활용한 쌍방향 원격교육을 진행한 경우, 교사의 교육 만족도나 놀이중심 교육과정 실천에 긍정적 효과가 있음이 밝혀졌다. 따라서 교사는 다음의 절차에 따라 쌍방향 원격교육을 실행할 수 있다.

(1) 유아에게 필요한 프로그램 기술 분석 및 조작방법 확인

쌍방향 원격교육 시 유아의 자율적 실천이 요구되는 기술은 '음소거 해제 및 활성화 기술'과 '소그룹 회의실 참여 기술'이다. 두 가지 기술 관련 아이콘을 컴퓨터 화면에서 확인하고, 아이콘의 이미지를 통해 그 기능을 예측해 보도록 한 후, 실제 아이콘 조작을 통해 기능을 이해하도록 할 수 있다.

✦ 표 6-2 유아의 실천이 요구되는 기술

화면에 보이는 아이콘	조작방법을 이해하도록 돕는 교사 발문
 음소거 해제 및 활성화 관련 아이콘 조작	T: 내가 하는 말이 모두에게 들리도록 하려면 어떤 모양의 아이콘을 눌러야 할까? T: 만약, 내가 하는 말이 모두에게 들리지 않도록 하려면 어떻게 하면 좋을까? T: 마이크 모양에 빨간 줄이 있는 것은 무엇을 의미할까?
 소그룹 회의실 참여 관련 아이콘 조작	T: 모둠별 회의실을 따로 만들었는데, 각자 회의실에 들어가려면 무엇을 눌러야 할까? T: '참가'라는 글자를 누르면 어떻게 될까? T: '참가하시겠습니까?'라고 다시 묻고 있는데, 무엇을 눌러야 할까? T: '예'를 누르면, 화면에는 누구만 보이게 될까?

(2) 프로그램 기술 조작 관련 예비 활동

두 가지 기술을 익힌 후, 본격적인 수업에 앞서 두 가지 기술을 활용한 예비 활동을 할 수 있다. 먼저 '음소거 해제 및 활성화 기술'과 관련하여 '출석게임'을 통해 교사가 유아들의 이름을 호명하면 대답하는 게임을 진행할 수 있다. 그리고 '소그룹 회의실 참여 기술'과 관련해서는 '모둠별 퀴즈 만들기 게임'을 통해 동물 퀴즈 등을 소그룹에서 만들어 다시 전체가 모였을 때 수수께끼 방식의 게임을 할 수 있다. 이러한 예비활동을 통해 두 가지 주요 기술에 보다 능숙해질 수 있다.

(3) 쌍방향 프로그램을 활용한 다양한 원격교육 실행

앞선 과정을 통해 쌍방향 프로그램을 능숙하게 조작할 수 있게 된 유아들과 다양한 원격교육이 가능해진다.

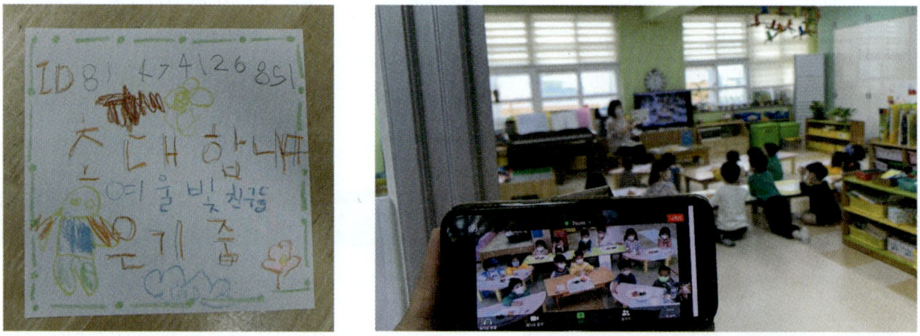

그림 6-8 ✦ 다른 반 친구들을 줌으로 초대해서 줌에서 만나요

수업 후 실습

발달에 적합한 디지털 활용교육 방법을 적용하여 6단계 발문을 구성해 보세요.

CHAPTER

7

유아 대상 디지털 활용교육의 평가

수업 전 실습

유아 대상 디지털 활용교육의 성과를 평가할 수 있는 내용은 무엇일지 생각해 보세요.

1. 유아 평가

평가의 목적은 디지털 활용교육의 목적을 적절히 달성하였느냐로 선정할 수 있으므로 유아 스스로 자신의 목표에 따라 디지털 기술을 적절히 취사선택하고, 선택한 기술을 자신감을 가지고, 주도적, 책임감 있게 활용하는 능력을 길렀는지를 평가할 수 있겠다. 그리고 이에 따른 목표로서 지식 측면의 디지털 기술에 대한 이해를 높였는지, 기술 측면의 디지털 기술을 능동적 · 창의적으로 활용하고, 태도 측면의 디지털 기술을 활용하는 데 있어서 자신감, 윤리의식, 주도성을 길렀는지를 평가할 수 있다.

이러한 평가는 관찰법이나 체크리스트, 혹은 평정척도 등을 활용하거나 면접, 포트폴리오의 방식을 활용할 수 있다. 관련 연구들에서 사용되는 검사도구들은 다음과 같다.

1) 디지털 리터러시

✦ 표 7-1 디지털 리터러시 검사도구

요소	문항
매체 활용능력	1. 컴퓨터를 켤 수 있다. 2. 프로그램을 실행할 수 있다. 3. 키보드를 사용하여 글자를 입력할 수 있다. 4. 마우스를 조작하여 그림을 그릴 수 있다. 5. 인쇄를 할 수 있다. 6. 프로그램의 하위 메뉴(저장 등)를 선택할 수 있다. 7. 프로그램 종료를 할 수 있다. 8. 멀티미디어 및 애플리케이션을 실행할 수 있다. 9. 멀티미디어 및 애플리케이션 실행을 멈출 수 있다. 10. 멀티미디어 실행 중 원하는 곳으로 이동할 수 있다. 11. 인터넷 아이콘을 실행할 수 있다. 12. 찾고자 하는 홈페이지를 선택할 수 있다. 13. 인터넷에서 자료를 검색할 수 있다. 14. 표준 단추(뒤로 가기 등)를 활용할 수 있다. 15. 인터넷 창을 종료할 수 있다. 16. ICT 매체를 '시작 → 시스템 종료'를 이용하여 종료할 수 있다. 17. 웹캠 및 디지털 카메라를 사용할 수 있다. 18. 태블릿PC를 조작할 수 있다.

요소	문항
매체에 대한 태도	19. 디지털 매체를 사용하는 것에 대한 태도 20. 디지털 카메라를 사용하는 것에 대한 태도 21. 디지털 매체를 사용하는 흥미에 대한 태도 22. 디지털 매체에 대해 알고 싶은 것에 대한 태도 23. 디지털 매체 활용방법을 나누는 것에 대한 태도 24. 디지털 카메라 활용방법을 나누는 것에 대한 태도

출처: 서다희(2024)

2) 정보윤리의식

✦ 표 7-2 정보윤리의식 검사도구

요소	문항
존중	1.* 모르는 사람들이 이름, 나이, 전화번호, 주소 등을 물어보면 당연히 알려줘야 한다. 2.* 재미있는 게임을 할 수 있다면 다른 사람의 게임 ID와 비밀 번호를 사용해도 된다. 3.* 인터넷 게임을 하고 싶다면 엄마, 아빠의 개인 정보를 몰래 사용해도 된다. 4. 다른 사람에게 인터넷 편지를 적을 때에는 상대방의 기분을 생각해야 한다.
정의	5. 내 생각과 다르지만 좋은 생각을 하면 칭찬을 해준다. 6.* 인터넷에 내용을 잘못 올렸지만, 그냥 놔둬도 괜찮다. 7.* 강아지의 이름을 고양이라고 한 것을 보고 그냥 넘어가도 된다. 8. 누가 인터넷에서 나쁜 말을 하면 부모님이나 어른에게 알려야 한다.
절제	9. 나는 컴퓨터 사용 규칙을 정해 놓고 지킨다. 10.* 컴퓨터를 많이 사용해서 부모님께 야단맞은 적이 있다. 11. 정해진 시간이 되면 컴퓨터 사용을 그만할 수 있다. 12.* 컴퓨터를 많이 사용해서 손목이나 눈이 아픈 적이 있다.
해악 금지	13.* 다른 친구의 컴퓨터에 몰래 들어가서 재미난 자료를 봐도 된다. 14.* 다른 친구의 컴퓨터에서 내가 갖고 싶은 자료를 가져와도 된다. 15.* 나는 친구의 재미난 사진을 장난으로 인터넷에 올려도 된다. 16. 내가 싫어하는 친구의 잘못된 소문을 인터넷에 올려도 된다.

*는 역채점 문항임

출처: 정봄마지(2023)

3) 디지털 활용교육의 유아 대상 평가

앞서 학습한 유아 디지털 활용교육의 목적과 내용, 교수·학습방법을 토대로 유아 대상 디지털 활용교육 이후, 유아 대상 평가 항목을 정리해 보면 다음과 같다.

✦ **표 7-3** 디지털 활용교육의 유아 대상 평가 항목

구분	문항
지식 측면	• 유아는 디지털 기술의 활용목적과 기능에 대해 이해하였는가? • 유아는 디지털 기술 활용방법을 이해하였는가? • 유아는 디지털 기술의 양면성을 이해하였는가?
기술 측면	• 유아는 호기심에 기초한 탐구활동을 통해 디지털 기술을 활용하였는가? • 유아는 활용목적 달성 이후에는 디지털 활용을 그만하였는가? • 유아는 디지털 기술을 off-line 활동과 연계하여 창의적으로 활용하였는가?
태도 측면	• 유아는 디지털 기술을 목적에 따라 주도적으로 활용하였는가? • 유아는 디지털 기술 활용에 자신감을 가졌는가? • 유아는 디지털 기술 활용에 대한 윤리의식을 길렀는가?

실제편 9장의 교육활동을 평가할 때, 유아와 관련하여 표 7-3의 평가항목을 활용해 평가할 수 있다.

2. 교사 평가

교사는 디지털 활용교육에 있어서 유아의 학습을 잘 지원하였는지를 평가할 수 있으며, 반성적 사고 저널을 통해 스스로 평가해 볼 수 있다. 또한 유정인(2023)의 '유아교사의 디지털 놀이 지원 역량' 관련 다음의 검사도구들을 활용해서 객관적으로 평가해 볼 수 있다.

1) 디지털 놀이 이해

✦ 표 7-4 디지털 놀이 이해 검사도구

하위 내용	문항
유아 디지털 환경	1. 나는 유아들이 일상생활에서 선호하고 자주 접하는 디지털 기기에 대해 관심을 갖고 알아보려고 노력한다.
	2. 나는 유아들이 일상생활에서 선호하는 콘텐츠에 대해 관심을 갖고 알아보려고 노력한다.
	3. 나는 디지털 전환에 따른 유아의 환경과 교육패러다임의 변화를 이해하고 전문성 개발을 위해 노력한다.(예: 전문적 학습 공동체 참여, 연수 수강 등)
디지털 놀이 특성	4. 나는 디지털 놀이가 비디지털과 혼재된 환경에서 자연스럽게 이루어진다는 것을 알고 있다.
	5. 나는 디지털 놀이가 유아 놀이에 디지털 매체를 활용하거나 디지털 매체와 아날로그 매체를 함께 활용하여 이루어진다는 것을 알고 있다.
	6. 나는 디지털 매체가 유아 놀이에 필요한 것을 즉각적으로 지원할 수 있는 특성이 있음을 이해하고 있다.
	7. 나는 시공간을 초월할 수 있는 디지털 매체의 특성으로 유아의 놀이 확장이 가능하다는 것을 이해하고 있다.
	8. 나는 디지털 매체가 유아에게 생동감, 상상의 재현 등을 경험하게 함으로써 놀이 몰입을 도울 수 있다는 것을 이해하고 있다.

2) 디지털 매체의 교육적 활용

✦ 표 7-5 디지털 매체의 교육적 활용 검사도구

하위 내용	문항
디지털 매체 선별	1. 나는 유아 발달에 적합한 기기와 콘텐츠를 선별할 수 있다.(예: 유아 조작에 따라 쉽게 통제 가능한가, 메뉴 표시가 내용을 알기 쉽게 아이콘으로 나타나고 있는가, 유아가 이해하기 쉽게 구성되어 있는가, 글보다는 음성 및 그림이나 영상으로 구성되어 있는가 등)
	2. 나는 유아에게 신체적으로 안전한 매체를 선별할 수 있다.(예: 효과음의 크기, 화면의 밝기가 적절한가 등)
	3. 나는 유아에게 정서적으로 안전한 매체를 선별할 수 있다.(예: 사용되는 단어가 유아에게 적절한가, 인종이나 성별에 대한 편견이 없는가 등)
디지털 매체 활용	4. 나는 유아가 사용하기 쉬운 디지털 기기(예: 디지털 카메라, 태블릿PC, AI스피커, 유아용 로봇 등)를 놀이에 활용할 수 있다.
	5. 나는 새로운 앱과 콘텐츠, 사이트 등을 검색하여 필요한 자료를 찾아 활용할 수 있다.

하위 내용	문항
디지털 매체 활용	6. 나는 디지털 매체를 이용하여 실시간 송출 및 공유 기능을 실행할 수 있다.(예: 미러링, 웹캠 활용 등)
	7. 나는 디지털 기기를 연결하여 효과음이나 음악, 놀이 배경 제공 등의 기능을 실행할 수 있다.(예: 스마트폰-스피커 블루투스 연결, 빔프로젝터 연결 등)
	8. 나는 디지털 기기를 활용하여 원하는 콘텐츠를 제작할 수 있다.(예: 휴대폰이나 태블릿PC, 노트북으로 동영상 만들기, 사진이나 영상에 자막 삽입, 그림자료 편집 등)
	9. 나는 유아의 신체 발달을 위해 움직임을 자극하고 도울 수 있도록 디지털 매체를 활용할 수 있다.
	10. 나는 유아가 자신의 생각을 언어로 자유롭게 표현하고 상호작용할 수 있도록 디지털 매체를 활용할 수 있다.
	11. 나는 유아가 사회와 문화(예: 지리, 역사, 환경, 경제, 다문화 등)에 관심을 가지고 탐색할 수 있도록 디지털 매체를 활용할 수 있다.
	12. 나는 유아가 심미감과 감수성을 느낄 수 있는 예술적인 경험을 할 수 있도록 디지털 매체를 활용할 수 있다.
	13. 나는 유아 주변의 다양한 자연환경을 탐색할 수 있도록 디지털 매체를 활용할 수 있다.

3) 디지털 놀이 실행 지원

✦ 표 7-6 디지털 놀이 실행 지원 검사도구

하위 내용	문항
유아중심 디지털 놀이	1. 나는 디지털 놀이 관찰 및 분석을 통해 더 적합한 매체를 선택하고, 매체 제공의 여부와 시기 등을 심사숙고하여 유아의 놀이를 지원한다.
	2. 나는 유아가 디지털 놀이에 사용하는 매체를 충분히 탐색할 수 있는 시간을 제공한다.
	3. 나는 유아가 놀이에 필요한 자료를 디지털 매체와 아날로그 매체 중에서 자유롭게 선택할 수 있도록 지원한다.
	4. 나는 유아가 디지털 매체를 활용하여 콘텐츠를 직접 만들어 볼 수 있도록 지원한다.(예: 스톱모션 이용하여 동화 만들기, 우리반 체조 영상 만들기 등)
	5. 나는 디지털 놀이 과정에서 유아가 또래와 협력할 수 있는 기회를 제공한다.
	6. 나는 유아가 디지털 놀이 과정에서 다양한 도전을 통해 성공과 실패를 경험할 수 있도록 격려한다.(예: 동영상, 파노라마, 슬로 모션 등을 활용하여 원하는 장면을 담아보기, 티처블머신 등을 이용하여 인공지능 학습시켜보기 등)
	7. 나는 유아가 디지털 놀이 과정에 필요한 규칙을 정할 수 있도록 지원한다.

하위 내용	문항
유아중심 디지털 놀이	8. 나는 디지털 놀이 과정에서 유아가 컴퓨팅 사고력을 발휘하여 문제를 해결해 보는 경험을 할 수 있도록 지원한다.
	9. 나는 디지털 놀이를 통해 유아의 배움이 확장되고 깊어질 수 있도록 상호작용(예: 함께 놀이하며 질문하기, 제안하기 등)한다.
디지털 환경 조성	10. 나는 디지털 매체 특성에 따라 개별적으로 또는 협동하여 놀이할 수 있도록 공간을 구성한다.
	11. 나는 유아교육기관 내의 여러 공간에서 이루어지는 놀이의 내용을 고려하여 적절한 디지털 매체를 배치한다.
	12. 나는 유아가 디지털 매체 사용 후 쉽게 정리할 수 있도록 구성한다.
	13. 나는 놀이 중에 디지털 기기에 기술적인 문제가 생겼을 경우 스스로 방법을 찾아서 해결하려고 노력한다.(예: 미러링이 안 될 경우 wifi 상태 확인하기, 블루투스 연결이 안 되는 경우 기기 상태 확인하여 연결하기 등)
디지털 시민성	14. 나는 유아가 디지털 콘텐츠 중에 자신에게 적절하지 않거나 해가 될 수 있는 것도 있음을 알고 구별할 수 있도록 지도한다.
	15. 나는 디지털 놀이에서 유아가 안전하지 않거나 불편함을 느낄 때 도움을 요청할 수 있도록 지도한다.(예: 적절하지 않은 내용의 광고나 영상이 나왔을 때 교사에게 도움 요청하기 등)
	16. 나는 유아들의 놀이 내용을 공유하기 위해 디지털 플랫폼이나 SNS 등에 올릴 때 공개범위를 설정하여 유아의 정보를 보호한다.(예: 유아들과 만든 영상을 유튜브에 올릴 때 비공개로 설정, 패들렛에 유아들의 놀이 기록을 남길 때 비공개로 설정 등)
	17. 나는 놀이 지원을 위해 다른 사람들이 제작한 콘텐츠나 웹상의 자료를 사용할 때 저작권을 지키며 콘텐츠를 활용한다.(예: 영상 자료를 활용할 때 출처 밝히기, 폰트 무단 사용하지 않기 등)
	18. 나는 디지털 놀이에서 유아가 자신과 타인의 권리를 존중하며 놀이할 수 있도록 지도한다.(예: 온라인에 사진이나 영상을 공유할 때 자신의 개인 정보를 함부로 올리지 않기, 사진 찍을 때 다른 친구를 찍어도 되는지 물어보기 등)
	19. 나는 유아가 다른 사람에 의해 만들어진 콘텐츠나 친구들의 놀이 기록은 제작한 사람들의 소중한 재산이라는 것을 인식하도록 지도한다.

4) 디지털 활용교육의 교사 대상 평가

앞서 학습한 유아 디지털 활용교육의 목적과 내용, 교수·학습방법을 토대로 디지털 활용교육 이후, 교사 대상 평가 항목을 정리해 보면 다음과 같다. 아래 평가 항목은 **실제편 9장**의 교과 활동 및 놀이 지원을 평가할 때, 교사 평가의 항목으로 활용할 수 있다.

(1) 교과 활동 평가

실제편 9장의 '디지털 활용 교과 융합 교육', 놀이중심의 디지털 활용교육 중 '놀이 지원 교과 활동'의 교사 평가 항목으로 활용할 수 있다.

✦ 표 7-7 교과 활동 시 교사 평가 항목

구분	문항
디지털 활용교육 계획 측면	• 나는 유아 발달에 적합한 디지털 기술을 선택하였는가? • 나는 교육 목적에 적합한 디지털 기술을 선택하였는가? • 디지털 기술에 유아가 호기심을 보이도록 적절한 결과물을 계획하였는가? • 유아에게 필요한 디지털 활용 기능이나 방법을 검토하였는가? • 유아가 알아야 할 디지털 기술의 윤리적 측면을 검토하였는가? • 유아가 창의적으로 활용할 수 있는 off-line 확장활동을 계획하였는가?
디지털 활용교육 운영 측면	• 나는 도입단계에서 유아가 디지털 기술 활용에 호기심 가지도록 하였는가? • 나는 전개단계에서 유아가 디지털 기술 활용의 목적을 이해하도록 하였는가? • 나는 전개단계에서 유아가 디지털 기술 조작의 인과관계를 이해하도록 하였는가? • 나는 전개단계에서 유아가 디지털 기술을 직접 조작해 보도록 기회를 주었는가? • 나는 마무리단계에서 유아가 디지털 기술을 off-line 활동과 연계해 창의적으로 활용할 기회를 주었는가?
디지털 활용교육 성과 측면	• 나의 교육을 통해 유아는 디지털 기술의 활용목적과 기능에 대해 이해하였는가? • 나의 교육을 통해 유아는 디지털 기술 활용방법을 이해하였는가? • 나의 교육을 통해 유아는 디지털 기술의 양면성을 이해하였는가? • 나의 교육을 통해 유아는 호기심에 기초한 탐구활동을 통해 디지털 기술을 활용하였는가? • 나의 교육을 통해 유아는 목적 달성 이후에는 디지털 활용을 그만하였는가? • 나의 교육을 통해 유아는 디지털 기술을 off-line 활동과 연계해 창의적으로 활용하였는가? • 나의 교육을 통해 유아는 디지털 기술을 목적에 따라 주도적으로 활용하였는가? • 나의 교육을 통해 유아는 디지털 기술 활용에 자신감을 가졌는가? • 나의 교육을 통해 유아는 디지털 기술 활용에 대한 윤리의식을 길렀는가?

(2) 놀이 지원 평가

실제편 9장의 놀이중심의 디지털 활용교육 중 '자유놀이 지원'의 교사 평가 항목으로 활용할 수 있다.

✦ 표 7-8 자유놀이 지원 시 교사 평가 항목

구분	문항
계획 측면	• 나는 유아 놀이에 적합한 디지털 기술을 선택하였는가? • 나는 유아 발달에 적합한 디지털 기술을 선택하였는가? • 디지털 기술에 유아가 호기심을 보이도록 적절한 결과물을 계획하였는가? • 유아에게 필요한 디지털 활용 기능이나 방법을 검토하였는가? • 유아가 알아야 할 디지털 기술의 윤리적 측면을 검토하였는가? • 유아가 창의적으로 활용할 수 있는 off-line 확장활동을 계획하였는가?
지원 측면	• 나는 놀이와 관련하여 유아가 디지털 기술 활용에 호기심 가지도록 하였는가? • 나는 놀이와 관련하여 유아가 디지털 기술 활용의 목적을 이해하도록 하였는가? • 나는 유아가 디지털 기술 조작의 인과관계를 이해하도록 하였는가? • 나는 유아가 디지털 기술을 직접 조작해 보도록 기회를 주었는가? • 나는 유아가 디지털 기술을 off-line 활동과 연계해 창의적으로 활용할 기회를 주었는가?
성과 측면	• 나의 지원을 통해 유아의 놀이가 보다 확장되고 풍부해졌는가? • 나의 지원을 통해 유아는 디지털 기술의 활용 목적과 기능에 대해 이해하였는가? • 나의 지원을 통해 유아는 디지털 기술 활용방법을 이해하였는가? • 나의 지원을 통해 유아는 디지털 기술의 양면성을 이해하였는가? • 나의 지원을 통해 유아는 호기심에 기초한 탐구활동을 통해 디지털 기술을 활용하였는가? • 나의 지원을 통해 유아는 목적 달성 이후에는 디지털 활용을 그만하였는가? • 나의 지원을 통해 유아는 디지털 기술을 off-line 활동과 연계해 창의적으로 활용하였는가? • 나의 지원을 통해 유아는 디지털 기술을 목적에 따라 주도적으로 활용하였는가? • 나의 지원을 통해 유아는 디지털 기술 활용에 자신감을 가졌는가? • 나의 지원을 통해 유아는 디지털 기술 활용에 대한 윤리의식을 길렀는가?

수업 후 실습

검사도구의 평가 항목 중 수정 보완이 필요한 것이 있다면 무엇일지 생각해 보세요.

실제편

실제편에서는 이론편의 전반적인 내용에 기초하여 실제 교육현장에서의 교육 실행에 도움이 되도록 구성하였다. 8장은 유아 대상 디지털 매체를 하드웨어와 소프트웨어로 구분하여 매체의 특성, 활용방법 및 유아 대상 활용 시 유의점을 제시하였다. 9장은 디지털 활용 교과 융합 교육의 실제와 놀이중심 디지털 활용교육의 실제를 제시하였다. 이를 통해 이론편에서 학습한 내용이 어떻게 실제 교육으로 이어질 수 있는지 이해하고, 실천력을 증진하게 될 것이다.

CHAPTER

8

유아 대상 디지털 매체의 유형

수업 전 실습

유아 대상으로 활용할 수 있는 디지털 매체는 무엇이 있는지 생각해 보세요.

1. 디지털 하드웨어

디지털 하드웨어는 디지털 신호를 이용하는 물리적 매체로 유아 대상 많이 활용하는 것으로는 스마트폰, 태블릿PC, AI 로봇, 전자칠판, VRVirtual Reality 기기, ARAugmented Reality 기기, AI 스피커, 디지털 현미경, 미니 빔 등이 있다. 각각에 대한 특성과 유아 대상 유의점, 활용방법을 양수영과 김정숙(2023)에 기초하여 살펴보면 다음과 같다. 다만, 활용방법에 있어서는 대체로 디지털 소프트웨어를 함께 활용하지만, 디지털 매체를 처음 접하는 유아를 고려하여 하드웨어 자체에 내장된 시스템 소프트웨어를 활용하는 방법도 살펴보고자 한다.

1) 스마트폰

스마트폰은 휴대전화에 컴퓨터 지원 기능을 추가한 지능형 모바일 장치로, 소형 컴퓨터라고 할 수 있다. 사용자가 원하는 다양한 디지털 소프트웨어(예: 애플리케이션 등)를 설치하여 하나의 기기로 다양한 서비스를 이용할 수 있다. 또한 터치스크린 방식으로 프로그램 실행이 가능하여 유아가 사용하기에도 어렵지 않다. 다만, 고가의 가격으로 인해 유아의 자유로운 사용에는 한계가 있어 주로 가정에서 영상 시청 등의 소극적 방식으로 많이 활용되고 있다.

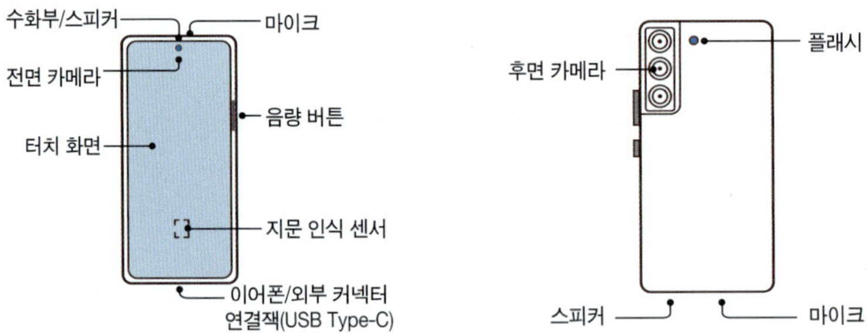

그림 8-1 ✦ 스마트폰 구조

(1) 스마트폰 특성

- 노트북 및 데스크톱 PC보다 크기가 작아 이동성과 휴대성이 매우 높다.
- 키보드나 마우스 등 부가적인 입력장치 없이 터치만으로도 다룰 수 있어 편리하다.
- AI 스피커, AI 로봇, 디지털 현미경 등 다양한 디지털 하드웨어를 연결하여 폭넓게 활용할 수 있다.

(2) 유아 대상 스마트폰 활용 시 유의점

- 고가의 가격으로 인해 기관에서 유아의 자유로운 활용이 어려워 적절한 디지털 활용 교육을 실천하기에는 부적합하다. 따라서 가정에서 적절한 중재 노력이 필요하다.
- 화면의 크기가 작아 화면을 공유하며 유아가 또래나 성인과 상호작용하기에는 부적합하다. 따라서 미러링 방법을 활용해 화면을 공유하도록 할 수 있다.
- 유아가 다루기에는 무게가 무거워, 기기를 떨어뜨려 다치지 않도록 사용주의가 필요하다. 거치대를 활용하면 예방할 수 있다.
- 활용 시 눈을 화면에 가까이하거나 목과 등을 구부리는 등 잘못된 자세를 취하기 쉬워 거치대를 사용하도록 하는 것이 필요하다.
- 주主 사용자가 성인이었기 때문에 유아에게 제공하기 전, 유해한 콘텐츠가 없는지 사전 점검이 필요하다.

(3) 유아 대상 스마트폰 활용방법

① 내장된 소프트웨어를 활용한 활동

유아는 스마트폰에 내장된 카메라를 활용한 사진 및 동영상 촬영이 가능하며, 마이크나 스피커를 활용한 음성 녹음 및 청취가 가능하다. 이를 활용하여 활동의 결과물을 기록해 또래와 함께 살펴보면서 의사소통의 기회를 제공할 수 있다. 또한 인터넷 연결이 가능한 경우 구글, 네이버 등에 접속하여 궁금한 것에 대해 정보를 수집하는 활동도 가능하다.

네이버의 '스마트렌즈' 기능과 연계된 활용

출처: https://blog.naver.com/naver_search/222294674884

그림 8-2 ✦ 스마트폰 활용

② **교육용 애플리케이션 활용**

디지털 소프트웨어인 다양한 교육용 애플리케이션을 스마트폰에 다운받아 활용할 수 있다.

2) 태블릿PC

태블릿PC는 스마트폰보다 큰 터치스크린 방식의 휴대용 PC로, 손가락 또는 전자펜을 이용하여 프로그램 실행이 가능한 스마트패드를 말한다. 문자를 활용한 키보드 사용이나 미세한 소근육 조작이 요구되는 마우스 사용이 필요하지 않고, 화면이 커서 유아교육기관에서 많이 활용되는 디지털 매체이다.

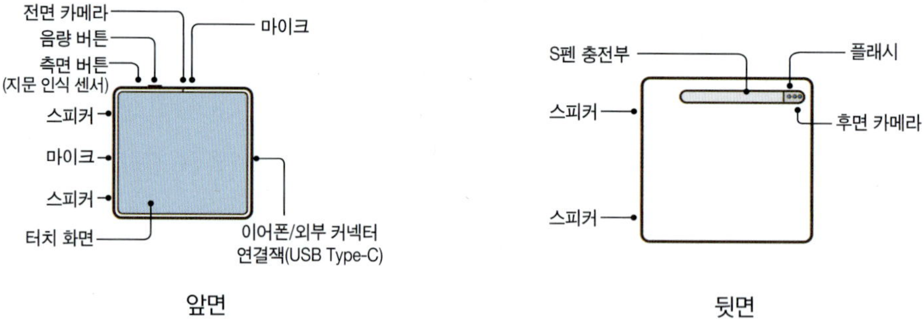

그림 8-3 ✦ 태블릿PC 구조

(1) 태블릿PC 특성

- 노트북 및 데스크톱 PC보다 가벼워 이동성과 휴대성이 높다.
- 스마트폰보다 화면 크기가 커서 또래와 함께 소그룹 활동이 가능하다.
- 키보드나 마우스 없이 터치만으로도 조작할 수 있어 편리하다.
- 내장된 펜을 사용하여 글쓰기를 하거나 그림을 그릴 수 있다.

(2) 유아 대상 태블릿PC 활용 시 유의점

- 유아가 다루기에는 무겁기 때문에, 기기를 떨어뜨려 다치지 않도록 사용에 주의가 필요하다. 거치대를 사용하여 예방할 수 있다.
- 활용 시, 눈을 화면에 가까이 하거나 목과 등을 구부리는 등 잘못된 자세를 취하기 쉬우므로, 거치대를 사용하도록 하는 것이 필요하다.
- 유아에게 제공하기 전에 유해한 콘텐츠가 없는지 사전 점검이 필요하다.

(3) 유아 대상 태블릿PC 활용방법

① 내장된 소프트웨어를 활용한 개별 또는 소그룹 활동

유아는 또래와 함께 태블릿PC에 내장된 카메라를 활용한 사진 및 동영상 촬영이 가능하며, 마이크나 스피커를 활용한 음성 녹음 및 청취가 가능하다. 이를 활용하여 활동의 결과물을 기록해 또래와 함께 살펴보면서 협력적 의사소통도 할 수 있다. 기기가 완전히 충전된 상태라면 실내·외 어디든 자유롭게 휴대하여 사용 가능하며, 필요 시 내장된 펜을 활용할 수 있다. 또한 인터넷 연결이 가능한 경우 구글, 네이버 등에 접속하여 궁금한 것에 대해 정보를 수집하는 활동도 가능하다.

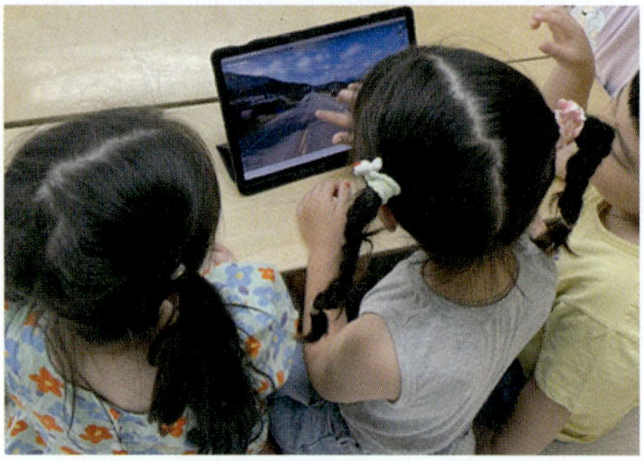

자체 소프트웨어를 활용한 또래 활동

실내 · 외 자유로운 이동 가능

그림 8-4 ✦ 태블릿PC 활용

② **교육용 애플리케이션 활용**

디지털 소프트웨어인 다양한 교육용 애플리케이션을 태블릿PC에 다운받아 활용할 수 있다.

3) AI 로봇

AI 로봇은 기존 로봇과는 다르게 외부환경을 인식하고, 스스로 상황을 판단하여 자율적으로 동작을 움직일 수 있는 기능이 추가된 지능형 로봇을 말한다. AI 로봇은 대화하기, 춤추기, 노래 부르기, 사물 인식 등 다양한 기능이 탑재되어 있어 유아에게 새로운 재미와 흥미를 제공할 수 있다. 특히 알파미니 로봇의 경우에는 100여 가지의 눈동자 변화를 통한 감정 표현이 가능하여 유아들과 정서적 교감이 가능하다.

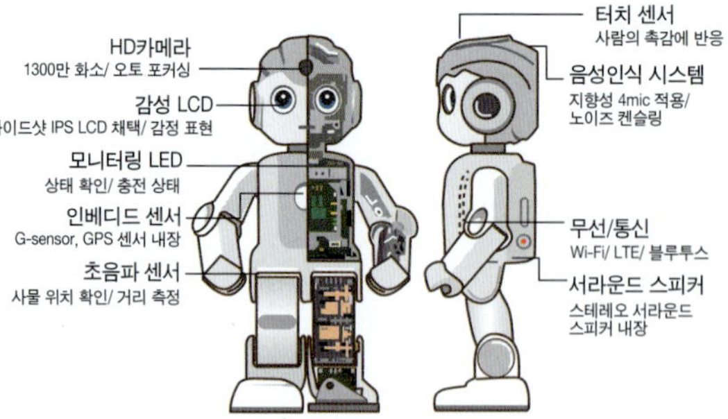

그림 8-5 ✦ AI 로봇(알파미니) 구조

(1) AI 로봇(알파미니) 특성

- 눈동자의 변화를 통해 다양한 감정 표현이 가능하다.
- 춤추기, 요가하기 등 다양한 동작 표현이 가능하다.
- 무게가 가볍고 크기가 작아 휴대가 가능하다.
- 카메라를 통해 주변 사람과 다양한 물체 인식이 가능하다.

(2) 유아 대상 AI 로봇(알파미니) 활용 시 유의점

- 로봇의 제한된 감정 표현과 동작 표현 등의 표현방식을 유아가 모방할 우려가 있다. 따라서 로봇의 표현에 기초하여 다양한 표현을 창의적으로 생각해 보도록 해야 한다.
- 로봇의 무게가 가벼워 잘 넘어져 사용에 유의가 필요하며, 평평한 바닥에 놓는 것이 좋다.
- 로봇을 친구로 여겨 또래와의 상호작용보다 선호할 가능성이 있으므로 활용목적을 정해 제한적으로 활용하도록 하는 교육이 필요하다.

(3) 유아 대상 AI 로봇(알파미니) 활용방법

① 정서적 교감 활동

'알파미니 로봇Alphamini Robot' 애플리케이션을 다운받아 애플리케이션에 유아들의 사진과 이름을 등록하면, 로봇에 내장된 카메라가 등록된 유아의 얼굴을 인식하여 유아와

앱에 등록된 사람과 인사 나누기

눈동자 변화 기능을 활용한 다양한 감정 표현

출처: https://m.post.naver.com/viewer/postView.naver?volumeNo=27611826&memberNo=17316762

그림 8-6 ✦ AI 로봇(알파미니) 활용

인사하기, 대화 나누기 등이 가능하다. AI 로봇(알파미니) 머리 위쪽에는 터치 센서가 있어 머리를 쓰다듬을 경우, 눈동자 모양을 다양하게 변화시켜 감정을 표현하고 이를 통해 유아와 정서적 교감 활동을 할 수 있다.

② 애플리케이션을 활용한 다양한 활동

'알파미니 로봇Alphamini Robot' 애플리케이션을 다운받으면 동작 표현하기, 동화 듣기, 음악 감상, 궁금한 것 질문하기 등의 다양한 기능을 활용할 수 있다.

춤추기, 운동하기 등 다양한 동작 표현

날씨 묻기, 수수께끼 놀이하기 등 다양한 활용

출처: https://mediahub.seoul.go.kr/archives/2002304

그림 8-7 ✦ 관련 애플리케이션 활용

4) 전자칠판

전자칠판은 실시간 상호작용이 가능한 대화형 스마트 칠판으로, 손(손가락)이나 전용 펜을 사용하여 화면을 직접 조작하거나 스마트폰, 태블릿PC 등을 연결하여 다양한 프로그램을 불러와 실행할 수 있다. 특히 유아 대상의 수업 및 놀이에 활용할 경우, 전자칠판의 큰 화면을 활용하여 자료를 함께 보거나 여러 명이 함께 사용하는 등의 협동 놀이가 가능하다.

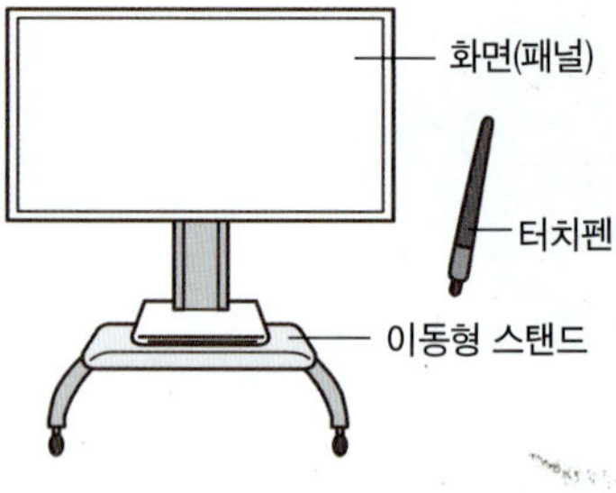

그림 8-8 ✦ 전자칠판 구조

(1) 전자칠판 특성

- 여러 명이 화면을 공유하여 활동할 수 있다.
- 원격교육 등 대집단 비대면 쌍방향 상호작용이 가능하다.
- 손(손가락) 또는 전용 펜을 화면에 바로 대고 글을 쓰거나 그림을 그리는 등 자유로운 조작이 가능하다.

(2) 유아 대상 전자칠판 활용 시 유의점

- 크기가 크고 무거워 이동이 어렵다. 따라서 이동이 필요한 경우 교사에게 도움을 요청하도록 해야 한다.
- 유아들이 전자칠판을 응시하며 놀이하는 경우, 주변 안전을 살피지 못할 우려가 있다. 따라서 항상 주변에 위험 요소가 없는지 확인하도록 해야 한다.
- 큰 화면을 눈 가까이에서 활용하게 되어 시각발달에 부정적 영향을 미칠 수 있다. 따라서 오랜 시간 활용하지 않도록 활용목적에 따른 규칙을 정해야 한다.

(3) 유아 대상 전자칠판 활용방법

① 대 · 소집단 활동 매체로 활용

놀이주제에 관한 사진, 그림, 영상, 콘텐츠 등을 공유하여 함께 살펴볼 수 있고, 확대 및 축소 기능을 활용하여 관찰하거나 판서 기능을 활용하여 중요 내용을 기록할 수 있다.

그림 8-9 ✦ 전자칠판을 활용한 집단 활동

② **협동 놀이에 활용**

그림판 등을 활용하여 손(손가락) 또는 전용 펜으로 유아들이 함께 그림을 그리거나 놀이 사진, 그림 자료 등을 화면에 띄우고 그 위에 글을 쓰거나 그림을 추가로 그리는 등 협동 놀이가 가능하다.

또래와 함께 그림 그리기

또래와 함께 글자 쓰기

그림 8-10 ✦ 전자칠판을 활용한 협동 놀이

5) VRVirtual Reality 기기

가상현실Virtual Reality은 첨단 기술을 활용하여 실제가 아닌 실제와 유사한 환경이나 상황을 만들어내는 기술을 의미한다. 가상현실은 실제에 근접한 시·공간적 체험이 가능하고 시각, 촉각, 후각 등 3차원적 감각을 자극하여 현실과 상상의 경계를 자유롭게 넘나들 수 있다. VR 기기는 이러한 가상현실에 실재감을 느끼며 몰입하도록 돕는 장치이다.

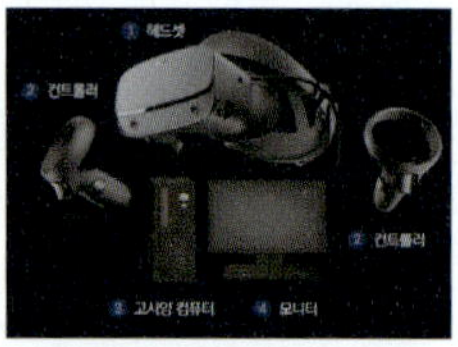

PC형 VR 기기

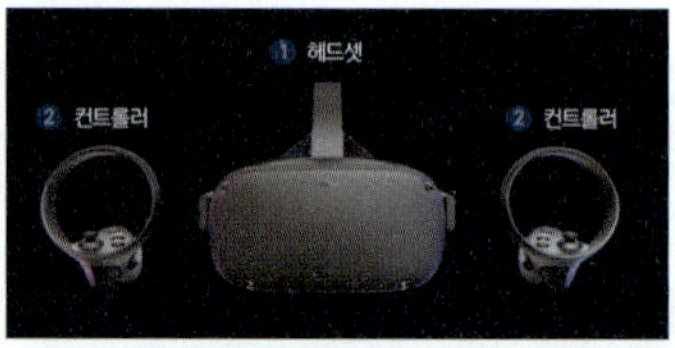

독립형 VR 기기

출처: http://peligood.com/products/sub02_01

구글 VR 카드보드(조립방법에 따라 완성한 후 스마트폰에 VR 애플리케이션을 다운받거나 유튜브 VR 영상을 실행하여 활용)

출처: https://cm.asiae.co.kr/article/2015052907000590303

그림 8-11 ✦ 다양한 VR 기기

(1) VR 기기 특성

- 크기가 작아 이동성과 휴대성이 높다.
- 개별활동에 적합하다.
- 구글 VR 카드보드의 경우, 저렴하며 가볍고 조작이 쉬워 유아가 사용하기 편리하다.

(2) 유아 대상 VR 기기 활용 시 유의점

- 장시간 활용할 경우 사이버 멀미 증상으로 구토, 어지러움 등이 나타날 수 있다. 따라서 활용 목적에 따른 규칙을 정해 오랜 시간 활용하지 않도록 해야 한다.
- 유아들의 경우 무게로 인해, 목이 아프다고 호소하는 경우가 있다. 따라서 가급적 VR 카드보드 같은 가벼운 것을 활용하고 오랜 시간 활용하지 않도록 활용 규칙을 정해야 한다.
- 활동 시 실제 주변을 인지하기 어려워 안전에 위험할 수 있다. 따라서 활동 전 안전 공간을 확보해야 한다.

(3) 유아 대상 VR 기기 활용방법

① 다양한 공간의 가상 체험 활동

VR 기기를 쓰고 직접 방문하기 어려운 다양한 공간의 가상 체험이 가능하다. 예를 들어, VR 모션 플랫폼 중 하나인 '구글 아트 앤 컬처'를 활용해 전 세계 미술관 투어를 하거나 주요 명소에 설치된 VR 모션 플랫폼과 연결하여 VR 현장학습 등이 가능하다.

구글 아트 앤 컬처 VR 미술관 투어

출처: https://artsandculture.google.com/story/kwXRxCiEJquQYg?hl=ko

VR 플랫폼 연계 박물관 투어

출처: https://www.museumfuernaturkunde.berlin/en/wertschopfung-der-digitalen-welt

그림 8-12 ✦ VR 활용한 가상 체험

② 가상 콘텐츠를 활용한 블렌디드 활동

교통안전교육, 재난안전교육 등과 관련된 가상의 교육 콘텐츠를 활용해 가상의 상황에 몰입하여 직접 적절한 행동을 취해 보는 등 블렌디드 활동이 가능하다.

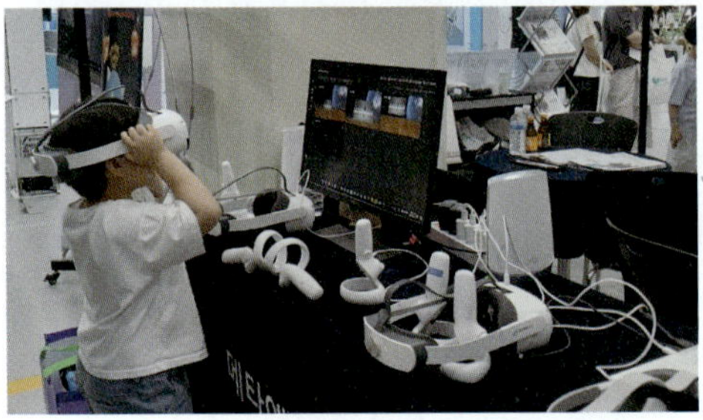

PC형 VR 기기를 활용한 재난 대피 훈련

독립형 VR 기기를 활용한 안전교육

그림 8-13 ✦ VR 활용한 블렌디드 활동

6) AR Augmented Reality 기기

증강현실 Augmented Reality은 실제 환경에 가상의 사물이나 정보를 합성하여 마치 실제 존재하는 것처럼 보이도록 하는 그래픽 기법이다. AR 체험을 위한 대표적 하드웨어인 머지큐브 Merge Cube는 스마트폰이나 태블릿PC에 내장된 카메라를 사용하여 AR을 체험할 수 있도록 하며, 디지털 표식이 있는 정육면체의 전개도 형태로 된 것을 조립하여 활용한다. 이외에도 AR 체험이 가능한 특수종이로 된 그림책이나 그림 도안으로도 활용이 가능하다.

머지큐브 형태

출처: https://www.venturesquare.net/752376

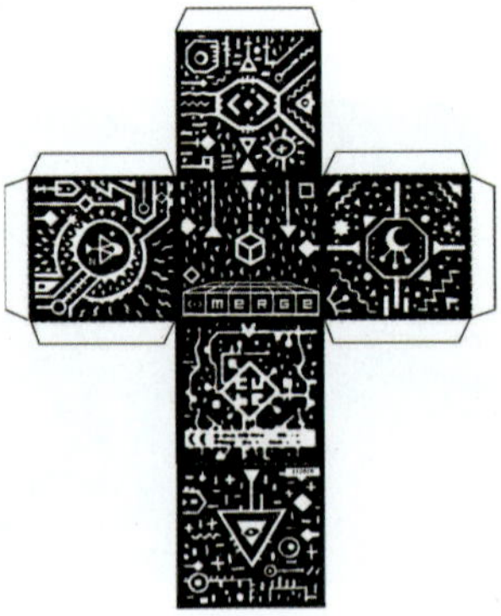

머지큐브 전개도

출처: https://portaileduc.net/website/merge-cube/

그림 8-14 ✦ AR 매체인 머지큐브

(1) AR 기기(머지큐브) 특성

- 머지큐브 전개도와 'merge object viewer', 'merge explorer' 애플리케이션을 다운받으면 누구나 쉽게 사용할 수 있다.
- 'Thinkercad' 사이트를 이용하면 사용자가 직접 만든 물체도 함께 관찰해 볼 수 있다.

(2) 유아 대상 AR 기기(머지큐브) 활용 시 유의점

- 머지큐브와 애플리케이션을 동시에 조작해야 하므로 조작의 어려움이 있을 수 있다. 따라서 교사나 어른의 지원이 필요하다.
- 유아 인지발달 특성상 실제와 가상의 구분이 어려울 수 있다. 이후 실제와 가상 정보를 구분할 수 있도록 교육하는 것이 필요하다.
- 가상의 물체에 집중할 경우, 실제 환경에 대한 인식이 어려워 안전에 둔감할 수 있다. 따라서 주변 환경이 안전한지 살피도록 해야 한다.

(3) 유아 대상 AR 기기(머지큐브) 활용방법

① 머지큐브 지원 애플리케이션을 활용한 AR 관찰

'merge object viewer', 'merge explorer' 애플리케이션을 다운받으면 업로드된 다양한 주제의 물체를 관찰할 수 있다.

그림 8-15 ✦ AR 활용

출처: https://portaileduc.net/website/merge-cube/mergecube-tommy3/

② **직접 만든 물체의 AR 관찰**

직접 물체를 만들어 AR 관찰을 하고자 할 때는 'Tinkercad' 사이트http://www.tinkercad.com에서 3D 물체를 제작하여 활용할 수 있다. 하지만 유아 스스로 실행하기에는 어려워 교사나 어른의 도움이 필요하다.

7) AIArtificial Intelligence 스피커

AI 스피커는 인공지능 플랫폼과 사용자를 매개하는 기기로 인공지능 플랫폼이란, 클라우드 기반의 음성인식, 시각인식, 자연어 처리, 추천 등의 기술을 포함한다. 따라서 스피커로 전달된 사용자의 명령을 인식하고, 인공지능 플랫폼이 그 의미를 분석해 명령에 해당하는 기능을 수행해 결과를 소리로 출력한다.

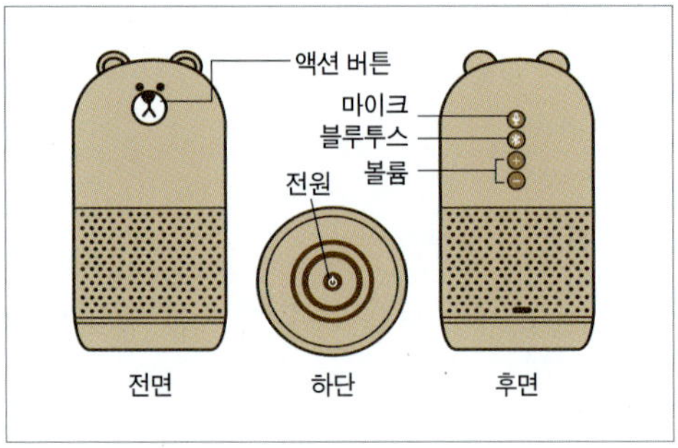

AI 스피커 구조(예: 클로바 AI 스피커)

다양한 AI 스피커

출처: https://jesk.or.kr/archive/detail/169?is_paper=

그림 8-16 ✦ AI 스피커 구조와 종류

(1) AI 스피커 특성

- 장소에 구애받지 않고, 간편하게 휴대가 가능하다.
- 유아가 궁금한 점이 있을 때 질문에 대한 답을 즉각적으로 얻을 수 있다.
- 컴퓨터의 경우에는 정보를 검색할 때, 글자를 타이핑해야 하는 어려움이 있지만, 말로 질문을 할 수 있어서 유아들이 사용하기에 어려움이 없는 편이다.

(2) 유아 대상 AI 스피커 활용 시 유의점

- 유아의 발달을 고려하지 못하여 유아가 이해하기 어려운 답을 할 수 있다. 따라서 다양한 경로로 궁금증의 답을 찾도록 해야 한다.
- 유아의 발음이 부정확하고 비문일 경우, 음성을 잘 인식하지 못하여 좌절감을 줄 수 있다. AI 스피커의 한계점을 알려주어 좌절감을 갖지 않도록 해야 한다.
- 유아의 상상력이나 창의적 질문에 적절한 답을 하지 못할 수 있다. AI 스피커에게 적절한 질문이 무엇인지 생각해 보도록 할 수 있다.

(3) 유아 대상 AI 스피커 활용방법

① 궁금한 점에 대한 정보 수집 활동

궁금한 것을 음성으로 질문하여 날씨, 시간과 같은 생활 정보 등을 수집할 수 있다. 예를 들어 유아가 일과 중 또는 실외활동을 하기 전, 미세먼지와 관련하여 질문하고 이에 대한 정보를 얻을 수 있다.

그림 8-17 ✦ AI 스피커를 활용한 정보 수집

출처: https://m.11st.co.kr/products/m/2593198449?prdNo=2593198449&trTypeCd=25

② 놀이주제와 관련한 상호작용 활동

유아는 놀이주제와 관련하여 자신의 생각이나 경험, 요구 등을 AI 스피커에 말하며 상호작용을 할 수 있다. 예를 들어 언어영역에서 책을 읽으며 AI 스피커와 책의 내용에 대해 대화할 수 있으며, 역할영역에서 AI 스피커에게 역할을 부여하고 상황에 맞는 대화를 나누며 놀이할 수 있다.

책을 읽으며 AI 스피커와 대화하기

AI 스피커와 역할놀이하기

그림 8-18 ✦ AI 스피커를 활용한 놀이 상호작용

③ 음악 및 동화 감상 활동

AI 스피커를 활용해 원하는 노래를 듣거나 동화를 들을 수 있다.

AI 스피커를 활용한 음악감상

AI 스피커를 활용한 동화 듣기

그림 8-19 ✦ AI 스피커를 활용한 감상 활동

8) 디지털 현미경

디지털 현미경은 접안렌즈가 아닌 디지털 카메라를 활용한 것으로 일반 현미경보다 크기가 작고, 휴대가 용이하게 제작되었다. 태블릿PC, 스마트폰에 연결하면 대상을 확대하거나 사진 및 동영상으로 기록을 남길 수 있어 과학 탐구 활동 등에 활용이 가능하다.

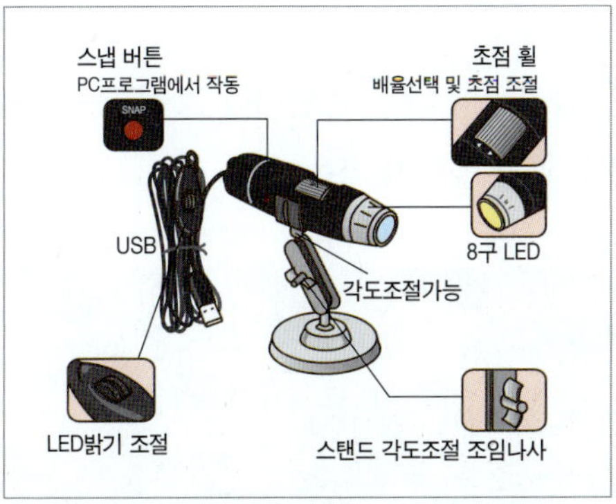

디지털 현미경 구조

디지털 현미경 사용 예시

그림 8-20 ✦ 디지털 현미경 구조와 사용 예시

(1) 디지털 현미경 특성

- 휴대가 가능하고, 조작방법이 간단하여 관찰하기 용이하다.
- 스마트폰이나 태블릿PC에 연결하여 관찰 결과의 확인이 가능하다.

(2) 유아 대상 디지털 현미경 활용 시 유의점

- 유아 소근육 발달이 아직 미성숙하여 초점 배율 조정에 어려움이 있을 수 있다. 따라서 교사와 성인의 도움이 필요하다.
- 관찰에 대한 즉각적 결과 확인이 어려운 경우, 관찰능력을 기르기에는 한계가 있다. 따라서 결과를 바로 확인할 수 있도록 스마트폰이나 태블릿PC를 함께 활용하도록 해야 한다.
- 이동 시에는 스마트폰이나 태블릿PC를 함께 가지고 다녀야 하기 때문에 자유로운 이동과 관찰이 어렵다. 따라서 정해진 장소에서 활용하도록 하는 것이 적절하다.

(3) 유아 대상 디지털 현미경 활용방법

① 대 · 소집단 관찰 탐구 활동

집단활동 시 컴퓨터 또는 전자칠판과 연결하여 크기가 작은 실물(예: 벌레, 나뭇잎, 섬유, 머리카락 등)에 대한 관찰 및 탐구 활동에 활용할 수 있다.

② **실내외 환경에서 다양한 관찰 놀이**

휴대가 편리하여 장소에 구애받지 않고, 실외에서 나무 표면이나 모래 등을 관찰하거나 실내에서 물체 확대 보기 등으로 자유로운 관찰 놀이가 가능하다.

디지털 현미경을 활용한 집단 관찰

디지털 현미경을 활용한 관찰 놀이

그림 8-21 ✦ 디지털 현미경 활용

9) 미니 빔

미니 빔은 빔프로젝터와 같은 기능이지만, 빔프로젝터보다 가격이 훨씬 저렴하고 크기가 매우 작아 휴대가 가능하여 보다 자유로운 활용이 가능하다. 태블릿PC, 스마트폰 등과 연결하여 활용할 수 있다.

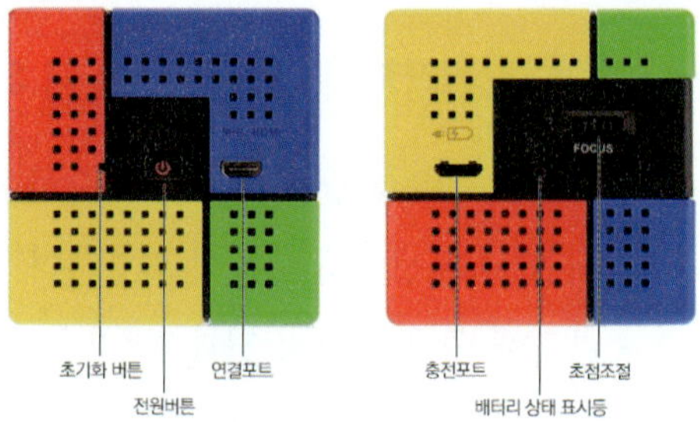

그림 8-22 ✦ 미니 빔 구조

(1) 미니 빔 특성

- 빔프로젝터보다 크기가 작고 가벼워 유아도 직접 자유로운 활용이 가능하다.
- 미니 빔의 빛을 활용하여 그림자놀이, 셀로판지로 배경색 바꾸기 등이 가능하다.

(2) 유아 대상 미니 빔 활용 시 유의점

- 환경이 어두울수록 선명한 화면을 볼 수 있지만, 유아의 경우 어두운 환경에서 위험할 수 있다. 따라서 적절한 조명 밝기를 고려해야 한다.

- 빔이 작아 잘 넘어지는 경우가 있어 위험할 수 있다. 따라서 빔 거치대를 활용할 수 있다.
- 빔 뒤쪽으로 뜨거운 열이 방출되어 안전에 유의가 필요하다.

(3) 유아 대상 미니 빔 활용방법

① 그림자놀이에 활용

빔에서 나오는 빛을 활용해 신체나 사물을 활용하여 그림자 놀이가 가능하다.

그림 8-23 ✦ 미니 빔의 빛을 활용한 그림자놀이

② 다양한 영상 시청

놀이주제에 맞는 애니메이션이나 동영상을 시청할 수 있다.

그림 8-24 ✦ 미니 빔으로 영상 시청

③ **애플리케이션 활용한 대집단 신체 활동**

다양한 애플리케이션을 활용해 대집단 신체 활동에 활용할 수 있다.

그림 8-25 ✦ 교육용 애플리케이션을 투사하여 대집단 신체 활동에 활용

2. 디지털 소프트웨어

디지털 소프트웨어는 하드웨어에서 처리되는 디지털 프로그램과 데이터를 의미한다. 대표적으로 디지털 기기에 내장된 시스템 소프트웨어와 응용 소프트웨어인 교육용 웹사이트(웹 애플리케이션)와 애플리케이션이 있다.

1) 시스템 소프트웨어

디지털 기기에 내장된 시스템 소프트웨어는 카메라, 측정, 스톱워치, 타임랩스, 슬로모션 등의 기능 활용과 관련된다. 이러한 기능을 활용하면, 다양한 방법으로 관찰 및 탐색이 가능하여 유아의 수 · 과학 활동을 풍부하게 하거나 여러 놀이상황에 다양하게 적용할 수 있다. 또한 네이버https://www.naver.com/나 구글https://www.google.com/의 포털 사이트에 접속하여 스마트(구글) 렌즈 기능, 로드뷰 기능을 카메라와 연계해 활용하면 관련된 인터넷 정보도 수집할 수 있다. 다음은 디지털 기기 중 태블릿PC(스마트폰)의 시스템 소프트웨어를 활용한 교육활동 사례이다.

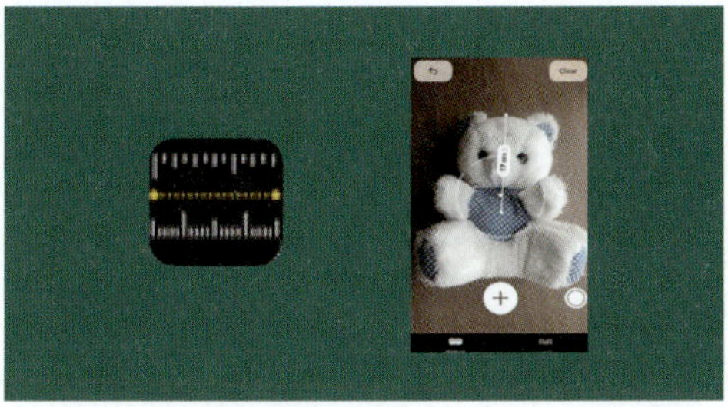

다양한 피사체의 길이 측정 및 수학놀이 연계

타임랩스를 활용한 자연관찰
(예: 거미가 거미줄을 만드는 과정,
달팽이의 움직임 탐색 등)

스톱워치를 활용한 활동
(예: 게임 활동 등)

슬로 모션을 활용한 물체 변화 탐색
(예: 풍선이 터지는 모습, 점프와 같은 찰나의 순간을
기록하여 신체움직임 탐색 등)

스마트렌즈를 활용한 식물 정보 검색

로드뷰를 활용한 우리 주변 탐색

그림 8-26 ✦ 태블릿PC(스마트폰)의 시스템 소프트웨어를 활용한 교육활동 사례

2) 교육용 애플리케이션

교육용 애플리케이션은 ios, 안드로이드 운영체제에 따라 다르게 활용될 수 있다. 운영체제 중 하나에서만 다운로드 가능한 애플리케이션이 있을 수 있고, 둘 다 가능한 것이 있을 수 있다. 또한 주기적인 업데이트로 인하여 디자인, 기능, 구성 등이 달라질 수 있고, 무료에서 유료로 전환되거나 사용이 중단되는 경우도 있다. 그리고 관련 인터넷 사이트 접속 및 실물 교재교구를 구입하여 함께 활용되기도 한다.

다음은 현재 상용되는 교육용 애플리케이션을 '2019 개정 누리과정'의 5개 영역과 관련하여 활용할 수 있는 것을 목록화하였다. 모두 유아의 접근성을 고려하여 무료이며, 조작방법이 어렵지 않아 유아가 직접 사용할 수 있는 것을 선별하였다. 활용 시에는 놀이 주제 등에 따라 구분된 영역에 상관없이 융통성 있게 활용 가능하다.

(1) 신체 운동 · 건강 영역 관련

애플리케이션	화면 예시	설명
와그작 사이언스  	 	• 소화기관의 역할에 대한 이해와 소화 과정 경험 가능 • 상황별 화재 대피 방법 이해와 주어진 미션을 통해 안전한 화재 대피 훈련 경험 가능 • VR 구글 카드보드를 함께 활용하여 생동감 있는 경험 가능
식중독잡GO 	 	• 식중독 예방 3대 요령(손 씻기, 끓여 먹기, 익혀 먹기)에 대해 이해 가능

애플리케이션	화면 예시	설명
첫화면날씨 		• 지역별 날씨, 미세먼지 농도 등 확인 가능 • 전국 날씨 검색 가능 • 기온, 미세먼지 농도, 강수확률 등을 이미지로 제시하여 유아 수준에서 이해 가능
집에서 하는 어린이 운동 		• 이름과 나이, 몸무게, 키 등을 등록하여 맞춤형 운동 가능 • 아바타의 움직임을 따라 운동 가능 • 가족이나 친구와 함께하는 운동 가능
인체는 어떻게 작동하나요? 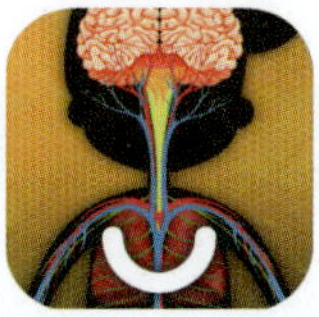	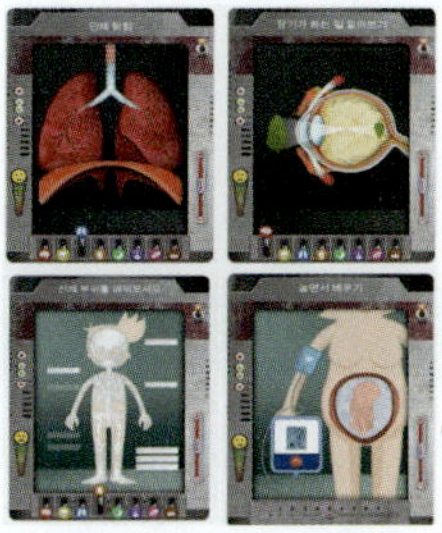	• 어린이를 위한 해부학으로 인체 내부 장기와 근육이 어떻게 작동하는지 이해 가능 • 관찰 및 게임 기능을 통해 순환 · 호흡 · 소화 · 신경 계통 등에 대해 놀이를 통해 이해 가능
냠냠 VR 식품안전체험관 		• 위생과 영양에 대한 이해 가능 • 올바른 식습관 형성을 위한 VR 체험 가능
온라인 안전체험관 		• 미끄러짐, 끼임, 낙상, 추락, 흡입 사고 등 가정 내 다양한 안전사고에 관한 VR 체험 가능 • 원하는 장소 선택 후 안전사고 예방과 관련된 설명 듣기 및 관련 미션 수행 가능

애플리케이션	화면 예시	설명
뽀로로 생활 안전 		• 장소별(집, 공원, 길거리 등) 안전교육 내용을 통해 생활 안전에 대한 이해 가능
로보카폴리 지진 안전 		• 자신의 사진을 등록하여 지진 안전 훈련에 참여 가능 • 바로알기, 대비하기, 행동하기 3단계의 지진 대처 방법 이해 가능

그림 출처: https://play.google.com, https://apps.apple.com/

(2) 의사소통 영역 관련

애플리케이션	화면 예시	설명
북트랩스 		• 구글 계정으로 로그인하여 이용 가능 • 다양한 스티커, 그림, 캐리커처 등을 활용하여 짧은 이야기 짓기 및 동화 제작 가능 • 출력하여 미니 북으로 활용 가능
Storyself 		• 얼굴 인식 기능을 활용하여 동화 속 주인공이 되어 동화 재구성 가능 • 전문 성우가 한국어나 영어로 들려주는 동화 듣기 기능 • 녹음 기능을 활용하여 유아가 직접 녹음하고, 녹음한 동화 듣기 기능 • 다양한 도안과 자유 그림을 활용하여 동화 속 장면 꾸미기 가능 • 동화 장면별 미션 기능이 있어 AI 매체와 상호작용 가능

애플리케이션	화면 예시	설명
동화히어로 AR 동화 	 	• 자신의 사진을 활용하여 동화 재구성 가능 • 등장인물들의 AR 체험 가능 • 동화히어로 사이트(https://fairytalehero.modoo.at/)에서 동화 출력 가능
두루책방 	 	• 다양한 주제(동물, 과학, 음식, 자연, 역사 등)의 책 읽기 가능 • 읽어주기 기능과 하이라이트 기능이 있어 글을 잘 읽지 못하는 유아도 쉽게 읽기 가능 • 영어, 중국어 등 다양한 언어로 듣기 가능
XR 책놀이 	 	• 증강현실과 가상현실 등 실감형 기술을 기반으로 하여 다양한 언어로 동화 듣기 가능 • 동화를 활용한 공간놀이, 탐험놀이, 역할놀이가 가능하여 동화 연계 다양한 놀이 가능 • 동화에 따라 동화 주인공 되어보기, 대사 녹음하기 등 나만의 동화 제작 가능

그림 출처: https://play.google.com

(3) 사회관계 영역 관련

애플리케이션	화면 예시	설명
플랫페이스 Flatface		• 표정 만들기 작업을 통해 다양한 감정과 표정에 대한 이해 가능 • 완성 후 출력하여 다양한 놀이와 연계 가능
감정모험 EmoAdventure		• 유아 수준에서 경험할 수 있는 다양한 상황을 제시하고 상황에 어울리는 감정을 선택하도록 함으로써 상황별 감정에 대한 이해 가능
Chromavid		• 크로마키 효과 애플리케이션으로 초록색 배경(초록색 천 등) 준비 필요 • 크로마키 배경 이미지를 바꿔가며 다양한 역할 놀이 가능
국립박물관 전시 안내	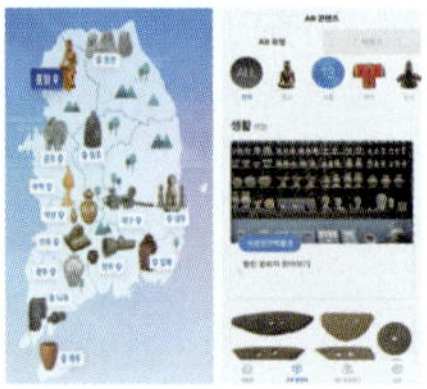	• 지역별 국립박물관 방문 및 전시품 탐색 가능 • 체험형 애니메이션, 음성안내 서비스, 증강현실 및 가상현실 등 다양한 콘텐츠 활용 가능
파파고	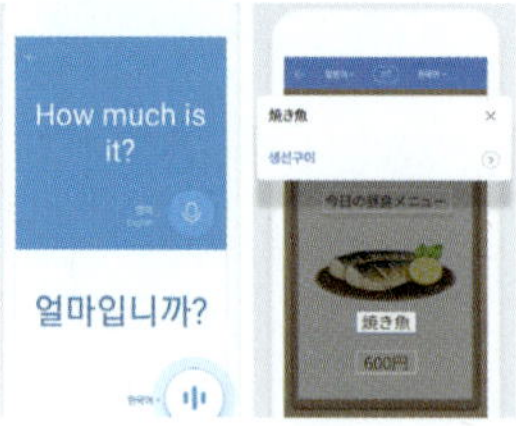	• 한국어를 여러 나라의 언어로 번역 가능 • 이미지 기능을 활용하여 이미지에 적혀 있는 외국어 번역 가능

애플리케이션	화면 예시	설명
설리번 플러스 		• 시각장애인을 위한 시각보조 역할 이해 가능 • 카메라를 통해 촬영한 사진 속 문자, 물체, 얼굴, 색상 등을 인식하여 음성안내 가능

그림 출처: https://play.google.com, https://apps.apple.com/

(4) 예술경험 영역 관련

애플리케이션	화면 예시	설명
퀴버Quiver 		• 퀴버(https://quivervision.com/) 사이트에서 무료 도안을 다운 및 출력하여 활용 가능 • 그림을 3차원으로 변환시켜 AR 증강현실 경험 가능 • 유료 버전의 경우 다양한 도안 활용 가능
깨비인기동요 		• 다양한 인기 동요를 관련 영상과 함께 시청 가능
아기 악기 		• 드럼, 피아노, 실로폰 악기 경험 가능 • 지원되는 멜로디에 따라 박자에 맞춰 악기 연주 가능 • 이외에도 애플리케이션 검색창에서 실로폰, 피아노, 드럼 등 악기 이름을 검색하여 각각의 악기를 보다 심도 깊게 탐색 및 연주 가능

애플리케이션	화면 예시	설명
비트 메이커 		• 박자 패드를 활용하여 자신만의 독창적인 음악 제작 가능 • 다양한 악기 소리로 변경 가능
가회 민화박물관 		• 민화를 애니메이션과 증강현실로 체험 가능 • 민화에 담긴 선조들의 이야기 감상 가능
Stop Motion Studio 		• 다양한 물체, 도구 등을 활용하여 창의적 이야기 구현 가능 • 음성녹음 가능 • 나만의 동영상 제작 및 편집 가능 • 안정적 구도를 유지하기 위해 삼각대 활용
Flipa Clip 		• Stop Motion Studio 애플리케이션과 비슷하지만, 직접 그린 그림을 활용하여 애니메이션 제작 가능 • 탑재된 다양한 사운드를 활용하거나 사진을 불러와 그 위에 창의적인 작업 가능
T-Pose 	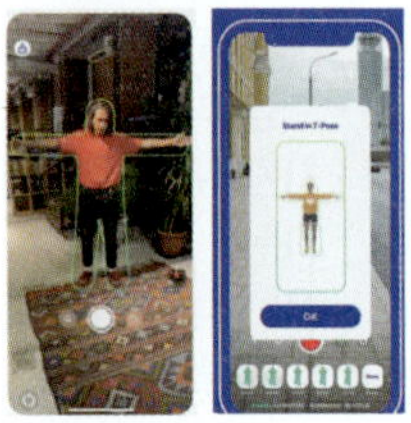	• 초록색 테두리 안에 사람 또는 그림을 인식시켜 증강 현실 경험 가능 • 다양한 모션 기능을 적용할 수 있어 움직이는 피사체로 변환 가능

그림 출처: https://play.google.com, https://apps.apple.com/

(5) 자연탐구 영역 관련

애플리케이션	화면 예시	설명
AR 책카드 		• 국립어린이청소년도서관>자료검색>독서도움자료>실감형 독서활동(https://www.nlcy.go.kr/)에서 관련 활동지(책카드)와 AR 머지큐브 도안을 다운받아 활용 가능 • 환경, 자연, 우주, 소리 등 과학적 호기심과 탐구활동이 가능한 주제로 구성되어 과학놀이에서 활용 가능
ARLOOPA 		• 다양한 피사체를 증강현실로 불러와 탐색 및 관찰할 수 있으며 이미지가 매우 사실적이라 생동감 있는 경험 가능 • 불러온 피사체와 함께 사진, 영상 촬영 가능 • 동물의 경우, 울음소리도 함께 듣기 가능
AR 동물 관찰 		• 사이언스올(https://www.scienceall.com/)에서 'E 학습>실감형 콘텐츠>AR동물관찰자료'를 다운받아 활용 가능 • 30여종 동물을 증강현실로 체험하며 움직임과 서식지, 먹이 등에 대해 관찰 및 탐색 가능
AR 과학 문화유산 		• 사이언스올(https://www.scienceall.com/)에서 'E 학습>실감형 콘텐츠>AR과학문화유산자료'를 다운받아 활용 가능 • 각 문화유산에 담긴 과학적 원리와 내부 구조 등 탐색 및 관찰 가능
AR 달의 위상 변화 		• 태양과 지구의 위치에 따라 달라지는 달의 모습 관찰 가능

애플리케이션	화면 예시	설명
AR 별자리 이야기 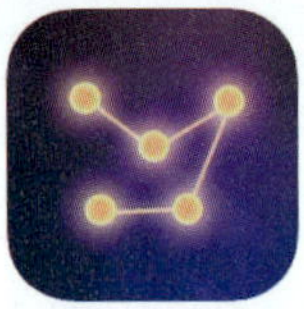		• 계절별 달라지는 별자리의 모습을 관련된 이미지나 신화 속 이야기를 통해 이해 가능
난 어디서든 잘 살 수 있어 		• 생물이 사는 환경에 따라 어떤 차이가 있는지 비교 가능
경기북부어린이박물관 색칠로 만나는 공룡존 		• 사전에 3D 홀로그램 키트를 구매하거나 도안을 다운받아 제작한 뒤 활용 가능 • '공룡 숲' 기능을 선택하여 홀로그램 경험 가능

그림 출처: https://play.google.com, https://apps.apple.com/

3) 교육용 웹사이트(웹 애플리케이션)

웹사이트Website는 일반적으로 정보 관람을 목적으로 한 정적인 인터넷 사이트를 의미한다. 따라서 웹사이트에서 사용자의 역할은 단순히 수동적이며, 관람이 목적이다. 하지만 최근 웹사이트는 동적인 기능을 추가하여 사용자와 상호작용이 가능하고, 이에 따라 사용자는 능동적으로 서비스를 이용할 수 있게 되었다. 이러한 웹사이트의 특성이 변화하면서 웹 애플리케이션Web application이라고 불린다. 웹 애플리케이션은 대부분 컴퓨터(노트북)에서 사용 가능하며, 운영체제에 따라 태블릿PC 또는 스마트폰에서도 사용 가능하다. 하지만 플랫폼 실행 시, 스마트폰에서는 몇 가지의 기능들이 제한되는 경우가 있어 컴퓨터나 노트북에서 활용하길 권장한다.

(1) 검색 사이트

다양한 정보를 검색할 수 있는 사이트로는 대표적으로 구글Google, 네이버Naver, 유튜브YouTube가 있다. 모두 검색창에 궁금한 것을 글자나 음성으로 입력하여 검색이 가능하며, 구글과 네이버의 경우에는 사진(이미지)으로도 입력이 가능하다.

화면 예시	설명
	• 포털사이트에 네이버Naver를 검색하여 사이트(https://naver.com) 접속 가능 • 궁금한 것을 글자, 사진, 음성으로 검색 가능 • '지도' 앱을 추가로 설치하면 로드뷰 기능을 통해 우리 동네 주변 살펴보기 가능
	• 포털사이트에 구글Google을 검색하여 사이트(https://google.com) 접속 가능 • 궁금한 것을 글자, 사진, 음성으로 검색 가능 • 관련 여러 앱(구글어스, 구글아트앤컬처, 구글크롬 뮤직랩 등)을 이용하면 다양한 기능을 교육적으로 활용 가능
	• 포털사이트에 유튜브YouTube를 검색하여 사이트(https://youtube.com) 접속 가능 • 궁금한 것을 글자, 음성으로 검색이 가능하며, 영상으로 시청 가능 • 다양한 동화와 동요 등을 검색하여 영상으로 시청 가능 • 직접 가보기 어려운 장소 등 VR과 관련한 영상들을 검색하여 VR 활용 가능

(2) 구글 어스

구글 어스Google Earth는 구글이 제공하는 서비스로 고해상도 지구본을 토대로 세계 각 지역의 위성 이미지, 지도, 지형을 생생하게 볼 수 있으며, 3D 건물과 지역 정보를 통해 새로운 경험과 정보를 습득할 수 있는 위성영상 지도 서비스이다.

화면 예시	설명
 	• 포털사이트에 구글 어스를 검색하여 사이트(https://earth.google.com) 접속 가능 • 지구본을 360°로 돌려가며 원하는 나라와 지역 탐색 가능 • 선택한 나라에 대한 기본적인 설명(수도, 인구 수 등) 제공 • 선택한 나라에서 3D 보기, 스트리트 뷰 기능을 활용 가능 • 레이어 기능에서 타임랩스를 활용할 경우 1984년부터 오늘까지 전 세계 변화과정 탐색 가능

(3) 구글 아트 앤 컬처

구글 아트 앤 컬처Google Art & Culture는 다양한 문화유산에 관한 이야기를 전하고 컬렉션, 전시회 등을 기획하여 전 세계 누구나 온라인에서 예술과 문화를 체험, 감상할 수 있는 웹사이트로 포털사이트에서 검색하여 사이트https://artsandculture.google.com/에 접속하거나 애플리케이션을 다운받아 활용 가능하다. 구글 아트 앤 컬처에는 감상, 체험 등을 위한 다양한 콘텐츠가 있다. 80개국 2,000곳 이상의 문화 기관에서 보유하고 있는 귀중한 유산과 예술작품을 고해상도 이미지로 실감나게 볼 수 있으며 스트리트 뷰 기능을 통해 실제처럼 방문도 가능하다. 또한, 제공되는 다양한 도구와 기술을 활용하여 예술작업에 참여할 수 있다. 다만, 콘텐츠에 따라 웹사이트와 애플리케이션 중 하나에서만 실행 가능한 것이 있으며, 주기적인 업데이트로 기존 콘텐츠들이 삭제되거나 사용법과 구성이 변경되는 경우도 있다. 다음은 유아의 참여가 가능한 콘텐츠와 애플리케이션을 선별한 것이다.

콘텐츠별 화면 예시	설명
컬렉션Collection 	• 지도를 활용하여 원하는 나라와 지역의 박물관, 미술관 탐색 가능 • 현재 전시 중인 전시회 소개부터 박물관 실내 · 외 360° 뷰 감상 가능 • 실제 작품을 확대하여 고해상도의 이미지로 탐색 가능 • 애플리케이션으로 접속 시 증강현실 기능 활용 가능
다양한 카테고리 	• 사이트에 제공된 카테고리(작가, 재료, 화파, 역사적 사건 등)에 따라서 다양한 방법으로 작품, 작가, 박물관 등에 관한 정보 습득 및 탐색 가능
360° 영상360° Video 	• 다양한 명소, 유적지 등을 360° 영상으로 체험 가능 • 사이트로 접속 시, 마우스로 화면을 클릭하여 움직이면 360° 체험 가능 • 애플리케이션으로 재생 시, 기기를 움직이며 영상 체험 가능 • 콘텐츠에 따라 구글 VR 카드보드 필요
스트리트 뷰Street View 	• 전 세계 문화유적지와 명소 등 방문 가능 • 거리뷰 기능과 비슷하지만 스트리트 뷰의 경우 실제 내부 방문 및 탐색 가능 • 원하는 작품 선택 시 작가, 작품에 대한 세부 정보 습득 가능
아트 컬러링 북Art Coloring Book 	• 제공된 작품 중 원하는 작품을 선택하여 색칠하기 가능 • 완성 후 다운받거나 공유 가능

콘텐츠별 화면 예시	설명
퍼즐 파티Puzzle Party 	• 제공된 작품 중 원하는 작품을 선택하여 퍼즐 놀이 가능 • 멀티플레이어 기능을 활용하여 또래와 공동 참여 가능
3D 도자기3D Pottery 	• 제시된 단계에 따라 도자기 공예 체험 가능 • 결과물 공유 가능
작품 만지지 말기 Don't Touch the Art 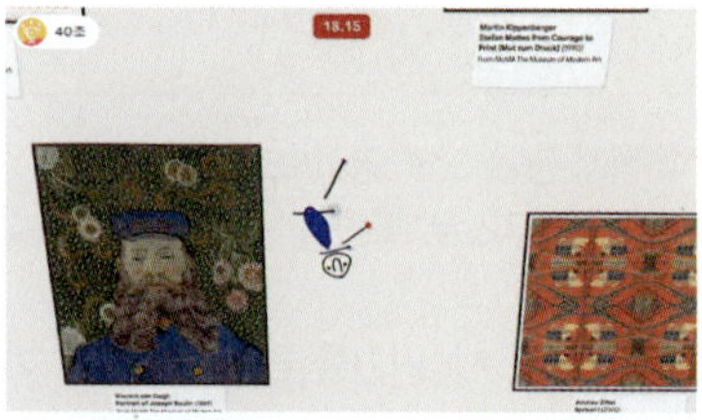	• 방향키를 활용하여 작품 피하기 게임 가능 • 작품을 만지면 안 되는 이유에 관한 이야기 나누기 활동과 연계하여 활용 가능
베토벤 비트Beethoven Beats 	• 사용자가 만드는 리듬 패턴에 어울리는 베토벤 피아노 소나타 추천 및 감상 가능 • 확대, 축소 기능을 활용하여 전곡 또는 일부분만 듣기 가능
음악과 그림Paint with Music 	• 제시된 4가지 그림 중 하나를 선택하여 사용 가능 • 플루트, 색소폰, 트렘펫, 바이올린의 악기 소리가 나는 브러시로 배경에 자유롭게 그림 그리기 가능 • 배경에 따라 브러시의 표현이 달라지며 브러시의 움직임에 따라 선택한 악기 소리로 자동 연주 가능

콘텐츠별 화면 예시	설명
뮤지컬 캔버스Musical Canvas 	• 직접 그린 그림을 AI가 분석하여 어울리는 음악 추천 가능 • AI가 분석해 주는 내용은 번역기를 활용하여 번역 가능
드로우 투 아트Draw to Art 	• 제시된 기본 도형을 사용하여 그림 그리기 가능 • AI가 그린 그림을 분석하여 비슷한 예술작품 찾기 가능

다음은 구글 아트 앤 컬처 애플리케이션에서만 활용 가능한 콘텐츠들이다.

콘텐츠별 화면 예시	설명	콘텐츠별 화면 예시	설명
아트 프로젝터 Art Projector 	• 원하는 예술작품을 실제 크기의 증강현실로 확인 가능	아트 셀피 Art Selfie 	• 내 얼굴 사진을 찍어 나와 닮은 초상화 찾기 가능 • 다양한 표정에 따라 다른 결과물 제공 가능
아트 트랜스퍼 Art Transfer 	• 유아가 찍은 사진을 반 고흐, 칸딘스키 등 다양한 작가의 화풍으로 변환 가능	아트 셀피2 Art Selfie2 	• 개인 또는 친구와 함께 찍은 사진을 제시된 작품 스타일로 변환 가능

콘텐츠별 화면 예시	설명	콘텐츠별 화면 예시	설명
포켓 갤러리 Pocket Galleries 	• 다양한 3D 몰입형 갤러리 방문 및 감상 가능 • 예술작품을 확대, 축소하여 고해상도로 작품 감상 가능	컬러 팔레트 Color Palette 	• 직접 찍은 사진을 활용하여 사진에 포함된 색상과 비슷한 색이 들어간 작품 찾기 가능 • 사진에 나타난 색상을 드래그하여 색상 변경 가능
아트 필터 Art Filter 	• AR 기술을 기반으로 다양한 각도에서 작품 탐색 가능 • 사용자의 움직임에 따라 작품의 세부 요소 변화 가능		

(4) 구글 크롬 뮤직 랩

구글 크롬 뮤직 랩Chrome music lab에서는 음악과 관련된 다양한 콘텐츠를 제공하며, 이를 활용해 유아들은 직접 음악을 만들 수 있고, 음악의 원리를 창의적인 방법으로 체험할 수도 있다. 포털사이트에 구글 크롬 뮤직 랩을 검색하여 사이트https://musiclab.chromeexperiments.com에 접속 후 원하는 콘텐츠를 선택하여 활용 가능하다. 다음은 유아의 직접 참여가 가능한 콘텐츠를 선별한 것이다.

콘텐츠별 화면 예시	설명
칸딘스키Kandinsky 	• 화가 칸딘스키의 추상미술기법에 영감을 받은 음악 체험 공간으로 선, 원, 낙서 등 자유로운 표상을 활용하여 음악과 미술의 조화로운 경험 가능 • 색깔을 변경하여 다양한 소리로 연주 가능

콘텐츠별 화면 예시	설명
리듬Rhythm 	• 여러 타악기를 활용하여 다양한 리듬 패턴 생성 가능 • 동물들이 연주하는 악기의 색깔과 리듬 색깔이 일치하여 원하는 악기의 리듬 패턴 생성 및 재생 가능
공유 피아노Shared Piano 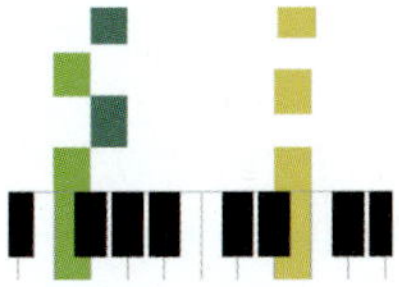	• 디지털 피아노처럼 피아노 건반을 활용하여 연주 가능 • 신스, 드럼, 목관악기 등 다양한 악기 소리로 변경하여 연주 가능 • 피아노 건반 개수 선택 가능 • 악기 연주 후 링크를 통해 공유 가능
송 메이커Song Maker 	• 색깔과 위치에 따라 멜로디, 음의 높낮이가 달라지는 원리를 기반으로 간단한 작곡 가능 • 다양한 악기 소리, 템포를 변경하여 자유롭게 작곡 가능 • 동화 또는 미술작품에 어울리는 음악 작곡 가능 • 저장 후 링크를 활용하여 결과물 공유 가능
멜로디 메이커Melody Maker 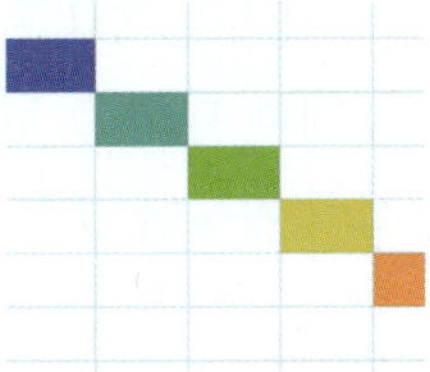	• 송 메이커와 달리 한 박자에 한 음만 생성 가능 • 걸어가는/뛰어가는 사람 모양의 바를 조절하여 멜로디 속도 조절 가능 • 멜로디 자동 생성 기능을 통해 유아가 작곡한 멜로디를 풍부하게 보완 가능

(5) 마이크로소프트 빙 이미지 크리에이터

마이크로소프트 빙 이미지 크리에이터Microsoft Bing Image Creator는 마이크로소프트가 개발한 검색 엔진 빙http://www.bing.com의 인공지능 기반 이미지 생성 서비스로, 입력되는 텍스트에 따라 원하는 이미지가 생성되어 다양하게 활용할 수 있다. 또한, Chat GPT처럼 챗봇과 대화도 가능하다.

화면 예시	설명
 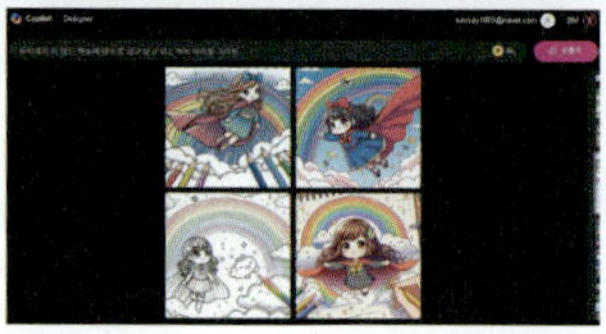	• 포털사이트에 마이크로소프트 빙 이미지 크리에이터를 검색하여 사이트(https://www.bing.com/images/create) 접속 가능 • 생성하고 싶은 이미지를 묘사하는 텍스트 입력 • 구체적인 표현의 텍스트를 입력할수록 원하는 이미지 생성 가능

이 밖에도 마이에딧https://myedit.online/, 미드저니https://www.imagine.art/, 딥 드림 제너레이터https://deepdreamgenerator.com/ 등 그림 또는 텍스트 입력에 따라 이미지를 다양하게 생성하는 사이트가 꾸준히 개발되고 있다. 단, 키보드를 활용한 문자 입력은 유아가 스스로 하기에 어려움이 있을 수 있으니 교사의 지원이 필요하다.

(6) 챗 지피티

챗 지피티Chat GPT는 합성어로 Chat은 대화Chatting의 줄임말이며, GPT는 사전에 학습된 생성 변환기Generative Pre-trained Transformer의 약자를 말한다. 즉, Chat GPT는 딥러닝 기술을 기반으로 미리 훈련된 지식을 활용하여 새로운 데이터 생성이 가능한 챗봇 형태의 대화형 인공지능 서비스이다.

화면 예시	설명
	• 포털사이트에 Chat GPT를 검색하여 사이트(https://openai.com/blog/chatgpt) 접속 가능 • 질문을 구체적으로 입력할수록 보다 정확한 답변 출력 가능 • 한 번 질문한 내용은 기록이 남아 추후 재방문 가능 • 영미권 데이터를 기반으로 하여 한국어로 질문할 경우 질문에 따라 정확한 답변을 얻기 어려울 수 있음 • 유아들과 이야기 나누기 시간에 궁금한 것을 즉석에서 물어보거나 정확한 대답을 얻기 위한 질문을 만들어 보는 활동 가능

(7) 오토드로우

오토드로우Auto Draw는 인공지능 학습방식인 머신러닝에 기반한 그리기 도구로서, 사용자가 무엇을 그리려는지 추측하여 관련 도안 및 그림들을 추천해 준다. 이는 표상에 어려움을 느끼는 유아가 보다 쉽고 재미있게 그림을 그리는 미술놀이의 보조수단으로 활용될 수 있으며, 기존 그림을 보완하거나 새롭게 창작하는 데 활용 가능하다.

화면 예시	설명
	• 포털사이트에 오토드로우를 검색하여 사이트(https://www.autodraw.com/) 접속 가능 • 매직펜 기능을 활용하여 도화지에 그림을 그리면 이와 관련된 이미지 추천 가능 • 원하는 이미지를 클릭하여 그림 변경 가능 • 매직펜과 일반펜 기능을 활용하여 그림 그리기 가능 • 색칠, 텍스트 입력, 도형 삽입 등 다양한 기능 활용 가능

(8) 퀵드로우

퀵드로우Quick Draw는 앞서 소개한 오토드로우와 비슷한 형태의 머신러닝 기술로서 제시어에 맞춰 사용자가 사물이나 개념을 그림으로 그리면 컴퓨터가 해당 그림을 추측하여 맞추는 게임이다. 단, 이 게임은 제한시간 20초 안에 그림을 그려야 하고, 유아에게는 다소 어려운 제시어가 제공될 수 있기에 성인의 도움이 필요하다.

화면 예시	설명
	• 포털사이트에 퀵드로우를 검색하여 사이트(https://quickdraw.with-google.com) 접속 가능 • 제한시간 안에 제시된 단어에 해당하는 그림 그리기 게임 참여 • 게임 후 퀵드로우가 어떻게 학습하였는지 이전 사용자들의 수집된 그림 탐색 가능 • 게임에 실패할 경우 자신이 그린 그림을 무엇으로 인식하였는지에 대한 정보 제공

(9) 스크루블리

스크루블리Scroobly는 카메라를 통해 사용자의 움직임을 인식하여 실시간으로 재미있는 애니메이션을 만들어주는 프로그램이다. 내장된 카메라 또는 웹캠이 필요하며 영상, 사진 등 다양한 형태로 저장 가능하므로 결과물을 다운받아 PPT, 영상편집 프로그램 등을 활용하여 추가 작업을 할 수 있다.

화면 예시	설명
	• 포털사이트에 스크루블리를 검색하여 사이트(https://www.scroobly.com/) 접속 가능 • 제공된 캐릭터를 활용하여 나의 움직임 인식 가능 • 나만의 캐릭터를 만들어 적용 및 움직임 인식 가능 • 15초 녹화 기능과 배경 지우기 기능 활용 가능 • 동화 만들기, 율동 만들기 등 다양한 놀이에 적용 가능

(10) 애니메이티드 드로잉스

애니메이티드 드로잉스Animated Drawings는 사용자가 직접 그린 그림에 다양한 유형의 애니메이션을 적용함으로써 그림이 실제 움직이는 듯 한 느낌을 제공하는 프로그램이다. 팔과 다리 등 신체 부위를 명확하게 구분하여 그릴수록 애니메이션 효과가 잘 적용되며, 사전에 유아가 그린 그림을 캡처 또는 스캔하여 활용 가능하다.

화면 예시	설명
	• 포털사이트에 Animated Drawings를 검색하여 사이트(https://sketch.metademolab.com/) 접속 가능 • 유아가 직접 그린 그림에 춤추기, 걷기, 뛰기 등 다양한 유형의 애니메이션 적용 가능

(11) 티처블 머신

티처블 머신Teachable Machine은 인공지능 학습방식인 머신러닝의 원리를 쉽고 간단한 방법으로 경험할 수 있도록 제작된 프로그램이다. 이미지, 오디오, 동작 등 다양한 학습유형이 있으며 웹캠, 마이크를 사용하여 실시간으로 자료를 수집하거나 기존의 자료를 불러와 분류 모델을 생성하고 이를 토대로 프로그램을 학습시켜 활용 가능하다. 모델 학습 시, 자료를 많이 수집할수록 머신러닝의 정확도를 높일 수 있으며 이미지 또는 동작을 학습시킬 경우 동일한 배경과 조명 상태에서 활용할 것을 권장한다.

화면 예시	설명
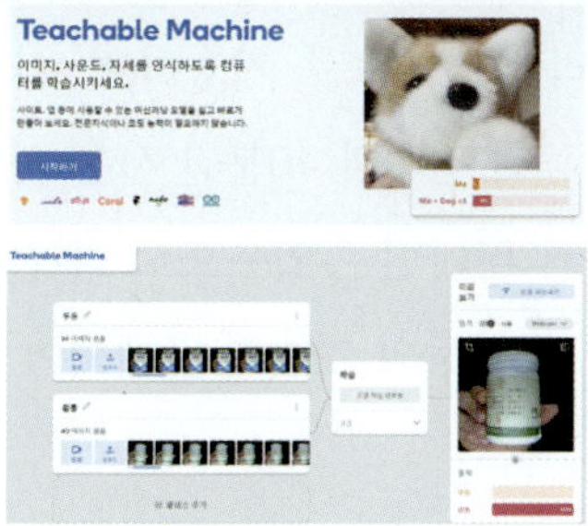	• 포털사이트에 티처블 머신을 검색하여 사이트(https://teachablemachine.withgoogle.com/) 접속 가능 • 카메라, 마이크를 사용하여 모양, 움직임, 음성 인식 등 다양한 자료 수집 및 범주화 가능 • 유아가 학습시킨 모델을 활용하여 머신러닝 경험 가능

(12) 아키네이터

아키네이터Akinator 질문에 따라 사용자가 생각한 답을 유추해 내는 스무고개 방식의 AI 프로그램이다. 사용자는 아키네이터가 하는 질문에 '예', '아니오', '그럴겁니다', '모르겠습니다', '아닐겁니다'의 5가지 대답을 반복적으로 선택하여 프로그램이 정답을 맞추도록 도울 수 있다. 웹사이트뿐만 아니라 애플리케이션을 다운받아 활용할 수 있으며, 청소년 모드 기능이 있어 유해한 정보로부터 보호가 가능하다.

화면 예시	설명
	• 포털사이트에 아키네이터를 검색하여 사이트(https://kr.akinator.com/choice) 접속 가능 • 15개의 언어 지원 가능 • 약 20번의 질문에 대답하여 정답 유추 가능 • 컴퓨터가 유추한 정답을 사진으로 제공 가능

(13) 화상회의

비대면 화상회의Zoom 프로그램으로, 웹사이트와 애플리케이션 모두 가능하며, 가입 후 이용해야 하고 무료 버전의 경우 최대 100명의 참여자 동시 접속과 40분간 사용 가능하다. 과거 코로나19로 인하여 교육기관에서 원격수업 등의 비대면 수업용으로 적극 활용되었다. 화상회의Zoom에는 화이트 보드, 소회의실, 화면 공유 등의 기능이 탑재되어 있어 참여자들의 협업이 가능하다.

화면 예시	설명
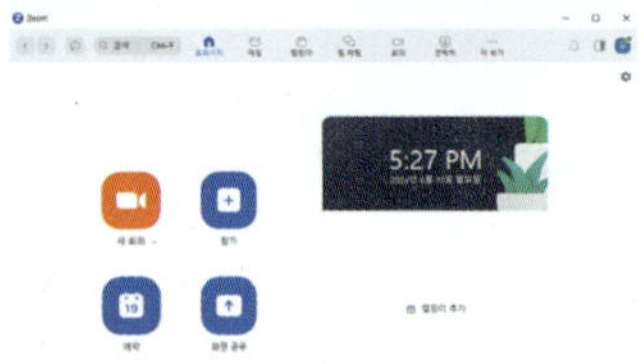	• 포털사이트에 zoom을 검색하여 사이트(https://us05web.zoom.us/) 접속 가능 • 얼굴인식, 음성인식이 가능하여 비대면 소통 가능 • 문서, 사진, 영상 등의 파일 전송 가능 • 초록색 배경이 사전에 준비된 경우에는 크로마키 활용 가능

(14) 북 크리에이터

북 크리에이터Book Creator는 온라인으로 책을 제작할 수 있는 프로그램으로 가입하거나 마이크로소프트, 구글 계정으로 로그인하여 사용 가능하다. 학생, 교사, 학교 버전 중 교사용에 가입해야 하며, 무료 버전으로도 책을 충분히 제작할 수 있다. 주제와 어울리는 템플릿, 레이아웃과 그리기 도구, 사진 검색, 음성인식, 글자 삽입 등의 기능이 제공되어 다양한 형태의 책 제작이 가능하다. 또한, 링크나 QR코드를 활용하여 공유 및 협업이 가능하며, 완성된 책은 PDF 파일로 출력하여 오프라인 수업에서도 활용 가능하다.

화면 예시	설명
	• 포털사이트에 북 크리에이터를 검색하여 사이트(https://app.bookcreator.com/) 접속 가능 • 책 레이아웃, 배경, 도형, 이모티콘 등 다양한 꾸미기 가능 • 매직펜, 물감 등 그리기 도구를 활용해 그림 그리기 가능 • 음성인식으로 원하는 사진 검색 및 삽입 가능 • 사진 · 비디오 촬영 후 삽입 가능 • 완성된 책에 음성녹음 가능

(15) 셀비 스피치

셀비 스피치Selvy Speech는 음성인식STT, Speech to Text, 음성합성TTS, Text to Speech이 가능한 인공지능 기반 프로그램이다. 음성인식 기능은 소리정보를 문자, 명령어 등 다양한 형태의 정보로 변환해 주며, 음성합성 기능은 문자정보를 다양한 분위기의 음성으로 변환해 준다. 조작방법이 간단하여 유아 수준에서 활용 가능하다.

화면 예시	설명
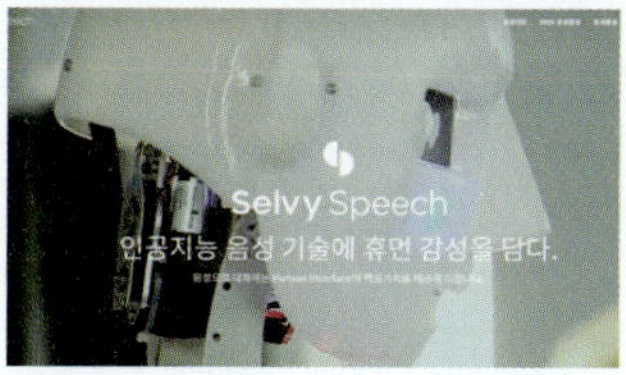	• 포털사이트에 셀비 스피치를 검색하여 사이트(https://speech.selvasai.com/) 접속 가능 [음성인식 기능] • 배너에서 '음성인식 → 음성인식 데모' 클릭 • 최대 60분 녹음 혹은 최대 5분 음성파일을 문자로 변환 가능 [음성합성 기능] • 배너에서 '음성합성 → 합성음 만들기'를 클릭 • 최대 300자의 문자를 다양한 목소리로 변환 가능

(16) 이매지너리 사운드스케이프

이매지너리 사운드스케이프Imaginary Soundscape는 가상의 소리를 들려주는 인공지능 기반 프로그램으로, 지도에서 선택한 장소 또는 사용자가 업로드한 사진에 어울리는 배경 소리를 들을 수 있다. 지도를 활용할 경우, 특정 주소 및 장소 검색뿐 아니라 거리뷰 기능을 활용할 수 있어 원하는 위치로 쉽게 이동 가능하며 다양한 배경 소리를 들을 수 있다.

화면 예시	설명
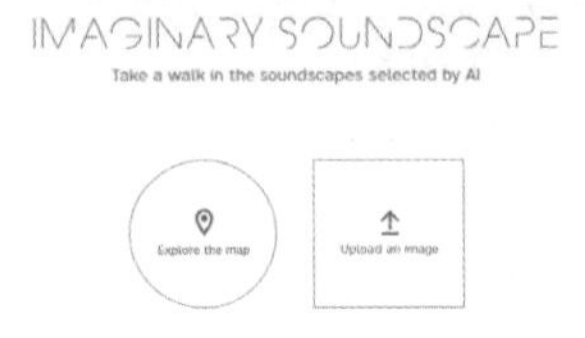	• 포털사이트에 이매지너리 사운드스케이프를 검색하여 사이트(https://www.imaginarysoundscape.net/) 접속 가능 • 장소 및 주소를 검색하여 거리뷰 기능 활용 가능 • 원하는 사진 업로드 후, 어울리는 소리 청취 가능

수업 후 실습

학습한 디지털 매체 중 몇 가지를 실습해 보고, 사용 경험을 토대로 유아 대상 활용 계획을 생각해 보세요.

CHAPTER

9

유아 대상 디지털 매체의 활용 실제

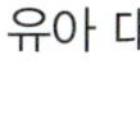

수업 전 실습

유아 대상 디지털 매체의 활용교육을 계획해 보세요.

1. 디지털 활용 교과 융합 교육

디지털 활용 교과 융합 교육은 디지털을 활용해 하나의 공통 주제에 따른 2개 이상의 교과 관련 개념을 경험하고 학습할 수 있다. 이를 통해 유아는 디지털 활용 융합적 사고를 기를 수 있다.

관련 교육 예시 목록

관련 교과	공통 주제	디지털 매체	페이지
동작 + 건강	건강 체조 영상을 만들어요.	태블릿PC, 'T-Pose'	186
언어 + 사회	시각장애인에 공감해요.	VR 기기, 태블릿PC, '설리번 플러스'	188
과학 + 음악	동물 움직임에 어울리는 음악을 작곡해요.	전자칠판, 태블릿PC, 구글 크롬 뮤직 랩 '송 메이커'	190
건강 + 수학	인공지능아, 놀잇감 정리를 도와줘!	전자칠판, 태블릿PC, '티처블 머신'	192
안전 + 언어 + 사회	놀이터 안전 책자를 만들어요.	알파미니, 태블릿PC, '북 크리에이터'	194
언어 + 동작 + 미술	'봄의 친구들' 동시 속 연상되는 장면이 있어요.	미니 빔, 태블릿PC, '오토드로우'	196
사회 + 동작 + 수학	교실을 올림픽 경기장으로 변신!	미니 빔, AI 스피커, 태블릿PC, '크로마비드'	198
과학 + 미술 + 음악	자세히 관찰하면 느껴지는 것들!	디지털 현미경, 전자칠판, 태블릿PC, 구글 크롬 뮤직 랩 '리듬'	200

MEMO

<table>
<tr><td rowspan="4">교육
설계</td><td>관련 교과</td><td>동작 + 건강</td></tr>
<tr><td>공통 주제</td><td>건강 체조 영상을 만들어요.</td></tr>
<tr><td>관련
교육 개념</td><td>• 동작교과 개념: 다양한 신체동작에 관심 가지기
신체운동 · 건강영역 > 신체활동 즐기기 > 신체를 인식하고 움직인다.
• 건강교과 개념: 건강을 위한 신체움직임에 관심을 가지기
신체운동 · 건강영역 > 건강하게 생활하기 > 질병을 예방하는 방법을 알고 실천한다.</td></tr>
<tr><td>디지털 매체</td><td>태블릿PC, 'T–Pose'</td></tr>
<tr><td rowspan="2">교육
운영</td><td>도입</td><td>1. AR 영상을 활용해 신체 움직임에 관심을 갖는다.
T: (태블릿PC와 'T–pose' 앱 활용) 선생님이 움직임 몇 가지를 보여주려고 해요.
다 같이 따라 해볼까요?
T: 움직임이 어떻게 보였나요? 마치 실재처럼 보이는 것을 AR이라고 한대요.
T: AR로 보인 움직임을 따라 해보니 몸에서 어떤 느낌이 드나요?
T: 선생님이 보여준 AR은 앉아서 할 수 있는 건강 체조였어요. 혹시 또 알고 있는 건강 체조 움직임이 있나요?

2. 새로운 디지털 매체 활용에 관심을 갖는다.

[1단계 – 호기심 자극을 통해 활용의 동기부여하기]
T: 여기 있는 앱('T–pose'를 가리키며)을 사용하면 여러 움직임을 AR처럼 만들어 볼 수 있대요.
T: 우리가 생각한 건강 체조도 AR로 만들어볼 수 있을까요?</td></tr>
<tr><td>전개</td><td>3. 디지털 매체 활용의 목적을 안다.

[2단계 – 활용의 목적 이해시키기]
T: 오늘은 'T–pose' 앱을 활용해 건강 체조를 만들어보기로 해요.

4. 디지털 매체 조작의 인과관계를 이해한다.

[3단계 – 조작의 인과관계 이해시키기]
T: 'T–pose' 앱 화면에 무엇이 보이나요? 연두색 테두리는 무엇을 의미할까요? 아래 버튼은 무엇을 의미할까요?
</td></tr>
</table>

<table>
<tr>
<td rowspan="2">교육
운영</td>
<td>전개</td>
<td>
T: 누가 나와서 건강 체조를 만들어볼까요?
T: 연두색 테두리 안에 잘 들어오도록 자세를 취해볼까요?
T: 자 그럼, 사진을 찍어볼까요? 무엇을 눌러야 할까요?

T: 사진에 팔이 없거나 잘 나오지 않으면 어떻게 해야 할까요?
T: 사진을 찍었더니 어떻게 되었나요? 어떻게 움직이나요? 아래에 '+'가 있는 버튼은 무엇을 의미할까요? 눌러볼까요?

T: 다양한 동작들이 보이고, 선택했더니 원하는 동작으로 움직이네요. 우리가 원하는 건강 체조 동작을 찾아볼까요?
T: 빨간색 버튼은 무엇을 의미할까요? 눌러서 영상을 저장할 수 있어요.

5. 디지털 매체를 직접 조작해본다.
[4단계 – 직접 조작의 기회 제공하기]
T: 이제 직접 'T-pose' 앱을 활용해서 원하는 건강 체조 영상을 만들어봐요.

6. 디지털 매체 활용에 관한 규칙을 정한다.
[5단계 – 활용목적 달성 여부에 따른 활동 제한 규칙 안내하기]
T: 태블릿PC의 'T-pose'는 무슨 활동을 위해 사용하기로 했었죠?
T: 그럼, 놀이시간에 같은 동작의 건강 체조 영상을 만들 친구들과 영상 1개를 완성한 후, 다음 친구들에게 차례를 넘기기로 해요.
</td>
</tr>
<tr>
<td>마무리</td>
<td>
7. 활동 결과물을 활용해 창의적 활동을 한다.
[6단계 – 창의적으로 활용할 수 있는 기회 주기]
T: 'T-pose'로 건강 체조 영상을 만든 후, 완성된 영상과 어울리는 음악을 만들어 보기로 해요.

8. 활동을 평가한다.
T: 'T-pose'를 사용하면서 새롭게 알게 된 점이 있나요?
T: 'T-pose'를 활용해보니 어떤 점이 좋고/불편했나요?
T: 불편했던 점은 어떻게 해결할 수 있을까요?
</td>
</tr>
<tr>
<td>교육
평가</td>
<td>교사 평가
유아 평가</td>
<td>※7장의 평가 항목에 따라 평가해 보세요.</td>
</tr>
</table>

<table>
<tr><td rowspan="4">교육
설계</td><td>관련 교과</td><td>언어 + 사회</td></tr>
<tr><td>공통 주제</td><td>시각장애인에 공감해요.</td></tr>
<tr><td>관련
교육 개념</td><td>• 언어교과 개념: 다양한 방법으로 그림, 글자 읽기
의사소통 영역 > 읽기와 쓰기에 관심 가지기 > 주변의 상징, 글자 등의 읽기에 관심을 가진다.
• 사회교과 개념: 장애인을 이해하고 더불어 생활하기
사회관계 영역 > 더불어 생활하기 > 서로 다른 감정, 생각, 행동을 존중한다.</td></tr>
<tr><td>디지털 매체</td><td>VR 기기, 태블릿PC, '설리번 플러스'</td></tr>
<tr><td rowspan="2">교육
운영</td><td>도입</td><td>1. VR로 시각장애인 체험을 해본다.
T: (VR 기기 활용) VR로 다른 사람이 되는 체험을 해보려고 해요.
T: 어떤 사람의 체험을 한 것 같나요? 왜 그렇게 생각했나요?
T: 체험을 해보니, 어떤 생각이 들었나요?
T: (점자카드 활용) 이것은 무엇일까요? 누가 한번 만져볼까요? 우리가 아는 카드와 무엇이 다른가요?
T: 이것은 어떤 장애인을 위한 걸까요? 어떻게 도움이 될까요?

2. 새로운 디지털 매체 활용에 관심을 갖는다.
[1단계 – 호기심 자극을 통해 활용의 동기부여하기]
T: 여기 있는 앱('설리번 플러스'를 가리키며)을 사용하면 시각장애인들이 점자가 없더라도 그림과 글을 알 수 있도록 도와준대요.
T: 점자가 없는데, 어떻게 도움을 줄 수 있을까요?</td></tr>
<tr><td>전개</td><td>3. 디지털 매체 활용의 목적을 안다.
[2단계 – 활용의 목적 이해시키기]
T: 오늘은 우리 반에 시각장애인 친구를 초대하기 위해 '설리번 플러스' 앱을 활용해 교실을 소개해 보려고 해요.
4. 디지털 매체 조작의 인과관계를 이해한다.
[3단계 – 조작의 인과관계 이해시키기]
T: '설리번 플러스' 앱 화면에 무엇이 보이나요? 각각 그림은 무엇을 의미할까요? 좌우 화살표를 눌러볼까요? '<' 화살표를 눌렀더니 무엇이 보이나요?</td></tr>
</table>

구분		내용
교육 운영	전개	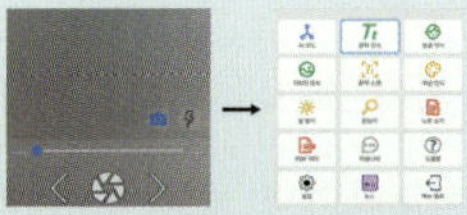 T: 만약 교실에 있는 친구들 얼굴을 사진으로 알려주려면 무엇을 눌러야 할까요? 그럼 글자로 알려주려면 무엇을 눌러야 할까요? T: 화면에 교실에 있는 물건을 비추고 사진을 찍어볼까요? 어떻게 되었나요? T: 사진을 찍었더니 그림을 설명해주는 소리를 들을 수 있군요. T: 그럼, 교실에 있는 글자를 사진 찍어 볼까요? 어떻게 되었나요? T: 글자를 찍었더니 글을 읽어주는군요. T: 그럼 ‘>’ 화살표 버튼은 무엇일까요? 누가 눌러볼까요? 각각은 무엇을 의미할까요? 눌러볼까요? 어떻게 되었나요? 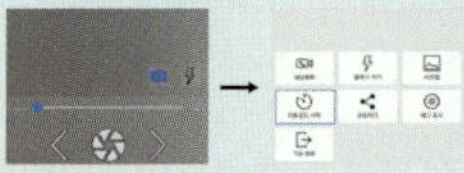 T: ‘자동모드 기능’을 누르면 사진을 찍지 않아도 화면을 비추기만 하면, 자동으로 소리랑 설명이 나오네요. **5. 디지털 매체를 직접 조작해본다.** [4단계 – 직접 조작의 기회 제공하기] T: 이제 직접 ‘설리번 플러스’ 앱을 활용해서 원하는 교실에서 소개하고 싶은 것을 찾아 사진을 찍어보기로 해요. **6. 디지털 매체 활용에 관한 규칙을 정한다.** [5단계 – 활용목적 달성 여부에 따른 활동 제한 규칙 안내하기] T: 태블릿PC의 ‘설리번 플러스’는 무슨 활동을 위해 사용하기로 했었죠? T: 그럼, 놀이시간에 소개하고 싶은 영역이나 물건이 같은 친구들과 함께 2~3개를 사진 찍은 후, 다음 친구들에게 차례를 넘기기로 해요.
	마무리	**7. 활동 결과물을 활용해 창의적 활동을 한다.** [6단계 – 창의적으로 활용할 수 있는 기회 주기] T: 우리 반에 시각장애인 친구를 초대하기 위한 초대장을 만든 후, ‘설리번 플러스’로 설명해 보기로 해요. **8. 활동을 평가한다.** T: ‘설리번 플러스’를 사용하면서 새롭게 알게 된 점이 있나요? T: ‘설리번 플러스’를 활용해보니 어떤 점이 좋고/불편했나요? T: 불편했던 점은 어떻게 해결할 수 있을까요?
교육 평가	교사 평가 유아 평가	※7장의 평가 항목에 따라 평가해 보세요.

<table>
<tr><td rowspan="4">교육
설계</td><td>관련 교과</td><td>과학 + 음악</td></tr>
<tr><td>공통 주제</td><td>동물 움직임에 어울리는 음악을 작곡해요.</td></tr>
<tr><td>관련
교육 개념</td><td>• 과학교과 개념: 동물 움직임에 관심 가지기
자연탐구 영역 > 자연과 더불어 살기 > 주변의 동식물에 관심을 가진다.
• 음악교과 개념: 예술적 요소에 관심 갖고, 창의적으로 표현하기
예술경험 영역 > 창의적으로 표현하기 > 신체, 사물, 악기로 간단한 소리와 리듬을 만들어 본다.</td></tr>
<tr><td>디지털 매체</td><td>전자칠판, 태블릿PC, 구글 크롬 뮤직 랩 ‘송 메이커’</td></tr>
<tr><td rowspan="2">교육
운영</td><td>도입</td><td>1. 판다 ‘푸바오’에 대한 흥미를 갖는다.
T: (전자칠판 활용) 선생님이 동물 퍼즐을 준비해 왔어요.
T: 퍼즐 조각 아래 어떤 동물이 숨어있을까요?
T: 한 명씩 나와서 퍼즐 조각 하나씩 삭제버튼을 눌러 지워 보세요.

2. 동영상으로 푸바오의 다양한 움직임을 탐색한다.
T: (전자칠판 활용) 영상에서 어떤 움직임들이 보이나요?
T: 왜 푸바오는 그런 움직임을 보이는 것 같나요?
T: 왜 그렇게 생각했나요?
T: 만약 움직임마다 소리가 들린다면 어떤 소리일 것 같나요?

3. 새로운 디지털 매체 활용에 관심을 갖는다.

[1단계 – 호기심 자극을 통해 활용의 동기부여하기]
T: 선생님이 여기 있는 앱(‘송 메이커’를 가리키며)으로 먼저 만들어온 음악을 들어 볼까요?
T: 푸바오의 어떤 움직임에 어울리나요?
T: ‘송 메이커’ 앱으로 어떻게 음악을 만들까요?</td></tr>
<tr><td>전개</td><td>4. 디지털 매체 활용의 목적을 안다.

[2단계 – 활용의 목적 이해시키기]
T: 오늘은 ‘송 메이커’ 앱을 활용해 푸바오 움직임에 어울리는 음악을 만들어 보려고 해요.

5. 디지털 매체 조작의 인과관계를 이해한다.

[3단계 – 조작의 인과관계 이해시키기]
T: ‘송 메이커’ 앱을 누르니 무엇이 보이나요?(네모칸, 동그라미)
</td></tr>
</table>

교육 운영	전개	T: 각각은 무엇을 의미할까요? T: 선생님이 네모 칸을 눌러볼게요. 무엇이 달라졌나요? T: 네모 칸의 위치에 따라 다른 색깔의 네모가 나타나네요. 그럼 또 다른 색깔이 나오는지 누가 나와서 눌러볼까요? T: 색깔 네모들이 서로 다른 소리를 낸대요. 소리를 들어보려면 무엇을 눌러야 할까요? T: 그럼 가장 높은 음/낮은 음을 내려면 어느 위치의 칸을 눌러야 할까요? T: 네모 칸의 위치와 색깔에 따라 음의 높낮이가 달라지는군요. 그럼 동그라미를 누르면 어떻게 되는지 살펴볼까요? 그리고 소리도 들어볼까요? 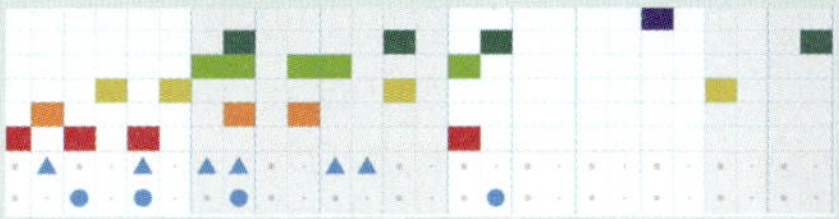 **6. 디지털 매체를 직접 조작해본다.** **[4단계 – 직접 조작의 기회 제공하기]** T: 이제 직접 '송 메이커'로 푸바오 움직임에 어울리는 나만의 음악을 만들어 보기로 해요. **7. 디지털 매체 활용에 관한 규칙을 정한다.** **[5단계 – 활용목적 달성 여부에 따른 활동 제한 규칙 안내하기]** T: 태블릿PC의 '송 메이커'는 무슨 활동을 하기 위해서 사용하기로 했었죠? T: 그럼, 놀이시간에 각자 1개 음악을 만들 때까지만 활용하고, 다음 친구에게 차례를 넘기기로 해요.
	마무리	**8. 활동 결과물을 활용해 창의적 활동을 한다.** **[6단계 – 창의적으로 활용할 수 있는 기회 주기]** T: 음악을 다 만든 사람은 언어영역에서 음악의 제목을 지어주어요. **9. 활동을 평가한다.** T: '송 메이커'로 음악을 만들면서 새롭게 알게 된 점이 있나요? T: 디지털 매체로 음악을 만들면서 어떤 점이 좋고/불편했나요? T: 불편했던 점은 어떻게 해결할 수 있을까요?
교육 평가	교사 평가 유아 평가	※7장의 평가 항목에 따라 평가해 보세요.

구분	항목	내용
교육 설계	관련 교과	건강 + 수학
	공통 주제	인공지능아, 놀잇감 정리를 도와줘!
	관련 교육 개념	• **건강교과 개념: 분리수거의 필요성을 알고 실천하기** 신체운동 · 건강 영역 > 건강하게 생활하기 > 자신의 몸과 주변을 깨끗이 한다. • **수학교과 개념: 인공지능 학습방법에 관심 가지기** 자연탐구 영역 > 탐구 과정 즐기기 > 일상에서 모은 자료를 기준에 따라 분류한다.
	디지털 매체	전자칠판, 태블릿PC, '티처블 머신'
교육 운영	도입	**1. 쓰레기가 정리되지 않은 교실에 관심을 갖는다.** T: (전자칠판 활용) 교실 사진을 보여줄게요. T: 쓰레기가 많으면 어떻게 될까요? 그런데, 쓰레기 중에는 우리가 쓸 만한 것들도 있네요. 무엇이 있나요? T: 다시 쓸 수 있는 것들을 분류하면 어떤 점이 좋을까요? **2. 새로운 디지털 매체 활용에 관심을 갖는다.** [1단계 – 호기심 자극을 통해 활용의 동기부여하기] T: 여기 있는 앱('티처블 머신'을 가리키며)은 같은 특징을 가진 것끼리 분류를 하는 데 도움을 준대요. T: 어떻게 쓰레기 분리수거를 도와줄까요?
	전개	**3. 디지털 매체 활용의 목적을 안다.** [2단계 – 활용의 목적 이해시키기] T: 오늘은 '티처블 머신' 앱을 활용해 분리수거를 해보려고 해요. **4. 디지털 매체 조작의 인과관계를 이해한다.** [3단계 – 조작의 인과관계 이해시키기] T: '티처블 머신'은 우리가 분리해야 할 쓰레기를 종류별로 가르쳐야 한대요. 자, 그럼 가르쳐볼까요? T: '티처블 머신' 화면에서 '시작하기'라고 쓰인 파란색 버튼을 눌러볼게요. 그랬더니 무엇이 보이나요?  T: 사진, 음성, 움직임 중 어떤 것을 사용해 가르칠 건지를 선택하는 거예요. 오늘은 사진을 활용한 '이미지 프로젝트' 방법을 사용해 볼게요. 눌렀더니 무엇이 보이나요? 

<table>
<tr>
<td rowspan="2">교육
운영</td>
<td>전개</td>
<td>T: 왼쪽 하얀 네모들은 분류하는 바구니들이에요. 맨 아래 추가를 누르면 바구니를 더 만들 수 있어요.
T: 그럼 쓰레기를 어떻게 분류하면 좋을지 생각해서 바구니를 만들어 볼까요? 어떤 종류로 분류할 수 있을까요?
T: 그럼, 바구니 위의 연필 모양을 눌러 '종이류'라고 써볼게요.
T: 이제 종이쓰레기 사진을 보여주면서 가르쳐야 해요. 어떤 것을 눌러야 앱에서 쓰레기 사진을 확인할 수 있을까요?
T: 누가 첫 번째 종이쓰레기를 가져와 카메라에 비춰볼까요?
T: 카메라가 정확히 인식하려면 어떻게 비추면 좋을까요?
T: 이제 우리가 보여준 사진들로 앱이 스스로 공부할 시간을 주려고 해요. 바구니 옆에 '모델 학습시키기'를 누가 눌러볼까요?
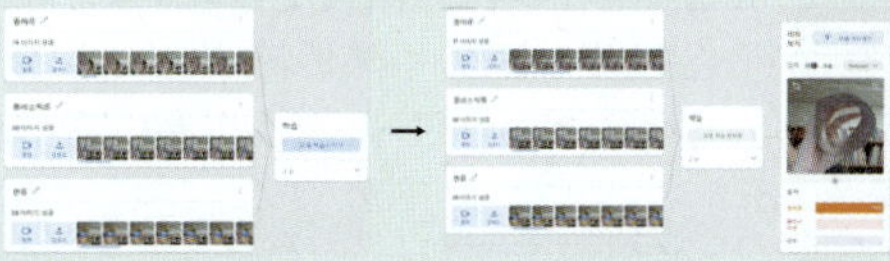
T: 학습 후에 화면의 무엇이 달라졌나요?
T: 새로 생긴 카메라 화면에 누가 새로운 쓰레기를 비춰볼까요? 어느 바구니로 분류되어야 한다고 알려주고 있나요?

5. 디지털 매체를 직접 조작해본다.
[4단계 – 직접 조작의 기회 제공하기]
T: 이제 직접 '티처블 머신'으로 남은 쓰레기를 분리수거해 봐요.

6. 디지털 매체 활용에 관한 규칙을 정한다.
[5단계 – 활용목적 달성 여부에 따른 활동 제한 규칙 안내하기]
T: 태블릿PC의 '티처블 머신'은 무슨 활동을 하기 위해서 사용하기로 했었죠?
T: 그럼, 놀이시간에 각자 1~2개 쓰레기를 분리하고, 다음 친구에게 차례를 넘기기로 해요.</td>
</tr>
<tr>
<td>마무리</td>
<td>7. 활동 결과물을 활용해 창의적 활동을 한다.
[6단계 – 창의적으로 활용할 수 있는 기회 주기]
T: 집에서도 '티처블 머신'을 활용해 분리수거를 실천해봐요.

8. 활동을 평가한다.
T: '티처블 머신'을 사용하면서 새롭게 알게 된 점이 있나요?
T: '티처블 머신'을 활용해보니 어떤 점이 좋고/불편했나요?
T: 불편했던 점은 어떻게 해결할 수 있을까요?</td>
</tr>
<tr>
<td>교육
평가</td>
<td>교사 평가
유아 평가</td>
<td>※7장의 평가 항목에 따라 평가해 보세요.</td>
</tr>
</table>

<table>
<tr><td rowspan="4">교육 설계</td><td>관련 교과</td><td>안전 + 언어 + 사회</td></tr>
<tr><td>공통 주제</td><td>놀이터 안전 책자를 만들어요.</td></tr>
<tr><td>관련 교육 개념</td><td>• 안전교과 개념: 놀이터 안전 수칙 알기
신체운동 · 건강영역 > 안전하게 생활하기 > 일상에서 안전하게 놀이하고 생활한다.
• 언어교과 개념: 자신의 생각을 글과 그림으로 표현하기
의사소통 영역 > 읽기와 쓰기에 관심 가지기 > 자신의 생각을 글자와 비슷한 형태로 표현한다.
• 사회교과 개념: 놀이 약속과 규칙의 필요성을 알고 실천하기
사회관계 영역 > 더불어 생활하기 > 약속과 규칙의 필요성을 알고 지킨다.</td></tr>
<tr><td>디지털 매체</td><td>알파미니, 태블릿PC, '북 크리에이터'</td></tr>
<tr><td rowspan="2">교육 운영</td><td>도입</td><td>1. 놀이터에서의 안전규칙에 관심을 갖는다.
T: (알파미니 활용) 우리 반에 있는 로봇 친구가 여러분에게 들려주고 싶은 이야기가 있대요. 무슨 이야기인지 같이 들어볼까요?

"얘들아 안녕?, 내가 지난번 친구들이 바깥놀이터에서 놀이하는 모습을 보았는데, 너무 위험해 보였어. 미끄럼틀을 타려고 계단을 여러 명이 뛰어 올라가더라고. 내려올 때도 아직 친구가 다 내려오지 않았는데 또 타고 내려와서 하마터면 부딪힐 뻔 했었어. 그네를 탈 때도 그네 타는 친구의 앞뒤로 지나다니는 모습이 너무 위험해 보였어. 놀이터에도 안전규칙이 있는데 혹시 너희들은 알고 있니? 놀이기구마다 안전규칙을 생각해보고, 모르는 친구들이 알 수 있도록 도와주면 좋겠어. 그럼 이만 안녕~"

T: 바깥놀이터에서 무슨 위험한 일들이 있었나요?
T: 바깥놀이터의 놀이기구마다 지켜야 할 안전규칙은 무엇이 있나요?

2. 새로운 디지털 매체 활용에 관심을 갖는다.

[1단계 – 호기심 자극을 통해 활용의 동기부여하기]
T: 여기 있는 앱('북 크리에이터'를 가리키며)을 사용하면 우리가 원하는 책을 만들 수 있대요.
T: 놀이터 안전규칙도 책으로 만들어볼 수 있을까요?</td></tr>
<tr><td>전개</td><td>3. 디지털 매체 활용의 목적을 안다.

[2단계 – 활용의 목적 이해시키기]
T: 오늘은 '북 크리에이터' 앱을 활용해 바깥놀이터에서 지켜야 할 안전규칙을 책으로 만들어보기로 해요. 어떤 놀이기구의 안전규칙부터 만들어볼까요?

4. 디지털 매체 조작의 인과관계를 이해한다.

[3단계 – 조작의 인과관계 이해시키기]
T: '북 크리에이터' 앱에서 책을 만들려면, 노란색 버튼을 눌러야 한대요. 노란색 버튼에 무엇이 보이나요? '+'의 의미가 무엇일 것 같나요? 버튼을 눌렀더니 화면에 무엇이 보이나요?</td></tr>
</table>

교육 운영	전개	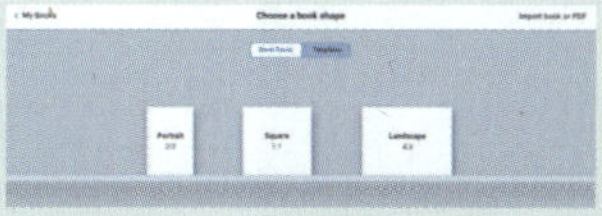 T: 우리가 원하는 책의 형태를 골라볼 수 있어요. 누가 눌러볼까요? 화면이 어떻게 바뀌었나요? T: 이곳에 글과 그림으로 책을 한 장씩 만들 수 있대요. 무엇을 눌러야 할까요? '+'가 있는 것을 눌러볼까요? T: 노란색의 '+' 버튼을 누르니 무엇이 보이나요? 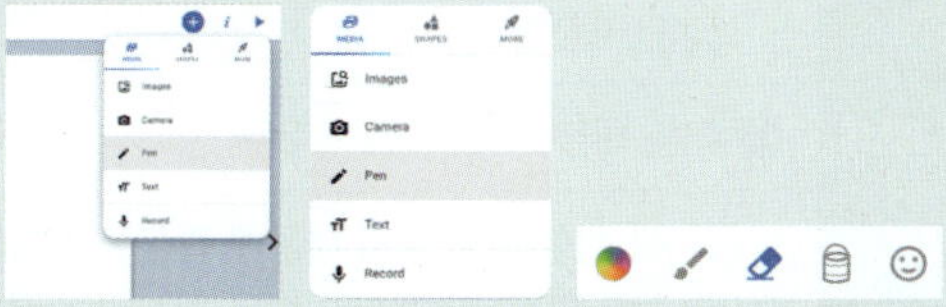 T: 각각의 도구들은 무엇을 의미할까요? 각각을 활용해서 완성해 보기로 해요. T: 다음 페이지로 넘어가려면 무엇을 눌러야 할까요? 화살표를 눌러가며 책을 완성해 봐요. **5. 디지털 매체를 직접 조작해본다.** [4단계 – 직접 조작의 기회 제공하기] T: 이제 직접 '북 크리에이터' 앱을 활용해서 원하는 놀이기구의 안전규칙 책을 만들어 봐요. **6. 디지털 매체 활용에 관한 규칙을 정한다.** [5단계 – 활용목적 달성 여부에 따른 활동 제한 규칙 안내하기] T: 태블릿PC의 '북 크리에이터'는 무슨 활동을 위해 사용하기로 했었죠? T: 그럼, 놀이시간에 같은 놀이기구의 안전규칙 책을 만들 친구들과 책 한 권을 완성한 후, 다음 친구들에게 차례를 넘기기로 해요.
	마무리	**7. 활동 결과물을 활용해 창의적 활동을 한다.** [6단계 – 창의적으로 활용할 수 있는 기회 주기] T: '북 크리에이터'로 책을 만든 후, 완성된 책과 어울리는 상황극 놀이를 해보기로 해요. **8. 활동을 평가한다.** T: '북 크리에이터'를 사용하면서 새롭게 알게 된 점이 있나요? T: '북 크리에이터'를 활용해보니 어떤 점이 좋고/불편했나요? T: 불편했던 점은 어떻게 해결할 수 있을까요?
교육 평가	교사 평가 유아 평가	※7장의 평가 항목에 따라 평가해 보세요.

<table>
<tr><td rowspan="4">교육
설계</td><td>관련 교과</td><td>언어 + 동작 + 미술</td></tr>
<tr><td>공통 주제</td><td>'봄의 친구들' 동시 속 연상되는 장면이 있어요.</td></tr>
<tr><td>관련
교육 개념</td><td>• 언어교과 개념: 동시 내용 이해하기
의사소통 영역 > 책과 이야기 즐기기 > 동화, 동시에서 말의 재미를 느낀다.
• 동작교과 개념: 창의적인 움직임 표현하기
예술경험 영역 > 창의적으로 표현하기 > 신체나 도구를 활용하여 움직임과 춤으로 자유롭게 표현한다.
• 미술교과 개념: 동시의 심상을 그림으로 표현하기
예술경험 영역 > 창의적으로 표현하기 > 다양한 미술 재료와 도구로 자신의 생각과 느낌을 표현한다.</td></tr>
<tr><td>디지털 매체</td><td>미니 빔, 태블릿PC, '오토드로우'</td></tr>
<tr><td rowspan="2">교육
운영</td><td>도입</td><td>1. 동시를 회상하며, 동시 내용에 관심을 갖는다.
T: (미니 빔 활용) 지난 시간 배운 동시와 관련된 이미지예요. 무엇이 보이나요?
T: 이미지들을 보면서 동시를 읊어 봐요.
T: 동시 속 이미지들을 상상하며, 나와서 몸으로 표현해 볼까요?

2. 새로운 디지털 매체 활용에 관심을 갖는다.
[1단계 – 호기심 자극을 통해 활용의 동기부여하기]
T: 여기 있는 앱('오토드로우'를 가리키며)은 동시 속 이미지들의 모습을 그림으로 그려볼 수 있대요.
T: 어떻게 그림을 그릴 수 있을까요?</td></tr>
<tr><td>전개</td><td>3. 디지털 매체 활용의 목적을 안다.
[2단계 – 활용의 목적 이해시키기]
T: 오늘은 '오토드로우' 앱을 활용해 동시에서 연상되는 장면을 그려보려고 해요.

4. 디지털 매체 조작의 인과관계를 이해한다.
[3단계 – 조작의 인과관계 이해시키기]
T: '오토드로우' 화면에 무엇이 보이나요?

T: 화면에 보이는 것들은 어떤 것을 의미하는 것 같나요? 그럼 먼저 색칠하기 전 윤곽 그림을 그려보고 싶은데 무엇을 눌러야 할까요?
T: 누가 나와서 눌러보고, 그림도 그려볼까요?</td></tr>
</table>

<table>
<tr>
<td rowspan="2">교육
운영</td>
<td>전개</td>
<td>
T: 그런데, 검은색 펜은 무엇을 의미할까요? 마술처럼 반짝이는 것 같기도 하네요.
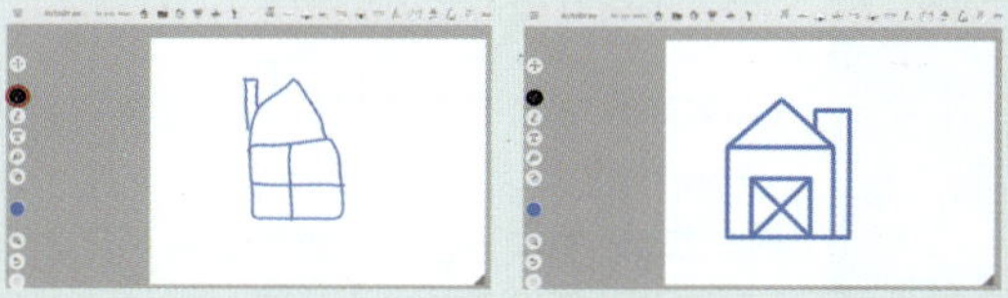
T: 검은색 펜은 우리가 그린 그림과 비슷한 그림을 추천해서 마술처럼 그려주는군요.
T: 만약 색칠을 해보고 싶다면, 어떤 것을 눌러야 할까요? 색은 어떻게 바꿀까요? 누가 나와서 해볼까요?

T: 완성된 그림 속 연상되는 역할이 있나요? 누가 나와서 상상 속 역할이 되어 움직여 볼까요?

5. 디지털 매체를 직접 조작해본다.
[4단계 – 직접 조작의 기회 제공하기]
T: 이제 직접 '오토드로우'로 동시에서 연상되는 장면을 그림으로 그려보기로 해요.

6. 디지털 매체 활용에 관한 규칙을 정한다.
[5단계 – 활용목적 달성 여부에 따른 활동 제한 규칙 안내하기]
T: 태블릿PC의 '오토드로우'는 무슨 활동을 하기 위해서 사용하기로 했었죠?
T: 그럼, 놀이시간에 각자 연상 그림을 1개 그린 후, 다음 친구에게 차례를 넘기기로 해요.
</td>
</tr>
<tr>
<td>마무리</td>
<td>
7. 활동 결과물을 활용해 창의적 활동을 한다.
[6단계 – 창의적으로 활용할 수 있는 기회 주기]
T: '오토드로우'로 그린 그림을 출력해서 동시 내용에 알맞은 역할들의 말풍선을 꾸며보기로 해요.

8. 활동을 평가한다.
T: '오토드로우'를 사용하면서 새롭게 알게 된 점이 있나요?
T: '오토드로우'를 활용해보니 어떤 점이 좋고/불편했나요?
T: 불편했던 점은 어떻게 해결할 수 있을까요?
</td>
</tr>
<tr>
<td>교육
평가</td>
<td>교사 평가
유아 평가</td>
<td>※7장의 평가 항목에 따라 평가해 보세요.</td>
</tr>
</table>

교육 설계	관련 교과	사회 + 동작 + 수학
	공통 주제	교실을 올림픽 경기장으로 변신!
	관련 교육 개념	• **사회교과 개념: 다양한 생활 속 공간에 관심 가지기** 사회관계 영역 > 사회에 관심 가지기 > 내가 살고 있는 곳에 대해 궁금한 것을 알아본다. • **동작교과 개념: 공간에 적합한 신체 자세 만들기** 신체운동 · 건강 영역 > 신체활동 즐기기 > 신체 움직임을 조절한다. • **수학교과 개념: 공간을 구성하기** 자연탐구 영역 > 생활 속에서 탐구하기 > 물체의 위치와 방향, 모양을 알고 구별한다.
	디지털 매체	미니 빔, AI 스피커, 태블릿PC '크로마비드'
교육 운영	도입	**1. 다양한 생활 공간에 관심을 갖는다.** T: (미니 빔 활용) 보이는 곳(지하철)은 어디일까요? 타 본 경험이 있나요? T: 누가 앞에 나와서 공간에 어울리는 포즈를 취해볼까요? T: 공간에 필요한 물건들은 무엇이 있을까요? 왜 그렇게 생각했나요? **2. 새로운 디지털 매체 활용에 관심을 갖는다.** **[1단계 – 호기심 자극을 통해 활용의 동기부여하기]** T: 여기 있는 앱('크로마비드'를 가리키며)을 사용하면 우리가 있는 공간을 다양하게 바꿀 수 있대요. T: 어떤 공간으로 바꾸고 싶나요? 어떻게 공간을 바꿀 수 있을까요?
	전개	**3. 디지털 매체 활용의 목적을 안다.** **[2단계 – 활용의 목적 이해시키기]** T: 오늘은 '크로마비드' 앱을 활용해 교실을 올림픽 경기장으로 바꾸어 보려고 해요. **4. 디지털 매체 조작의 인과관계를 이해한다.** **[3단계 – 조작의 인과관계 이해시키기]** T: '크로마비드'를 활용해 배경을 바꾸려면 우선 초록색 천이 필요해요. 그래서 초록색 천을 앞에 붙여볼게요. T: '크로마비드'에서 초록색 배경을 누르니 무엇이 보이나요? 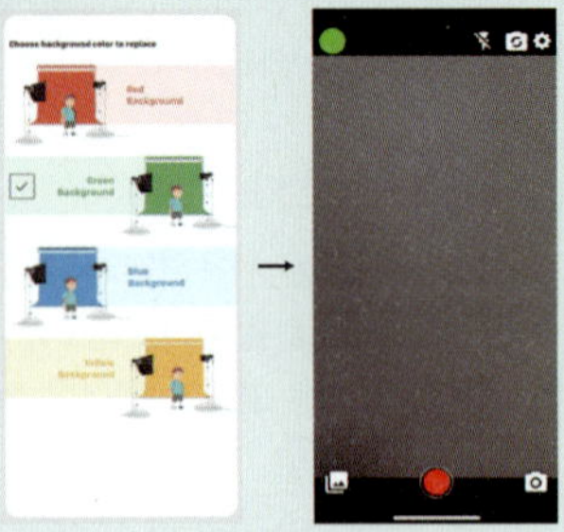

<table>
<tr><td rowspan="2">교육
운영</td><td>전개</td><td>T: 배경을 바꾸려면 어떤 것을 눌러야 할까요?
T: 원하는 경기장 배경을 선택해 볼까요? 축구 경기장을 선택할까요?
T: 그리고 축구 경기장에 필요한 것들을 AI 스피커에게 물어볼까요?
T: AI 스피커에게 어떤 질문을 하면 좋을까요?
T: AI 스피커가 알려 준 골대를 우리가 몸으로 만들어 볼까요?
T: 공간의 어느 위치에 어떤 방향으로 골대가 있어야 할까요?
T: 누가 배경 앞에서 골대가 되어 볼까요?
T: 그럼 사진을 찍어볼까요? 어떤 버튼을 눌러야 할까요? 빨간버튼을 눌러 사진을 찍어봐요.
T: 이번에 축구공은 어떻게 몸으로 만들어볼까요?
T: 이번에도 사진을 찍어볼까요?

5. 디지털 매체를 직접 조작해본다.

[4단계 – 직접 조작의 기회 제공하기]
T: 이제 직접 ‘크로마비드’와 AI 스피커를 활용해서 다른 경기장 공간을 만들어보기로 해요.

6. 디지털 매체 활용에 관한 규칙을 정한다.

[5단계 – 활용목적 달성 여부에 따른 활동 제한 규칙 안내하기]
T: 태블릿PC의 ‘크로마비드’와 AI 스피커는 무슨 활동을 하기 위해서 사용하기로 했었죠?
T: 그럼, 놀이시간에 같은 공간을 꾸밀 친구들과 1개 공간을 완성하고 사진을 찍은 후, 다음 친구들에게 차례를 넘기기로 해요.</td></tr>
<tr><td>마무리</td><td>7. 활동 결과물을 활용해 창의적 활동을 한다.

[6단계 – 창의적으로 활용할 수 있는 기회 주기]
T: ‘크로마비드’로 사진을 찍은 후, 사진에 어울리는 그림을 추가로 그려보기로 해요.

8. 활동을 평가한다.

T: ‘크로마비드’와 AI 스피커를 사용하면서 새롭게 알게 된 점이 있나요?
T: ‘크로마비드’와 AI 스피커를 활용해보니 어떤 점이 좋고/불편했나요?
T: 불편했던 점은 어떻게 해결할 수 있을까요?</td></tr>
<tr><td>교육
평가</td><td>교사 평가
유아 평가</td><td>※7장의 평가 항목에 따라 평가해 보세요.</td></tr>
</table>

<table>
<tr><td rowspan="4">교육
설계</td><td>관련 교과</td><td>**과학 + 미술 + 음악**</td></tr>
<tr><td>공통 주제</td><td>자세히 관찰하면 느껴지는 것들!</td></tr>
<tr><td>관련
교육 개념</td><td>• **과학교과 개념: 주변 세계와 자연을 세밀하게 관찰하기**
자연탐구 영역 > 탐구과정 즐기기 > 주변 세계와 자연에 대해 지속적으로 호기심을 가진다.
• **미술교과 개념: 주변 세계와 자연에서 미술적 요소를 찾아보기**
예술경험 영역 > 아름다움 찾아보기 > 다양한 예술적 요소에 관심을 갖고 찾아본다.
• **음악교과 개념: 새롭게 느낀 것을 음악적 요소로 표현하기**
예술경험 영역 > 창의적으로 표현하기 > 신체, 사물, 악기로 간단한 소리와 리듬을 만들어 본다.</td></tr>
<tr><td>디지털 매체</td><td>디지털 현미경, 전자칠판, 태블릿PC, 구글 크롬 뮤직 랩 '리듬'</td></tr>
<tr><td rowspan="2">교육
운영</td><td>도입</td><td>**1. 디지털 현미경을 통한 관찰 전과 후에 관심을 갖는다.**
T: (전자칠판 활용) 여기 보이는 사진이 무엇인지 알아맞혀 볼까요?
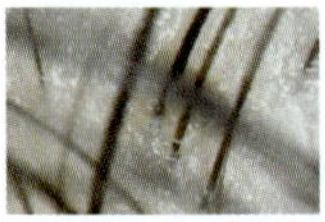 
T: 머리 안쪽과 깻잎을 자세히 관찰한 사진이에요. 어떤 점이 새롭게 보이나요?
T: 머리카락의 움직임 영상을 보고, 그림으로 표현해 볼까요?
T: 굵기의 차이에 따라 움직임도 다른가요? 소리로 움직임을 표현해 볼까요?

2. 새로운 디지털 매체 활용에 관심을 갖는다.
[1단계– 호기심 자극을 통해 활용의 동기부여하기]
T: 디지털 현미경을 사용하면 눈으로 보지 못한 것까지 자세히 볼 수 있대요. 그리고 여기 있는 앱('리듬'을 가리키며)을 사용하면 음악 리듬을 만들어볼 수 있대요.
T: 주변에서 무엇을 자세히 살펴보고, 그 특징을 음악으로도 표현해 보고 싶나요?</td></tr>
<tr><td>전개</td><td>**3. 디지털 매체 활용의 목적을 안다.**
[2단계 – 활용의 목적 이해시키기]
T: 오늘은 디지털 현미경을 활용해 자세히 살펴보고, 새롭게 느낀 점을 '리듬' 앱을 활용해 음악으로 표현해 보려고 해요.

4. 디지털 매체 조작의 인과관계를 이해한다.
[3단계 – 조작의 인과관계 이해시키기]
T: 디지털 현미경을 활용해서 개미를 자세히 살펴볼까요?
T: 태블릿PC와 연결하고 디지털 현미경 앱을 누르니, 화면이 보여요. 그런데 선명하게 보이지 않네요. 어떻게 해야 할까요?
</td></tr>
</table>

교육 운영	전개	T: 조절하는 부분을 돌려서 초점을 맞출 수 있네요. 누가 나와서 초점을 맞춰 더 자세히 살펴볼까요? T: 만약 영상으로 찍으려면 어떻게 해야 할까요? 카메라 모양 버튼을 눌러볼까요? T: 같이 녹화된 영상을 살펴보니, 어떤 점이 새롭게 느껴지나요? T: 개미의 어떤 점이 다르게 보이나요? T: 보이지 않던 움직임을 음악으로 표현해 볼까요? '리듬' 앱을 실행하니 화면에 무엇이 보이나요? 각각 무엇일 것 같나요?  T: 화면에 보이는 것들을 눌러보고, 어떤 기능인지 알아볼까요? T: 점을 눌러서 어울리는 리듬을 만들어요. 리듬에 맞는 악기를 선택해 들어봐요. 어떤 리듬과 어떤 악기가 어울리나요? **5. 디지털 매체를 직접 조작해본다.** [4단계 – 직접 조작의 기회 제공하기] T: 이제 직접 디지털 현미경과 '리듬' 앱을 활용해서 주변의 것을 자세히 살펴보고, 음악 리듬으로 표현해 보기로 해요. **6. 디지털 매체 활용에 관한 규칙을 정한다.** [5단계 – 활용목적 달성 여부에 따른 활동 제한 규칙 안내하기] T: 디지털 현미경과 태블릿PC의 '리듬'은 무슨 활동을 하기 위해서 사용하기로 했었죠? T: 그럼, 놀이시간에 친구들과 자세히 살펴보고 싶은 것 1개를 선택해 살펴보며, 영상을 찍고, 어울리는 음악을 만든 후 다음 친구들에게 차례를 넘기기로 해요.
	마무리	**7. 활동 결과물을 활용해 창의적 활동을 한다.** [6단계 – 창의적으로 활용할 수 있는 기회 주기] T: '리듬'으로 음악을 만든 후, 실제 악기로 리듬에 맞게 연주해 보기로 해요. 미술 영역에서 그림으로 표현해 보기도 해요. **8. 활동을 평가한다.** T: 디지털 현미경과 '리듬'에 대해 새롭게 알게 된 점이 있나요? T: 디지털 현미경과 '리듬'의 어떤 점이 좋고/불편했나요? T: 불편했던 점은 어떻게 해결할 수 있을까요?
교육 평가	교사 평가 유아 평가	※7장의 평가 항목에 따라 평가해 보세요.

2. 놀이중심의 디지털 활용교육

놀이중심의 디지털 활용교육은 유아가 스스로 활용 동기와 목적을 가질 수 있도록 유아 놀이에 기초하여 디지털 활용을 교육에 접목한 것이다. 따라서 자유 놀이시간에 유아가 놀이상황에서 디지털을 활용하도록 지원하거나 유아의 놀이를 지원하기 위한 교과 활동으로 디지털을 활용한 교육을 운영할 수 있다. 이를 통해 유아는 올바른 디지털 활용태도를 기를 수 있다. 이에 따라 실제편 구성도 **자유놀이 지원**[1]과 **놀이 지원을 위한 교과 활동**[2]으로 구분하여 제시하였다.

1) 자유놀이 지원

관련 지원 예시 목록

관련 놀이	디지털 매체	페이지
동물들이 교실에 놀러 왔어요!	스마트폰(태블릿PC), 'ARLOOPA'	204
우리 유치원 주변에는 무엇이 있을까요?	스마트폰(태블릿PC), '네이버 지도'	206
인형을 움직여 애니메이션을 제작해요.	스마트폰(태블릿PC), 'Stop Motion Studio'	208
디지털 현미경으로 자세히 관찰해요.	스마트폰(태블릿PC), 디지털 현미경	210
어디든 갈 수 있어요.	스마트폰, 구글 VR 카드보드, '유튜브'	212
스마트렌즈에게 무엇이든 물어보세요.	스마트폰(태블릿PC), '구글(스마트렌즈)'	214
나비가 살아 움직여요.	스마트폰(태블릿PC), '쿼버'	216

MEMO

<table>
<tr><td rowspan="3">놀이 기록</td><td>놀이 상황</td><td>몇몇 유아들이 쌓기 영역에서 벽돌 블록과 레고를 이용하여 울타리를 만들고 있음. 완성된 울타리를 보며 '동물원'이라 명명하고 동물모형으로 움직임과 울음소리를 흉내 내며 동물원 놀이에 관심을 보임</td></tr>
<tr><td>놀이 한계점</td><td>교사가 그림책이나 사진, 모형 등으로 놀이를 지원해 주었으나 동물의 움직임, 울음소리 등 생동감 있는 경험을 지원하기에는 한계가 있음</td></tr>
<tr><td>지원 계획</td><td>교사는 유아들이 구성한 동물원에 증강현실AR을 활용하여 실제 동물을 불러오는 경험을 하도록 놀이를 지원하고자 함</td></tr>
<tr><td colspan="3">동물들이 교실에 놀러 왔어요!</td></tr>
<tr><td rowspan="2">디지털 활용 놀이</td><td>디지털 매체</td><td>스마트폰(태블릿PC), 'ARLOOPA'</td></tr>
<tr><td colspan="2">

[1단계 – 호기심 자극을 통해 활용의 동기부여하기]

T: 너희가 만든 동물원에 진짜 동물을 데려올 수 있는 방법이 있단다. 스마트폰(태블릿PC)을 활용하여 교실로 불러올 수 있지. 어떻게 할 수 있을까?

[2단계 – 활용의 목적 이해시키기]

T: 스마트폰(태블릿PC)에 있는 'ARLOOPA'라는 앱을 활용하면, 다양한 동물들을 교실로 불러올 수 있단다.

[3단계 – 조작의 인과관계 이해시키기]

T: 앱을 켜니, 화면에 무엇이 보이니?

T: 화면에 보이는 동물을 실제 교실에 불러오려면 어떻게 할 수 있을까?

T: 동물을 선택한 후 스마트폰(태블릿PC)을 바닥에 천천히 비추면 동물이 나타나게 된단다.

</td></tr>
</table>

디지털 활용 놀이

T: 그리고 옆에 있는 스피커 모양을 눌러보자. 어떻게 되었니?
T: 이 스피커 모양을 누르면 동물의 울음소리도 들을 수 있어.

[4단계 – 직접 조작의 기회 제공하기]

T: 이제 너희들이 한번 해보자. 동물원 안으로 호랑이를 데려오려면 어떻게 할 수 있을까?
T: 화면에 나타난 동물을 손가락으로 누르고 기기를 움직이면 원하는 위치에 동물을 데려올 수 있단다. 한번 해볼까?
T: 너희가 만든 동물원에 정말로 호랑이가 살고 있는 느낌이네.

C: 선생님, 그런데 스마트폰(태블릿PC)을 들고 있어야 해서 놀 수가 없어요.
T: 그런 불편함이 있구나. 그럼 어떤 방법으로 동물들과 함께 놀이할 수 있을까?
C: 스마트폰(태블릿PC)을 세워 둘 것이 필요해요.
T: 삼각대를 활용하면, 너희들이 좀 더 편리하게 놀이할 수 있을 거 같아.

[5단계 – 활용목적 달성 여부에 따른 활동 제한 규칙 안내하기]

T: 이 앱은 무엇을 위해 활용하기로 했었지? 동물원에 동물들을 데려왔다면, 다른 친구들을 위해 스마트폰(태블릿PC)을 넘겨주자.

[6단계 – 창의적으로 활용할 수 있는 기회 주기]

T: 동물들과 함께 놀이하는 모습을 사진으로 남겨보고, 무엇을 하면 좋을까?
T: 사진을 찍고 난 후에는 사진을 종이에 붙이고 주변에 동물원을 그림으로 그려보자.
T: 그리고 놀이가 끝난 후에는 오늘 한 놀이를 친구들에게 소개해주자.

교육 평가

※7장의 평가 항목에 따라 평가해 보세요.

<table>
<tr><td rowspan="3">놀이 기록</td><td>놀이 상황</td><td>미술영역에서 유아들이 유치원 가는 길을 그림 그리며 유치원 주변 건물들의 종류와 위치에 관심을 보임</td></tr>
<tr><td>놀이 한계점</td><td>교사가 유아들에게 종이 지도를 제공하여 놀이를 지원해 주었으나, 2차원 지도로 궁금증을 해소하기에는 한계가 있음</td></tr>
<tr><td>지원 계획</td><td>교사는 '네이버 지도'를 활용하여 유아들이 유치원 주변을 생생하게 탐색하도록 놀이를 지원하고자 함</td></tr>
<tr><td colspan="3">우리 유치원 주변에는 무엇이 있을까요?</td></tr>
<tr><td rowspan="2">디지털 활용 놀이</td><td>디지털 매체</td><td>스마트폰(태블릿PC), '네이버 지도'</td></tr>
<tr><td colspan="2">

[1단계 – 호기심 자극을 통해 활용의 동기부여하기]

T: (유아의 놀이를 관찰하던 교사) 스마트폰(태블릿PC)을 활용하면, 우리 유치원 주변에 어떤 건물이 있는지 실제 가보지 않고도 살펴볼 수 있는 방법이 있단다. 어떻게 할 수 있을 것 같니?

[2단계 – 활용의 목적 이해시키기]

T: 스마트폰(태블릿PC)에 있는 '네이버 지도'라는 앱을 활용하면, 유치원 주변을 살펴볼 수 있단다.

[3단계 – 조작의 인과관계 이해시키기]

T: 앱을 켜니, 화면에 무엇이 보이니? 유치원 주변을 살펴보려면, 무엇을 눌러야 할까?

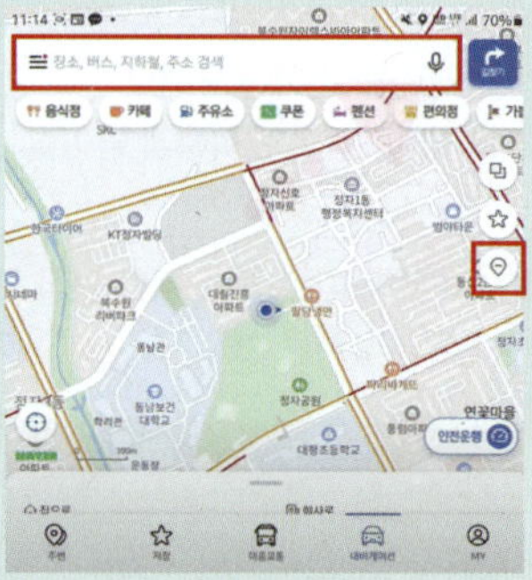

T: 검색창에 유치원 이름을 입력할 수도 있고, 글자 입력이 어렵다면, 말로도 할 수 있는데, 그럼 무엇을 눌러야 할까?

T: 지금 보이는 지도를 실제 우리가 이 장소에 있는 것처럼 볼 수 있단다. 무엇을 눌러야 할까? 눌렀더니 어떤 것들이 보이니?

</td></tr>
</table>

디지털 활용 놀이

T: 화면에 무엇이 보이니? 하얀 카메라 모양이 보이니? 위치를 이동시키고 싶으면 어떻게 해야 할까?

T: 화면을 크게 보고 싶다면 무엇을 눌러야 할까?

[4단계 – 직접 조작의 기회 제공하기]

T: 이제 너희들이 직접 유치원 주변을 탐색해 보고, 아는 곳도 찾아보자.

C: 선생님, 그런데 사람들 얼굴이랑 자동차 번호판은 왜 가려져 있어요?

T: 왜 가려져 있다고 생각하니?

T: 지도를 안내하기 위해 허락 없이 촬영한 사진이기 때문에 사람들의 얼굴과 자동차 번호판을 가려둔 것이란다. 이처럼 다른 사람들에게 사진을 공유하기 위해서는 지켜야 하는 약속들이 있단다.

[5단계 – 활용목적 달성 여부에 따른 활동 제한 규칙 안내하기]

T: 이 앱은 무엇을 위해 활용하기로 했었지? 유치원 주변을 살펴보았다면, 다른 친구들을 위해 스마트폰(태블릿PC)을 넘겨주자.

[6단계 – 창의적으로 활용할 수 있는 기회 주기]

T: 지도 탐색이 끝났다면, 지도에서 본 것들을 도화지에 그려보고 친구들에게 소개해 주자. 또 쌓기 영역에서 블록으로 유치원 가는 길을 만들어 보자.

T: 그리고 놀이가 끝난 후에는 오늘 한 놀이를 친구들에게 소개해 주자.

교육 평가

※ 7장의 평가 항목에 따라 평가해 보세요.

놀이 기록	놀이 상황	유아들이 역할놀이 영역에서 인형놀이를 하고 있음. 인형놀이를 하면서 소풍과 관련된 이야기 꾸미기에도 관심을 보임
	놀이 한계점	교사가 소풍과 관련된 자료들을 제공해주었으나, 놀이가 일회성이거나 단순반복으로 이루어져 이야기가 풍부해지는 데 한계가 있음
	지원 계획	교사는 'Stop Motion Studio' 앱을 활용해 유아들의 놀이를 기록으로 남겨 놀이를 서로 공유함으로써 이후 놀이가 점차 풍부해지도록 지원하고자 함
인형을 움직여 애니메이션을 제작해요.		
디지털 활용 놀이	디지털 매체	스마트폰(태블릿PC), 'Stop Motion Studio'
	[1단계 – 호기심 자극을 통해 활용의 동기부여하기] T: (유아의 놀이를 관찰하던 교사) 스마트폰(태블릿PC)을 활용한다면 ○○가 들고 있는 작은 인형이 마치 움직이는 것처럼 영상을 만들 수 있단다. 어떻게 할 수 있을 것 같니?	
	[2단계 – 활용의 목적 이해시키기] T: 스마트폰(태블릿PC)에 있는 'Stop Motion Studio'라는 앱을 활용하면, 인형이 움직이는 것처럼 영상을 만들어볼 수 있단다.	
	[3단계 – 조작의 인과관계 이해시키기] T: 앱을 켜니, 화면에 무엇이 보이니?   T: 우리가 준비한 작은 인형들이 화면에 보이려면, 무엇을 눌러야 할까?   T: 인형의 움직임을 차례대로 구분해서 사진을 찍어보자. 찍은 사진들이 영상이 되었는지 확인해서 보려고 하는데 무엇을 눌러야 할까?	

디지털 활용 놀이

T: 재생버튼을 눌러 사진 속 인형들이 움직이는 것처럼 보이는지 살펴보자.
T: 영상을 보니, 어떤 생각이 드니?
T: 인형들이 자연스럽게 움직이는 것처럼 만들기 위해서는 움직임을 세밀하게 구분하고, 조금씩 움직임 변화를 주면서 많은 사진을 찍어야 한단다.
T: 이번엔 인형을 조금씩 옮겨가며 사진을 여러 장 찍어보자. ○○이가 인형을 옮기고, ○○이는 카메라 버튼을 눌러보겠니?

T: 사진을 충분히 찍었다면 다시 재생 버튼을 눌러 영상을 확인해 보자.

[4단계 – 직접 조작의 기회 제공하기]
T: 이제 너희들이 직접 인형으로 이야기를 꾸며 영상을 찍어보자.

C: 선생님, 그런데 인형을 계속 옆으로 옮기면서 사진을 찍으니까 카메라가 자꾸 흔들려요.
T: 스마트폰(태블릿PC)을 고정해 둘 것이 필요하겠구나.
T: 삼각대를 활용하니 너희들이 좀 더 편리하게 놀이할 수 있네.

[5단계 – 활용목적 달성 여부에 따른 활동 제한 규칙 안내하기]
T: 이 앱은 무엇을 위해 활용하기로 했었지? 인형으로 이야기 영상을 모두 완성하였다면, 다른 친구들을 위해 스마트폰(태블릿PC)을 넘겨주자.

[6단계 – 창의적으로 활용할 수 있는 기회 주기]
T: 영상을 만든 후에는 이야기 제목도 써보고, 제목에 어울리는 그림도 그려보자.
T: 그리고 놀이가 끝난 후에는 오늘 한 놀이를 친구들에게 소개해 주자.

교육 평가

※7장의 평가 항목에 따라 평가해 보세요.

<table>
<tr><td rowspan="3">놀이 기록</td><td>놀이 상황</td><td>모래놀이터에서 놀이하던 유아들이 흙을 손에 올리며 “이것 봐, 흙 속에 이상한 게 엄청 많아.”라고 말함. 이에 관심을 보인 다른 유아들이 선생님에게 흙 한 줌을 보여주며 “선생님 너무 작아서 안 보이는 것들이 있어요, 돋보기가 필요해요.”라고 말함. 유아들은 흙을 자세히 관찰하기 위한 방법에 관심을 보임</td></tr>
<tr><td>놀이 한계점</td><td>교사가 돋보기, 루페와 같은 관찰 도구를 제공해 주었으나 정해진 크기로 확대되어 크기가 작은 자연물을 자세히 관찰하는 데 한계가 있음. 또한, 이러한 관찰 도구는 관찰한 것을 또래들과 공유하는 것이 어려움</td></tr>
<tr><td>지원 계획</td><td>교사는 디지털 현미경을 활용하여 유아가 궁금해하는 자연물을 자세히 관찰하고, 관찰한 것을 또래와 공유하도록 놀이를 지원하고자 함</td></tr>
<tr><td colspan="3">디지털 현미경으로 자세히 관찰해요.</td></tr>
<tr><td rowspan="2">디지털 활용 놀이</td><td>디지털 매체</td><td>스마트폰(태블릿PC), 디지털 현미경</td></tr>
<tr><td colspan="2">
[1단계 – 호기심 자극을 통해 활용의 동기부여하기]
T: 이 기기를 활용한다면 더 자세히 관찰할 수 있단다. 어떻게 가능할 수 있을 것 같니?

[2단계 – 활용의 목적 이해시키기]
T: 이건 디지털 현미경이라는 건데, 스마트폰(태블릿PC)에 연결하면, 자세히 관찰할 수 있단다.

[3단계 – 조작의 인과관계 이해시키기]
(디지털 현미경 종류에 따라 버튼이 다양할 경우, 색 스티커를 붙여 구분 가능)
T: 스마트폰(태블릿PC)에 연결하고, 앱을 실행해 보자.
T: 그리고 관찰하고 싶은 곳에 디지털 현미경 렌즈를 가까이 가져가 보자.

T: 초점을 조절하여 더 자세히 보거나 선명하게 볼 수 있단다. 무엇으로 조절할 것 같니?

</td></tr>
</table>

디지털 활용 놀이	T: 초점을 조절해서 보니, 눈으로 보던 것과 무엇이 다르니? T: 기기 옆에 있는 둥근 버튼을 누르면 관찰한 것을 사진이나 영상으로 기록할 수 있단다.  **[4단계 – 직접 조작의 기회 제공하기]** T: 이제 너희들이 직접 디지털 현미경을 활용해서 궁금한 것을 관찰해보자. C: 선생님 여기는 너무 어두워서 화면이 잘 안 보여요. T: 그럼 어떻게 해결할 수 있을까? C: 밝은 곳에서 다시 해요. 빛이 필요할 거 같아요. T: 디지털 현미경 뒤에 버튼을 누르면 불빛이 켜진단다. 그럼 어두운 곳에서도 관찰할 수 있지.  **[5단계 – 활용목적 달성 여부에 따른 활동 제한 규칙 안내하기]** T: 이 기기는 무엇을 위해 활용하기로 했었지? 궁금한 것을 관찰하여 사진이나 영상으로 저장하였다면, 다른 친구들을 위해 디지털 현미경과 스마트폰(태블릿PC)을 넘겨주자. **[6단계 – 창의적으로 활용할 수 있는 기회 주기]** T: 사진이나 영상을 보면서 친구들을 위한 퀴즈 게임을 만들어 보자. T: 그리고 놀이가 끝난 후에는 오늘 한 놀이를 친구들에게 소개해 주자.
교육 평가	※7장의 평가 항목에 따라 평가해 보세요.

<table>
<tr><td rowspan="3">놀이 기록</td><td>놀이 상황</td><td>과학영역에서 유아들은 태양계 관련 정보 그림책을 읽고 있음. 한 유아가 "우주에는 엄청 많은 행성이 있어."라고 말하자 "맞아. 나도 뉴스에서 봤어. 우리가 우주에 간다면 얼마나 좋을까?"라고 말하며 우주에 관심을 보임</td></tr>
<tr><td>놀이 한계점</td><td>교사가 사진, 영상, 그림 자료 등으로 놀이 지원을 하였으나 우주처럼 유아의 직접 탐색 및 견학이 어려운 주제는 단순 관찰로만 끝날 수 있다는 한계가 있음</td></tr>
<tr><td>지원 계획</td><td>교사는 구글 VR 카드보드와 '유튜브(VR 영상)'를 활용하여 우주공간(세계)을 가상으로 방문하여 생동감 있게 체험하도록 놀이를 지원하고자 함</td></tr>
<tr><td colspan="3">어디든 갈 수 있어요.</td></tr>
<tr><td rowspan="2">디지털 활용 놀이</td><td>디지털 매체</td><td>스마트폰, 구글 VR 카드보드, '유튜브'</td></tr>
<tr><td colspan="2">
[1단계 – 호기심 자극을 통해 활용의 동기부여하기]
T: 이 기기를 활용한다면 우주를 실제처럼 경험할 수 있단다. 어떻게 할 수 있을 것 같니?

[2단계 – 활용의 목적 이해시키기]
T: 이건 VR 기기야. 이 안에 스마트폰을 넣고 안경처럼 쓰면 우주를 탐험할 수 있단다.

[3단계 – 조작의 인과관계 이해시키기]
T: 스마트폰에 있는 유튜브 앱을 실행해 보자. 그리고 검색창에 '우주 VR'이라고 검색해 보자.
T: 검색창에 '우주 VR'을 검색하였더니 무엇이 보이니?
T: 다양한 우주 VR 영상들 중에 원하는 영상을 클릭해 보자.
T: 클릭한 영상을 크게 보기 위해서는 무엇을 눌러야 할까?
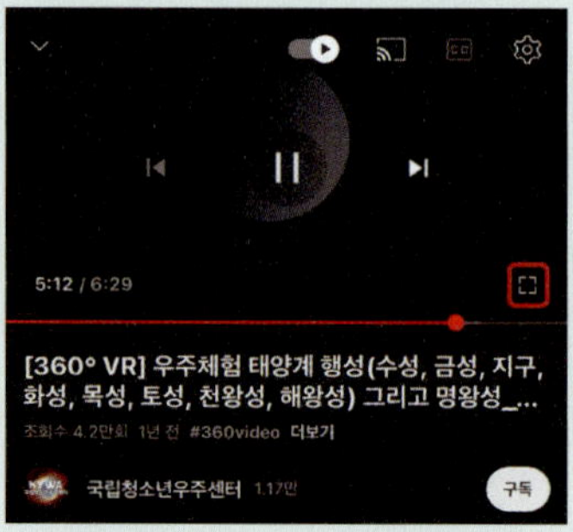

T: 오른쪽 밑에 있는 네모 아이콘을 누르면 큰 화면으로 바뀐단다.
T: 그 다음, 스마트폰을 VR 기기에 넣어보자.
</td></tr>
</table>

디지털 활용 놀이	 T: VR 기기를 쓰고 우주 탐험을 해보도록 하자. **[4단계 – 직접 조작의 기회 제공하기]** T: 이제 너희들이 직접 원하는 우주 VR 영상을 클릭해서 탐험해 보자. C: 선생님, 저는 영상을 계속 보니까 조금 어지러워요. T: 어지러운 친구들은 안경을 벗고, 잠시 휴식을 취하도록 하자. **[5단계 – 활용목적 달성 여부에 따른 활동 제한 규칙 안내하기]** T: 이 기기는 무엇을 위해 활용하기로 했었지? 우주 탐험을 다 했다면, 다른 친구들을 위해 VR 기기와 스마트폰을 넘겨주자. **[6단계 – 창의적으로 활용할 수 있는 기회 주기]** T: VR 탐험을 마친 후, 본 것 중 기억에 남는 것을 그림으로 그려보자. T: 그리고 놀이가 끝난 후에는 오늘 한 놀이를 친구들에게 소개해 주자.
교육 평가	※7장의 평가 항목에 따라 평가해 보세요.

<table>
<tr><td rowspan="3">놀이 기록</td><td>놀이 상황</td><td>역할영역에서 유아들은 세계 여러 나라 화폐로 가게놀이를 하고 있음. 그때 한 유아가 "이건 어느 나라 돈이지?"라며 화폐에 관심을 보임</td></tr>
<tr><td>놀이 한계점</td><td>교사가 유아의 궁금증을 해결해 주기 위해 답을 주었으나 유아가 주도적으로 문제를 해결하는 능력을 기를 수 없다는 한계가 있음. 또한, 교사가 모든 화폐를 알기에는 어려움이 있음</td></tr>
<tr><td>지원 계획</td><td>교사는 '구글(스마트렌즈)' 기능을 활용하여 유아가 스스로 궁금한 것을 탐색할 수 있도록 놀이를 지원하고자 함</td></tr>
<tr><td colspan="3">스마트렌즈에게 무엇이든 물어보세요.</td></tr>
<tr><td rowspan="2">디지털 활용 놀이</td><td>디지털 매체</td><td>스마트폰(태블릿PC), '구글(스마트렌즈)'</td></tr>
<tr><td colspan="2">

[1단계 – 호기심 자극을 통해 활용의 동기부여하기]

T: 세계 여러 나라의 화폐에 관심이 있구나. 스마트폰(태블릿PC)을 활용하면, 어느 나라 화폐인지 알 수 있단다. 어떻게 알 수 있을 것 같니?

[2단계 – 활용의 목적 이해시키기]

T: 스마트폰(태블릿PC)의 스마트렌즈 기능을 활용해 궁금한 것을 사진 찍으면, 답을 알 수 있단다.

[3단계 – 조작의 인과관계 이해시키기]

T: 스마트폰(태블릿PC)에서 '구글' 앱을 실행해 보자.

T: 화면에 무엇이 보이니?

T: 검색창 옆에 있는 카메라 모양의 네모 버튼을 눌러보자. 어떻게 되었니?

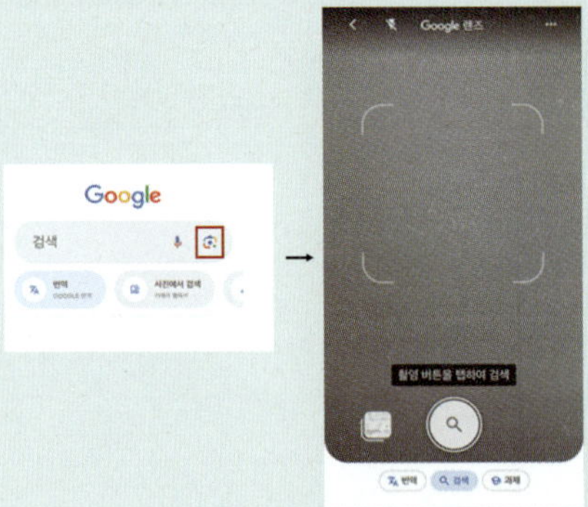

</td></tr>
</table>

디지털 활용 놀이

T: 화면에 궁금한 것을 비춰보자. 화면 가운데 흰색 테두리는 무엇을 의미할까?
T: 왜 그렇게 생각했니? 흰색 네모 안에 궁금한 것이 잘 담길 수 있도록 해보자.

T: 그리고 무엇을 눌러야 할까? 돋보기 모양을 눌러볼까? 무엇이 보이니?
T: 화면에 궁금한 것을 비추고 돋보기 모양을 눌렀더니 쉽게 원하는 정보를 얻을 수 있구나.

[4단계 – 직접 조작의 기회 제공하기]
T: 이제 너희들이 직접 스마트렌즈를 활용해서 다른 화폐에 대해 알아보자.

C: 선생님, 저는 검색이 잘 안 돼요.
T: 왜 검색이 안 되는 걸까?
T: 화면에 정확하게 비춰지지 않았거나, 주변이 어두운 경우에는 잘 검색되지 않을 수 있단다.

[5단계 – 활용목적 달성 여부에 따른 활동 제한 규칙 안내하기]
T: 이 앱은 무엇을 위해 활용하기로 했었지? 알고 싶은 화폐에 대해 알게 되었다면, 다른 친구들을 위해 스마트폰(태블릿PC)을 넘겨주자.

[6단계 – 창의적으로 활용할 수 있는 기회 주기]
T: 궁금한 것을 확인한 후, 알게 된 것을 그림으로 그리거나 글로 써보자.
T: 그리고 놀이가 끝난 후에는 오늘 한 놀이를 친구들에게 소개해 주자.

교육 평가

※7장의 평가 항목에 따라 평가해 보세요.

<table>
<tr><td rowspan="3">놀이 기록</td><td>놀이 상황</td><td>곤충박물관에 견학을 다녀온 뒤, 몇몇 유아들이 나비 번데기 그림을 그리거나 신체 표현 놀이를 하며, 나비 성장 과정에 관심을 보임</td></tr>
<tr><td>놀이 한계점</td><td>교사가 관련 사진을 제공하였지만 2차원적 경험으로 인해 나비 성장과정에 대한 이해가 단순하다는 한계가 있음</td></tr>
<tr><td>지원 계획</td><td>교사는 '퀴버'를 활용하여 증강현실AR을 통해 나비의 한살이를 생동감 있게 경험하도록 놀이를 지원하고자 함</td></tr>
<tr><td colspan="3">나비가 살아 움직여요.</td></tr>
<tr><td rowspan="2">디지털 활용 놀이</td><td>디지털 매체</td><td>스마트폰(태블릿PC), '퀴버'</td></tr>
<tr><td colspan="2">

[1단계 – 호기심 자극을 통해 활용의 동기부여하기]

T: 나비의 성장에 관심이 많구나. 스마트폰(태블릿PC)을 활용하면, 눈앞에서 나비가 성장하는 과정을 관찰할 수 있단다. 어떻게 할 수 있을까?

[2단계 – 활용의 목적 이해시키기]

T: 스마트폰(태블릿PC)의 '퀴버' 앱을 활용해 나비를 눈앞에서 만나볼 수 있단다.

[3단계 – 조작의 인과관계 이해시키기]

T: 스마트폰(태블릿 PC)에서 '퀴버' 앱을 실행해보자.

T: 화면에 무엇이 보이니?

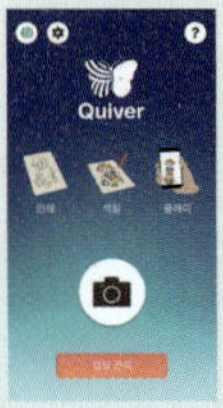

T: 먼저 그림을 출력해서 색칠을 해야 한단다. 무엇을 눌러야 할까?

T: 색칠한 것을 사진 찍어야 하는데 무엇을 눌러야 할까?

T: 카메라 모양을 눌러보자. 화면에 무엇이 보이니?

T: 화면 가운데 흰색 테두리는 무엇을 의미할까? 흰색 네모 안에 QR코드가 잘 담길 수 있도록 해보자. 화면이 어떻게 바뀌었니?

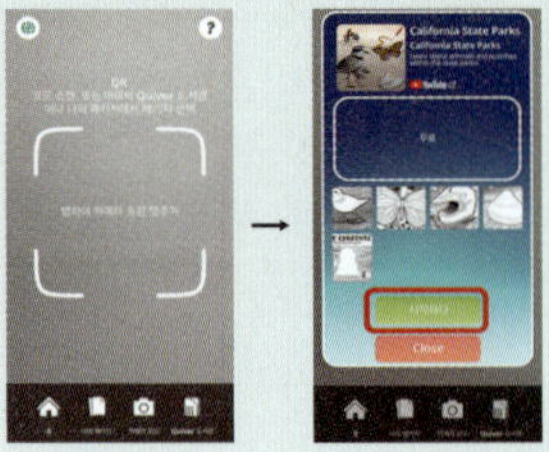

</td></tr>
</table>

디지털 활용 놀이

T: 초록색 버튼의 '시작하다'를 눌러보자. 그리고 화면에 그린 그림이 잘 담기도록 해보자.

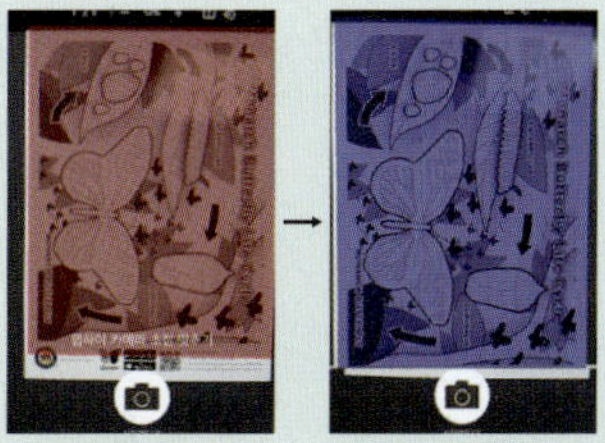

T: 화면이 무슨 색으로 보이니? 잘 되었다면 파란색으로 변하는데 색깔은 무엇을 의미할까?
T: 그럼, 파란색으로 변할 때까지 도안을 렌즈 각도에 잘 담아보자.
T: 파란색으로 변한 후, 어떻게 되었니?

T: 화면에 보이는 아이콘들은 무엇을 의미할까? 눌러보겠니? 나비와 함께 사진도 찍어보자.

[4단계 – 직접 조작의 기회 제공하기]
T: 이제 너희들이 직접 커버를 활용해서 나비 한 살이를 관찰해 보자.

C: 선생님 돋보기 버튼을 눌렀더니 나비가 엄청 커졌어요! 음악도 나와요!
T: 커버를 자유롭게 활용하면서 다양한 기능들을 발견했구나.
T: 친구들에게도 발견한 기능을 알려주자.

[5단계 – 활용목적 달성 여부에 따른 활동 제한 규칙 안내하기]
T: 이 앱은 무엇을 위해 활용하기로 했었지? 나비 한 살이를 관찰하고 사진도 찍었다면, 다른 친구들을 위해 스마트폰(태블릿PC)을 넘겨주자.

[6단계 – 창의적으로 활용할 수 있는 기회 주기]
T: AR 나비를 살펴본 후, 가장 기억에 남는 장면을 그림으로 그려보자.
T: 그리고 놀이가 끝난 후에는 오늘 한 놀이를 친구들에게 소개해 주자.

교육 평가

※7장의 평가 항목에 따라 평가해 보세요.

2) 놀이 지원 교과 활동

놀이 지원을 위한 교과 활동은 하나의 단위 활동뿐만 아니라 앞서 언급한 교과 융합 교육의 방식으로도 운영가능하다.

관련 교육 예시 목록

관련 교과	활동명	디지털 매체	페이지
과학	가을이 되면 나뭇잎은 왜 색깔이 바뀌나요?	전자칠판, 태블릿PC, 'Chat GPT'	220
언어	내 그림으로 이야기를 만들어요.	전자칠판, 태블릿PC, 'Animated Drawings'	222
동작	나처럼 해봐라, 이렇게!	전자칠판, 태블릿PC, 소형카메라, 'Scroobly'	224
사회	교실에서 세계를 여행해요!	전자칠판, 태블릿PC, '구글 어스Google Earth'	226
음악	사진에서 소리가 들려요.	전자칠판, 태블릿PC, '이매지너리 사운드스케이프'	228
미술	내가 미술작품으로 변했어요.	전자칠판, 태블릿PC, '구글 아트 앤 컬처Google Art & Culture'	230
수학	공정한 시간을 재어보아요.	태블릿PC, '스톱워치'	232

MEMO

<table>
<tr><td rowspan="3">놀이
기록</td><td>놀이 상황</td><td colspan="3">실외놀이 시간에 유아들은 땅에 떨어진 나뭇잎들을 보며 "선생님, 어떤 나뭇잎은 노란색이고 어떤 나뭇잎은 빨간색이에요."라고 말함. 옆에 있던 유아가 "가을이 돼서 그래."라고 말하자 "가을이 되면 왜 나뭇잎의 색깔이 바뀌어요?"라고 교사에게 질문하며 관심을 보임</td></tr>
<tr><td>놀이 한계점</td><td colspan="3">일상생활 속에서 나타나는 유아의 질문에 대한 교사의 대답이 즉각적으로 어려운 경우들이 있으며 실외활동의 경우, 교사가 많은 유아를 통솔해야 하므로 유아들의 수많은 궁금증에 대한 개별적 상호작용이 어려운 한계가 있음</td></tr>
<tr><td>지원 계획</td><td colspan="3">교사는 'Chat GPT'를 활용하여 궁금증을 해소하고 과학적 호기심을 지속해 나갈 수 있도록 지원하고자 함</td></tr>
<tr><td colspan="5">가을이 되면 나뭇잎은 왜 색깔이 바뀌나요?</td></tr>
<tr><td colspan="2">교과 유형</td><td>과학</td><td>연령</td><td>4, 5세</td></tr>
<tr><td colspan="2">교육과정 관련요소</td><td colspan="3">• 자연탐구 영역 > 탐구 과정 즐기기 > 주변 세계와 자연에 대해 지속적으로 호기심을 가진다.</td></tr>
<tr><td colspan="2">디지털 매체</td><td colspan="3">전자칠판, 태블릿PC, 'Chat GPT'(유아 활용 시, 음성지원 기능 활용 추천)</td></tr>
<tr><td colspan="2">도입</td><td colspan="3">1. 놀이경험을 회상하며, 다양한 나뭇잎 색에 관심을 갖는다.
T: (전자칠판 활용) 선생님이 어제 산책 시간에 찍은 사진이에요.
T: 나뭇잎의 색깔은 왜 다양할까요?

2. 나뭇잎 색의 변화에 대해 탐구해 본다.
T: 가을이 되면 나뭇잎의 색깔은 왜 달라질까요?
T: 왜 그렇게 생각했나요?
T: 또 다른 생각 가진 사람 있나요?
T: 우리의 생각이 맞는지 어떻게 알아볼 수 있을까요?</td></tr>
<tr><td colspan="2">전개</td><td colspan="3">3. 새로운 디지털 매체 활용에 관심을 갖는다.

[1단계 – 호기심 자극을 통해 활용의 동기부여하기]
T: 여기 있는 앱('Chat GPT'를 가리키며)이 도와줄 수 있대요.
T: 어떻게 도와줄 수 있을까요?
T: 'Chat GPT'는 사람 두뇌와 같은 인공지능을 가진 프로그램으로 궁금한 것에 대한 정보를 알려준대요. 하지만 정답은 아닐 수 있대요.

4. 디지털 매체 활용의 목적을 안다.

[2단계 – 활용의 목적 이해시키기]
T: 오늘은 'Chat GPT'를 활용해 나뭇잎의 색이 변하는 이유를 알아보려고 해요.</td></tr>
</table>

<table>
<tr><td>전개</td><td>

5. 디지털 매체 조작의 인과관계를 이해한다.

[3단계 – 조작의 인과관계 이해시키기]
T: 'Chat GPT'를 누르니 무엇이 보이나요?

T: 궁금한 것을 물어보려면 무엇을 눌러야 할 거 같나요?
T: 그럼, 우리가 궁금해 했던 것을 물어볼까요?
T: 어떻게 질문해야 할까요?
C: "나뭇잎 색깔이 왜 변하는지 알려줘."라고 해볼게요.
T: 'Chat GPT'가 무엇이라고 답을 했나요?
C: 그런데 대답이 너무 어려워요.
T: 그럼 어떻게 질문해야 우리에게 좀 더 쉽게 알려줄 수 있을까요?
C: "쉽게 설명해줘"라고 다시 말해 봐요.
T: "어린이들이 이해할 수 있도록 쉽게 설명해줘?"라고 물어볼까요? 이제 대답을 다시 들어봐요.

6. 디지털 매체를 직접 조작해본다.

[4단계 – 직접 조작의 기회 제공하기]
T: 이제 직접 'Chat GPT'로 나뭇잎 색에 대한 또 다른 궁금증을 생각해서 물어보기로 해요.

7. 디지털 매체 활용에 관한 규칙을 정한다.

[5단계 – 활용목적 달성 여부에 따른 활동 제한 규칙 안내하기]
T: 태블릿PC의 'Chat GPT'는 무슨 활동을 하기 위해서 사용하기로 했었죠?
T: 그럼, 놀이 시간에 각자 1개 질문을 만들어 대답을 듣고 난 후, 다음 친구에게 차례를 넘기기로 해요.

</td></tr>
<tr><td>마무리</td><td>

8. 활동 결과물을 활용해 창의적 활동을 한다.

[6단계 – 창의적으로 활용할 수 있는 기회 주기]
T: 궁금한 것을 알게 된 후에는 미술영역이나 언어영역에서 알게 된 것을 그림이나 글로 기록해 보기로 해요.

9. 활동을 평가한다.

T: 'Chat GPT'를 활용하면서 새롭게 알게 된 점이 있나요?
T: 'Chat GPT'를 활용하면서 어떤 점이 좋고/불편했나요?
T: 불편했던 점은 어떻게 해결할 수 있을까요?

</td></tr>
<tr><td>교육 평가</td><td>※7장의 평가 항목에 따라 교사 평가, 유아 평가를 해 보세요.</td></tr>
</table>

<table>
<tr><td rowspan="3">놀이 기록</td><td>놀이 상황</td><td colspan="3">유아들이 사람을 그려 오린 뒤, 극놀이를 하고, 다른 유아들도 관심을 보임</td></tr>
<tr><td>놀이 한계점</td><td colspan="3">유아가 직접 조작하며 움직여야 한다는 번거로움 때문에 극놀이의 한계가 있음</td></tr>
<tr><td>지원 계획</td><td colspan="3">교사는 'Animated Drawings'를 활용하여 유아의 그림을 활용한 확장된 극놀이가 되도록 지원하고자 함</td></tr>
<tr><td colspan="5">내 그림으로 이야기를 만들어요.</td></tr>
<tr><td colspan="2">교과 유형</td><td>언어</td><td>연령</td><td>4, 5세</td></tr>
<tr><td colspan="2">교육과정 관련요소</td><td colspan="3">• 예술경험 영역 > 창의적으로 표현하기 > 다양한 미술 재료와 도구로 자신의 생각과 느낌을 표현한다.</td></tr>
<tr><td colspan="2">디지털 매체</td><td colspan="3">전자칠판, 태블릿PC, 'Animated Drawings'(유아 활용 시, 한국어 번역 기능 활용 추천)</td></tr>
<tr><td colspan="2">도입</td><td colspan="3">1. 놀이경험을 회상하며, 그림 놀이에 관심을 갖는다.
T: (전자칠판 활용) 선생님이 어제 놀이시간에 찍은 영상이에요.
T: 종이에 그림을 그려서 극놀이를 해본 경험이 있나요? 아쉬웠던 점은 없었나요?

2. 새로운 디지털 매체 활용에 관심을 갖는다.
[1단계 – 호기심 자극을 통해 활용의 동기부여하기]
T: 여기 있는 앱('Animated Drawings'를 가리키며)을 활용하면 우리가 그린 그림이 스스로 움직인대요. 어떻게 가능할까요?</td></tr>
<tr><td colspan="2">전개</td><td colspan="3">3. 디지털 매체 활용의 목적을 안다.
[2단계 – 활용의 목적 이해시키기]
T: 오늘은 'Animated Drawings' 앱을 활용해 우리가 그린 그림을 다양하게 움직여 보고, 이야기도 만들어보려고 해요.

4. 디지털 매체 조작의 인과관계를 이해한다.
T: 먼저 움직여 볼 그림을 종이에 그려볼게요. 무엇을 그려볼까요?
[3단계 – 조작의 인과관계 이해시키기]
T: 이제 'Animated Drawings' 앱을 누르니 무엇이 보이나요?

</td></tr>
</table>

전개

T: 그림을 이곳에 올리려면, 어떻게 해야 할까요?
T: 그림을 올리려면, 사진을 찍어야 한 대요. 사진 찍어볼까요?
T: 아래 '다음' 버튼이 있네요. 누르니, 무엇이 보이나요?

T: '캐릭터 찾기'라고 쓰여 있고, 파란색 네모 테두리가 보이네요. 테두리 안에 움직일 그림만 포함되어야 움직임이 잘 보인대요.
T: 또 '다음'이라고 쓰인 버튼을 눌러볼까요? 무엇이 보이나요?

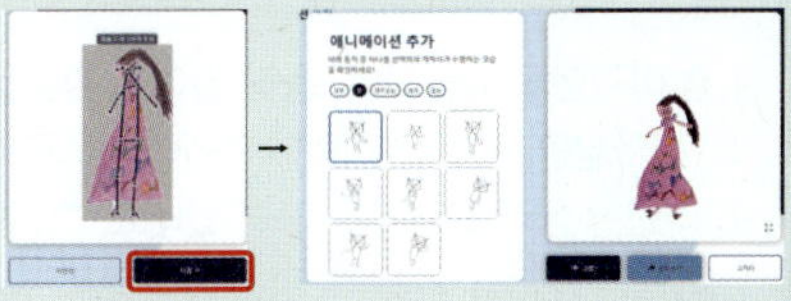

T: 움직일 곳을 지정하는 곳이에요. '다음' 버튼을 누르니, 무엇이 보이나요?
T: 그림을 움직일 수 있는 여러 동작이 보이네요. 마음에 드는 동작을 골라서 그림을 다양하게 움직여 봐요.

5. 디지털 매체를 직접 조작해본다.

[4단계 – 직접 조작의 기회 제공하기]
T: 이제 직접 원하는 그림을 그리고, 원하는 스토리를 생각하며 'Animated Drawings'로 움직임을 만들어 보기로 해요.

6. 디지털 매체 활용에 관한 규칙을 정한다.

[5단계 – 활용목적 달성 여부에 따른 활동 제한 규칙 안내하기]
T: 태블릿PC의 'Animated Drawings'는 무슨 활동을 위해서 사용하기로 했었죠?
T: 그럼, 놀이시간에 각자 1개 그림을 그려 생각한 스토리에 맞게 움직임을 만든 후, 다음 친구에게 차례를 넘기기로 해요.

마무리

7. 활동 결과물을 활용해 창의적 활동을 한다.

[6단계 – 창의적으로 활용할 수 있는 기회 주기]
T: 움직이는 영상을 보며, 스토리를 만들어 봐요.

8. 활동을 평가한다.

T: 'Animated Drawings' 앱을 활용하면서 새롭게 알게 된 점이 있나요?
T: 'Animated Drawings' 앱을 활용하면서 어떤 점이 좋고/불편했나요?
T: 불편했던 점은 어떻게 해결할 수 있을까요?

교육 평가

※7장의 평가 항목에 따라 교사 평가, 유아 평가를 해 보세요.

놀이 기록		
	놀이 상황	유아들은 거울이 놓인 강당에서 '나처럼 해봐라, 이렇게!' 노래를 부르며 여러 동작을 서로 흉내 내고 있음. 유아들은 다양한 동작을 흉내 내는 신체놀이에 관심을 보임
	놀이 한계점	신체활동은 넓은 공간이 확보되어야만 할 수 있다는 한계가 있음
	지원 계획	교사는 'Scroobly'를 활용하여 교실 내 공간에서도 신체활동을 할 수 있도록 지원하고자 함

나처럼 해봐라, 이렇게!

교과 유형	동작	연령	3, 4 세
교육과정 관련요소	• 신체운동 · 건강 > 신체활동 즐기기 > 신체를 인식하고 움직인다.		
디지털 매체	전자칠판, 소형카메라, 태블릿PC, 'Scroobly'		

도입

1. 놀이경험을 회상하며, 동작 놀이에 관심을 갖는다.

T: (전자칠판 활용) 선생님이 어제 놀이시간에 강당에서 찍은 영상이에요.

T: 다양한 동작 표현들을 하고 있네요. 그런데 강당이 아닌 교실에서도 놀이할 수 있을까요?

2. 새로운 디지털 매체 활용에 관심을 갖는다.

> [1단계 – 호기심 자극을 통해 활용의 동기부여하기]
> T: 여기 있는 앱('Scroobly'를 가리키며)을 활용하면 교실에서도 놀이할 수 있대요. 어떻게 가능할까요?

전개

3. 디지털 매체 활용의 목적을 안다.

> [2단계 – 활용의 목적 이해시키기]
> T: 오늘은 'Scroobly' 앱을 활용해 교실에서 '나처럼 해봐라, 이렇게!' 동작 놀이를 해보려고 해요.

4. 디지털 매체 조작의 인과관계를 이해한다.

> [3단계 – 조작의 인과관계 이해시키기]
> T: 이제 'Scroobly' 앱을 누르니 무엇이 보이나요?

전개	T: '시작'을 누르니 무엇이 보이나요? T: 카메라 앞에서 선생님이 움직여 볼게요. 어떻게 되었나요? T: 아래 캐릭터 중에서 원하는 걸로 바꿔 움직일 수 있대요. T: 또 새로운 캐릭터도 만들 수 있대요. 무엇을 눌러야 할까요? T: '+'버튼을 누르니, 무엇이 보이나요? 각각 무엇을 의미할까요? 연필 모양을 누르니 화면에 무엇이 나타났나요? 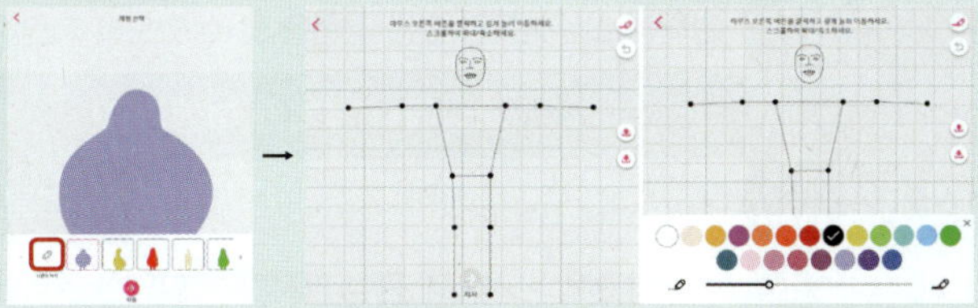 T: 오른쪽에 있는 '펜'모양 버튼을 눌러 그려볼 수 있대요. T: 이제 카메라 앞에서 움직여보니, 우리가 만든 캐릭터가 움직이네요. T: 동영상으로 저장할 수도 있대요. 무엇을 눌러야 할까요?
	5. 디지털 매체를 직접 조작해본다. [4단계 – 직접 조작의 기회 제공하기] T: 이제 직접 'Scroobly' 앱으로 원하는 캐릭터를 만들어 3~4개 움직임을 반복한 움직임 영상 1개를 만들어보기로 해요. **6. 디지털 매체 활용에 관한 규칙을 정한다.** [5단계 – 활용목적 달성 여부에 따른 활동 제한 규칙 안내하기] T: 태블릿PC의 'Scroobly'는 무슨 활동을 하기 위해서 사용하기로 했었죠? T: 그럼, 놀이시간에 각자 1개 움직임 영상을 만든 후, 다음 친구에게 차례를 넘기기로 해요.
마무리	**7. 활동 결과물을 활용해 창의적 활동을 한다.** [6단계 – 창의적으로 활용할 수 있는 기회 주기] T: 친구들의 영상을 보며, 움직임을 따라해 보기로 해요. **8. 활동을 평가한다.** T: 'Scroobly' 앱을 활용하면서 새롭게 알게 된 점이 있나요? T: 'Scroobly' 앱을 활용하면서 어떤 점이 좋고/불편했나요? T: 불편했던 점은 어떻게 해결할 수 있을까요?
교육 평가	※7장의 평가 항목에 따라 교사 평가, 유아 평가를 해 보세요.

<table>
<tr><td rowspan="3">놀이 기록</td><td>놀이 상황</td><td colspan="3">유아들은 세계 여러 나라 건축물에 관한 그림책을 보며 이야기를 나누고, 몇몇 유아들은 쌓기 영역에서 에펠탑, 피라미드를 만들며 놀이하면서 세계 여러 나라의 다양한 건축물에 관심을 보임</td></tr>
<tr><td>놀이 한계점</td><td colspan="3">그림책은 글과 그림으로 구성되어 있기 때문에 유아들이 세계 여러 나라 건축물의 실제 모습을 자세하게 탐색하거나 생동감 있는 경험을 하기에는 한계가 있음</td></tr>
<tr><td>지원 계획</td><td colspan="3">교사는 '구글 어스Google Earth'를 활용하여 실제 장소에 방문한 것처럼 건축물을 관찰해보는 생동감 있는 경험을 할 수 있도록 지원하고자 함</td></tr>
<tr><td colspan="5">교실에서 세계를 여행해요!</td></tr>
<tr><td colspan="2">교과 유형</td><td>사회</td><td>연령</td><td>4, 5세</td></tr>
<tr><td colspan="2">교육과정 관련요소</td><td colspan="3">• 사회관계 > 사회에 관심 가지기 > 다양한 문화에 관심을 가진다.</td></tr>
<tr><td colspan="2">디지털 매체</td><td colspan="3">전자칠판, 태블릿PC, '구글 어스Google Earth'</td></tr>
<tr><td colspan="2">도입</td><td colspan="3">1. 놀이경험을 회상하며, 세계 여러 나라 건축물에 관심을 갖는다.
T: (전자칠판 활용) 선생님이 어제 놀이 시간에 찍은 사진이에요.
T: 이 중에서 직접 건축물을 본 경험이 있는 사람이 있나요?
T: 직접 보면 어떤 느낌일까요?

2. 새로운 디지털 매체 활용에 관심을 갖는다.
[1단계 – 호기심 자극을 통해 활용의 동기부여하기]
T: 여기 있는 앱('구글 어스'를 가리키며)을 활용하면 교실에서 세계 건축물을 경험할 수 있대요. 어떻게 가능할까요?</td></tr>
<tr><td colspan="2">전개</td><td colspan="3">3. 디지털 매체 활용의 목적을 안다.
[2단계 – 활용의 목적 이해시키기]
T: 오늘은 '구글 어스' 앱을 활용해 세계 유명 건축물을 실제처럼 살펴보려고 해요.

4. 디지털 매체 조작의 인과관계를 이해한다.
[3단계 – 조작의 인과관계 이해시키기]
T: '구글 어스' 앱을 누르니 무엇이 보이나요?
</td></tr>
</table>

전개

T: 지구에서 우리가 아는 '에펠탑'을 찾아가 보려면 어떻게 해야 할까요?

T: 왼쪽 위에 네모 검색 창에 '에펠탑'이라고 입력해 봐요. 화면이 어떻게 바뀌었나요? 화면을 실제처럼 보려면 오른쪽 아래 '3D'를 눌러볼까요?

T: 에펠탑에 내가 직접 서 있는 것처럼 보려면 오른쪽 아래에서 무엇을 눌러야 할까요? 사람 모양 버튼을 눌러볼까요? 파란색 선들 중 원하는 위치를 누르면, 사람이 그곳으로 이동한대요.

T: '구글 어스'로 에펠탑을 보니, 지금까지 생각했던 것과 무엇이 다른가요?

5. 디지털 매체를 직접 조작해본다.

[4단계 – 직접 조작의 기회 제공하기]

T: 이제 직접 '구글 어스' 앱으로 원하는 건축물을 찾아가 보기로 해요.

6. 디지털 매체 활용에 관한 규칙을 정한다.

[5단계 – 활용목적 달성 여부에 따른 활동 제한 규칙 안내하기]

T: 태블릿PC의 '구글 어스'는 무슨 활동을 하기 위해서 사용하기로 했었죠?

T: 그럼, 놀이시간에 각자 1~2개 건축물을 경험한 후, 다음 친구에게 차례를 넘기기로 해요.

마무리

7. 활동 결과물을 활용해 창의적 활동을 한다.

[6단계 – 창의적으로 활용할 수 있는 기회 주기]

T: 세계 여러 나라 건축물을 보고 난 후, 다시 그림을 그리거나 블록으로 만들어 보기로 해요.

8. 활동을 평가한다.

T: '구글 어스' 앱을 활용하면서 새롭게 알게 된 점이 있나요?

T: '구글 어스' 앱을 활용하면서 어떤 점이 좋고/불편했나요?

T: 불편했던 점은 어떻게 해결할 수 있을까요?

교육 평가

※7장의 평가 항목에 따라 교사 평가, 유아 평가를 해 보세요.

<table>
<tr><td rowspan="3">놀이 기록</td><td>놀이 상황</td><td colspan="3">유아들은 견학을 다녀온 뒤, 견학지에서 찍은 사진들을 보며 이야기 나누고 있음. "이것 좀 봐, '와!!' 하고 소리 지르는 것 같지?"라고 말하며 사진 속 소리나 음을 상상하는 것에 관심을 보임</td></tr>
<tr><td>놀이 한계점</td><td colspan="3">유아가 이미 인식하고 있는 소리나 음의 종류가 제한적이어서 사진을 통해 다양한 소리나 음을 탐색하고 표현하는 데 한계가 있음</td></tr>
<tr><td>지원 계획</td><td colspan="3">교사는 '이매지너리 사운드스케이프Imaginary Soundscape'를 활용하여 사진에서 들릴 수 다양한 소리와 음을 들려주어 유아의 음악적 탐색, 표현능력을 지원하고자 함</td></tr>
<tr><td colspan="5">사진에서 소리가 들려요.</td></tr>
<tr><td colspan="2">교과 유형</td><td>음악</td><td>연령</td><td>4, 5세</td></tr>
<tr><td colspan="2">교육과정 관련요소</td><td colspan="3">• 예술경험 > 아름다움 찾아보기 > 자연과 생활에서 아름다움을 느끼고 즐긴다.
• 예술경험 > 예술 감상하기 > 다양한 예술을 감상하며 상상하기를 즐긴다.</td></tr>
<tr><td colspan="2">디지털 매체</td><td colspan="3">전자칠판, 태블릿PC, '이매지너리 사운드스케이프Imaginary Soundscape'</td></tr>
<tr><td colspan="2">도입</td><td colspan="3">1. 놀이경험을 회상하며, 사진 속 소리에 관심을 갖는다.
T: (전자칠판 활용) 선생님이 어제 놀이 시간에 찍은 영상이에요.
T: 친구들이 보고 있는 사진은 무슨 사진일까요?
T: (사진을 보여주며) 사진 속에서 어떤 소리가 들리는 것 같나요?
T: 왜 그렇게 생각했나요?

2. 새로운 디지털 매체 활용에 관심을 갖는다.
[1단계 – 호기심 자극을 통해 활용의 동기부여하기]
T: 여기 있는 앱('이매지너리 사운드스케이프'를 가리키며)을 활용하면 다양한 소리를 경험할 수 있대요. 어떻게 가능할까요?</td></tr>
<tr><td colspan="2">전개</td><td colspan="3">3. 디지털 매체 활용의 목적을 안다.
[2단계 – 활용의 목적 이해시키기]
T: 오늘은 '이매지너리 사운드스케이프' 앱을 활용해 견학 사진 속 더욱 다양한 소리를 경험해 보려고 해요.

4. 디지털 매체 조작의 인과관계를 이해한다.
[3단계 – 조작의 인과관계 이해시키기]
T: '이매지너리 사운드스케이프' 앱을 누르니 무엇이 보이나요?
T: 사진 속 소리를 탐색하려고 하니, 네모 모양을 눌러보기로 해요. 무엇이 보이나요? 그리고 기다란 회색 막대(이미지를 선택하세요)를 눌러 원하는 견학 사진을 눌러볼까요?</td></tr>
</table>

전개

T: 사진을 눌렀더니 화면에 무엇이 보이나요? 화면이 어떻게 바뀌었나요?
T: 어떤 소리가 들리나요? 화면 오른쪽 아래에는 무엇이 보이나요? 각각 무엇을 의미할까요?

T: 우리가 생각하지 못했던 소리도 들렸나요? 어떤 소리였나요?

5. 디지털 매체를 직접 조작해본다.

[4단계 – 직접 조작의 기회 제공하기]
T: 이제 직접 '이매지너리 사운드스케이프' 앱으로 다른 견학 사진과 어울리는 소리를 들어보기로 해요.

6. 디지털 매체 활용에 관한 규칙을 정한다.

[5단계 – 활용목적 달성 여부에 따른 활동 제한 규칙 안내하기]
T: 태블릿PC의 '이매지너리 사운드스케이프'는 무슨 활동을 하기 위해서 사용하기로 했었죠?
T: 그럼, 놀이시간에 각자 1개 사진의 소리를 경험한 후, 다음 친구에게 차례를 넘기기로 해요.

마무리

7. 활동 결과물을 활용해 창의적 활동을 한다.

[6단계 – 창의적으로 활용할 수 있는 기회 주기]
T: 소리를 듣고 난 후, 음률 영역 악기로 재현해 보거나 어울리는 또 다른 소리를 만들어 보기로 해요.

8. 활동을 평가한다.

T: '이매지너리 사운드스케이프' 앱을 활용하면서 새롭게 알게 된 점이 있나요?
T: '이매지너리 사운드스케이프' 앱을 활용하면서 어떤 점이 좋고/불편했나요?
T: 불편했던 점은 어떻게 해결할 수 있을까요?

교육 평가

※7장의 평가 항목에 따라 교사 평가, 유아 평가를 해 보세요.

<table>
<tr><td rowspan="3">놀이 기록</td><td>놀이 상황</td><td colspan="3">유아들은 벽면에 전시된 뭉크의 「절규」 표정을 따라 하며 "여기 이 사람 웃기게 생겼지? '으악!' 하는 것 같아."라고 말함. 그러자 옆에 있던 유아도 함께 따라 하며 다양한 미술작품에 관심을 보임</td></tr>
<tr><td>놀이 한계점</td><td colspan="3">유아는 미술작품을 감상하는 데 있어서 단순히 흉내 내보거나 눈으로만 짧게 감상하는 것으로 단조롭게 끝날 수 있다는 한계가 있음</td></tr>
<tr><td>지원 계획</td><td colspan="3">교사는 '구글 아트 앤 컬처Google Art & Culture' 앱을 활용하여, 다양한 방법으로 미술작품을 감상해보도록 지원하고자 함</td></tr>
<tr><td colspan="5">내가 미술작품으로 변했어요.</td></tr>
<tr><td colspan="2">교과 유형</td><td>미술</td><td>연령</td><td>3, 4, 5세</td></tr>
<tr><td colspan="2">교육과정 관련요소</td><td colspan="3">• 예술경험 > 예술 감상하기 > 다양한 예술을 감상하며 상상하기를 즐긴다.</td></tr>
<tr><td colspan="2">디지털 매체</td><td colspan="3">전자칠판, 태블릿PC, '구글 아트 앤 컬처Google Art & Culture'
(태블릿PC와 TV 화면을 미러링으로 연결하여 사용 권장)</td></tr>
<tr><td colspan="2">도입</td><td colspan="3">1. 놀이경험을 회상하며, 미술작품 감상에 관심을 갖는다.
T: (전자칠판 활용) 선생님이 어제 놀이 시간에 찍은 영상이에요.
T: 친구들이 보고 있는 미술작품은 무엇일까요?
T: 이 미술작품을 보면, 또 무슨 생각이 드나요?
T: 미술작품 속 인물에게는 무슨 일이 있었을까요?

2. 새로운 디지털 매체 활용에 관심을 갖는다.
[1단계 – 호기심 자극을 통해 활용의 동기부여하기]
T: 여기 있는 앱('구글 아트 앤 컬처'를 가리키며)을 활용하면 미술작품 속 주인공이 되어볼 수 있대요. 어떻게 가능할까요?</td></tr>
<tr><td colspan="2">전개</td><td colspan="3">3. 디지털 매체 활용의 목적을 안다.
[2단계 – 활용의 목적 이해시키기]
T: 오늘은 '구글 아트 앤 컬처' 앱을 활용해 작품 속 주인공이 되어 작품의 숨은 이야기를 상상해 보려고 해요.

4. 디지털 매체 조작의 인과관계를 이해한다.
[3단계 – 조작의 인과관계 이해시키기]
T: '구글 아트 앤 컬처' 앱을 누르니 무엇이 보이나요? 우리가 작품 속 주인공이 되려면 '예술작품이 된 나' (또는 Art Filter)라고 되어 있는 것을 눌러볼까요? 화면에 무엇이 보이나요?</td></tr>
</table>

전개	T: 화면에는 카메라에 비친 선생님 얼굴이 나오고, 아래에는 여러 미술작품들이 보이네요. 어떻게 해야 선생님이 '절규' 미술작품 속 주인공이 될 수 있을까요?  T: 그럼 '절규' 작품을 고르고, 표정을 지어볼까요?  T: 아래 하얀색 버튼을 한 번 누르면 사진으로 저장이 되고, 길게 누르면 영상으로 저장할 수 있대요. **5. 디지털 매체를 직접 조작해본다.** [4단계 – 직접 조작의 기회 제공하기] T: 이제 직접 '구글 아트 앤 컬처' 앱으로 다른 미술 작품 속 주인공이 되어 숨은 이야기를 상상해 보기로 해요. **6. 디지털 매체 활용에 관한 규칙을 정한다.** [5단계 – 활용목적 달성 여부에 따른 활동 제한 규칙 안내하기] T: 태블릿PC의 '구글 아트 앤 컬처'는 무슨 활동을 하기 위해서 사용하기로 했었죠? T: 그럼, 놀이시간에 각자 1개 미술작품의 주인공을 경험하여 사진을 찍은 후, 다음 친구에게 차례를 넘기기로 해요.
마무리	**7. 활동 결과물을 활용해 창의적 활동을 한다.** [6단계 – 창의적으로 활용할 수 있는 기회 주기] T: 미술작품 속 주인공이 된 사진을 찍은 후, 언어영역이나 미술영역에서 숨은 이야기를 글이나 그림으로 표현해 보기로 해요. **8. 활동을 평가한다.** T: '구글 아트 앤 컬처' 앱을 활용하면서 새롭게 알게 된 점이 있나요? T: '구글 아트 앤 컬처' 앱을 활용하면서 어떤 점이 좋고/불편했나요? T: 불편했던 점은 어떻게 해결할 수 있을까요?
교육 평가	※7장의 평가 항목에 따라 교사 평가, 유아 평가를 해 보세요.

<table>
<tr><td rowspan="3">놀이 기록</td><td>놀이 상황</td><td colspan="3">바깥놀이터에서 유아들이 휴지를 공중에 오래 띄우기 놀이를 하고 있음. 심판을 보는 유아가 동시다발적으로 떨어지는 휴지로 인해 공정하게 판단하지 못해 갈등이 생김</td></tr>
<tr><td>놀이 한계점</td><td colspan="3">눈으로 동시다발적으로 일어나는 시간을 측정하는 데는 한계가 있음</td></tr>
<tr><td>지원 계획</td><td colspan="3">교사는 '스톱워치' 앱을 활용하여 정확하게 시간을 재고 비교하도록 지원하고자 함</td></tr>
<tr><th colspan="5">공정한 시간을 재어보아요.</th></tr>
<tr><td colspan="2">교과 유형</td><td>수학</td><td>연령</td><td>3, 4, 5세</td></tr>
<tr><td colspan="2">교육과정 관련요소</td><td colspan="3">• 자연탐구 > 생활 속에서 탐구하기 > 일상에서 길이, 무게 등의 속성을 비교한다.</td></tr>
<tr><td colspan="2">디지털 매체</td><td colspan="3">태블릿PC, '스톱워치'</td></tr>
<tr><td colspan="2">도입</td><td colspan="3">1. 놀이경험을 회상하며, 공정한 시간 측정에 관심을 갖는다.
T: (전자칠판 활용) 선생님이 어제 놀이 시간에 찍은 영상이에요.
T: 친구들에게 무슨 문제가 있었나요?
T: 왜 일어났을까요?
T: 어떻게 하면 공정하게 심판을 볼 수 있을까요?

2. 새로운 디지털 매체 활용에 관심을 갖는다.
[1단계 – 호기심 자극을 통해 활용의 동기부여하기]
T: 여기 있는 앱('스톱워치'를 가리키며)을 활용하면 공정한 심판을 할 수 있대요. 어떻게 가능할까요?</td></tr>
<tr><td colspan="2">전개</td><td colspan="3">3. 디지털 매체 활용의 목적을 안다.
[2단계 – 활용의 목적 이해시키기]
T: 오늘은 '스톱워치' 앱을 활용해 시간을 정확하게 재어 비교해서 누가 이기고 졌는지를 공정하게 판단해 보려고 해요.

4. 디지털 매체 조작의 인과관계를 이해한다.
[3단계 – 조작의 인과관계 이해시키기]
T: '스톱워치' 앱을 누르니 무엇이 보이나요? 시작을 눌러볼까요? 그 다음 화면은 어떻게 바뀌었나요?
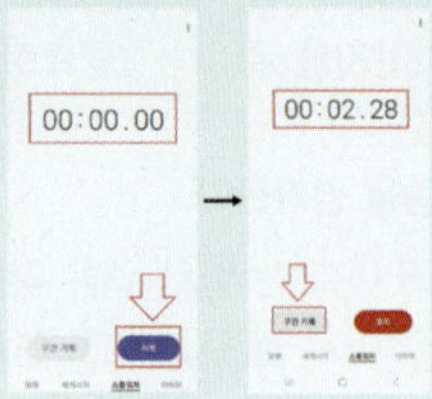
</td></tr>
</table>

전개	T: '중지'를 누르고, 2번째 '시작'을 눌러 볼까요? 그리고 조금 있다가 '중지'를 다시 눌러요. 마지막 3번째 '시작'을 눌러 볼까요? 그리고 조금 있다가 '중지'도 다시 눌러요. 이렇게 세 번 기록을 했는데, 언제가 가장 길었나요? T: 그럼, '구간 기록'을 눌러 볼까요? 화면에 무엇이 보이나요? T: 첫 번째, 두 번째, 세 번째 기록이 나오네요. 몇 번째가 가장 오래 걸렸나요? 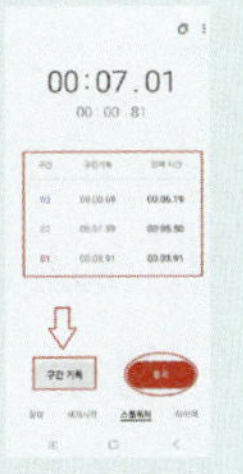 **5. 디지털 매체를 직접 조작해본다.** [4단계 – 직접 조작의 기회 제공하기] T: 이제 직접 '스톱워치' 앱으로 다시 '휴지 오래 공중에 띄우기' 놀이를 하면서 누가 가장 오래 띄웠는지 알아보기로 해요. **6. 디지털 매체 활용에 관한 규칙을 정한다.** [5단계 – 활용목적 달성 여부에 따른 활동 제한 규칙 안내하기] T: 태블릿PC의 '스톱워치'는 무슨 활동을 하기 위해서 사용하기로 했었죠? T: 그럼, 놀이시간에 서로 팀을 정해서 선수와 심판이 되어 보고, 경기 결과가 정해지면 다음 친구들의 팀에게 차례를 넘기기로 해요.
마무리	**7. 활동 결과물을 활용해 창의적 활동을 한다.** [6단계 – 창의적으로 활용할 수 있는 기회 주기] T: '스톱워치'를 사용한 후, 다른 친구들 놀이를 보면서 어떤 친구들이 오래 걸렸는지 예측해 보기로 해요. **8. 활동을 평가한다.** T: '스톱워치' 앱을 활용하면서 새롭게 알게 된 점이 있나요? T: '스톱워치' 앱을 활용하면서 어떤 점이 좋고/불편했나요? T: 불편했던 점은 어떻게 해결할 수 있을까요?
교육 평가	※7장의 평가 항목에 따라 교사 평가, 유아 평가를 해 보세요.

수업 후 실습

9장에 제시된 것을 토대로 실제 수업 상황에 맞게 수정 · 보완해 보세요.

참고문헌

강영관(2020). 아동・청소년 3명 중 1명 '온라인으로 낯선 사람이 접근한 경험 있다'. 서울: 아주경제.

강유나, 이영신(2020). 유아의 디지털매체 이용 지도지침 구성을 위한 기초연구: 이용지침에 대한 교사 요구도 분석을 중심으로. **어린이미디어연구**, 19(1), 143-167.

계보경, 박준홍, 이다영(2022). 국내외 에듀테크 활성화 정책과 거버넌스. 대구: 한국교육학술정보원.

고선영, 정한균, 김종인, 신용태(2021). 메타버스의 개념과 발전 방향. **정보처리학회지**, 28(1), 7-16.

교육과학기술부(2010). 교육과학기술정보화 기본계획. 서울: 교육과학기술부.

교육과학기술부(2011). 스마트교육 추진전략. 서울: 교육과학기술부.

교육부(2014). 제 5차 교육정보화 기본계획(2014~2018). 세종: 교육부.

교육부(2016). 지능정보사회에 대응한 중장기 교육정책의 방향과 전략 시안. 세종: 교육부.

교육부(2020). 코로나 이후, 미래교육 전환을 위한 10대 정책과제(안). 세종: 교육부.

교육부(2021a). 디지털 기반 놀이환경 현장지원자료: 미래형 유치원 교육과정 운영 지원. 세종: 교육부.

교육부(2021b). 유치원 교사의 디지털 역량 강화 프로그램. 세종: 교육부.

교육부(2021c). 온라인 교육콘텐츠 제작 개발. 세종: 교육부.

교육부(2022a). 디지털 인재양성 종합방안. 대전: 관계부처 협동.

교육부(2022b). 유아 디지털 미디어 문해교육 운영 지원자료. 세종: 교육부.

교육부(2023a). 디지털 기반 교육혁신 방안: 모두를 위한 맞춤 교육의 실현. 세종: 교육부.

교육부(2023b). '유치원 및 초등・중등・특수학교 등의 교사자격 취득을 위한 세부기준' 일부개정 관련. 세종: 교육부.

교육정책연구소(2016). 스마트교육 운영 현황 및 개선 방향. 세종: 교육청교육원.

과학기술정보통신부, 정보통신정책연구원(2020). 인공지능(AI) 윤리 기준. 과학기술정보통신부, 정보통신정책연구원.

과학기술정보통신부, 한국정보화진흥원(2021). 2020년 스마트폰 과의존 실태조사 결과. 과학기술정보통신부, 한국정보화진흥원.

과학기술정보통신부, 한국지능정보사회진흥원(2023a). 2023 디지털 정보격차 실태조사 보고서. 과학기술정보통신부, 한국지능정보사회진흥원.

과학기술정보통신부, 한국지능정보사회진흥원(2023b). 2023년 스마트폰 과의존 실태조사. 과학기술정보통신부, 한국지능정보사회진흥원.

권귀염(2018). 제4차 산업혁명 시대의 교육과 유아교사의 역할. **학습자중심교과교육연구**, 18(4), 47–72.

권성호, 김성미(2011). 소셜미디어 시대의 디지털 리터러시 재개념화: Jenkins의 '컨버전스'와 '참여문화'를 중심으로. **미디어와 교육**, 1(1), 65–82.

국회입법조사처(2024). '디지털 시대 교육기회 균등' NARS 연속 간담회 보고서. 서울: 국회입법조차서.

김문기(2022). 10대 94.7% 메타버스 써봤다…30대 30.9% 불과. 서울: 아이뉴스 24.

김법연, 권헌영, 김미량(2021). 인공지능 시대 디지털 시민역량 강화를 위한 교육제도의 개선방안. **컴퓨터교육학회 논문지**, 24(3), 67–88.

김수향, 문미경(2021). 메타버스와 미래교육 학습자 정체성 연구. 경기도: 경기도교육연구원.

김수혜, 신형석(2020). OECD 7개국 중등교사의 디지털 리터러시 교육 실태와 ICT의 교육적 활용 간 관계 탐색: PISA 2018 자료 분석을 바탕으로. **문화교류와 다문화교육**, 9(2), 71–97.

김영애(2011). 우리의 교실혁명: 스마트교육의 현황과 발전 방향. 서울: 한국교육개발원.

김재호(2020). 세계를 놀라게 한 인공지능(AI) 5가지. 서울: AI 타임즈.

김진중(2017). **골빈해커의 3분 딥러닝**. 서울: 한빛미디어.

김진형(2020). KAIST 김진형 교수에게 듣는 AI 최강의 수업. 서울: 매일경제신문사.

남창우(2021). 국내 · 외 유 · 아동 디지털 교육 동향과 디지털 교육 발전 방안 탐색. 서울: 육아정책연구소.

박고은(2022). 딥페이크 처벌법 시행 2년, 가해자들은 '아는 사람'을 노렸다. 서울: 한겨레.

박해선(2020). **혼자 공부하는 머신러닝+딥러닝**. 서울: 한빛미디어.

배영임, 신혜리(2020). 코로나19, 언택트 사회를 가속화하다. 이슈 & 진단, 416, 1–26.

서다희(2024). 환경교육을 위한 동영상 제작 활동이 유아의 환경친화적 태도와 디지털 리터러시에 미치는 영향. 가천대학교 교육대학원 석사학위논문.

서윤주(2020). (사이버 학교폭력 예방을 위한) 디지털윤리교육 학부모 인식조사. 수원대학교 대학원 석사학위논문.

손제연(2022). 약인공지능 시대의 윤리적 위기: 개별화된 예측 정보의 증가로 인한 상호협력 기반의 상실. **윤리학**, 11(2), 71-110.

손혜진, 엄정애(2022). 유치원 만 5세 학급에서 증강현실과 가상현실을 활용한 놀이에 대한 사례 연구. **영유아교육: 이론과 실천**, 7(1), 5-33

심연미(2023). 디지털 교육격차 해소를 위한 디지털 튜터 정책 과제. **창의정보문화연구**, 9(1), 33-43.

안대훈(2021). '이루다' 논란을 통해 본 AI와 윤리. 경남: 경남신문.

안정임, 최진호(2020). 디지털 시민성 역량이 공동체 의식에 미치는 영향: 연령대별 차이를 중심으로. **정치커뮤니케이션연구**, 57, 133-177.

양길성(2021). '딥페이크 합성' 범죄자 10명 중 7명이 10대. 서울: 한국경제.

양수영(2018a). 뇌 과학에 근거한 영유아 소프트웨어 교육 방향. **어린이미디어연구**, 17(1), 61-83.

양수영(2018b). 유아 대상 뇌 기반 ICT 활용교육 프로그램 개발 및 음운인식능력에 미친 효과. **어린이미디어연구**, 17(4), 157-176.

양수영(2021). 유아 대상 원격교육 콘텐츠 평가도구 개발 및 타당화. **학습자중심교과교육연구**, 21(14), 637-652.

양수영(2024). 유아 대상 디지털 미디어의 윤리적 문제 분석. **어린이미디어연구**, 23(3), 215-239.

양수영(2024). **영유아 과학교육**(2판). 서울: 창지사.

양수영, 김정숙(2023). **영유아 교과교재 연구 및 지도법**. 서울: 학지사.

유미열, 김경철, 최연철, 장연주(2012). 유아교실에서 교육 로봇 아이로비 큐의 역할, 그리고 한계와 기대. **열린유아교육연구**, 17(1), 117-138.

유정인(2023). 유아교사의 디지털 놀이 지원 역량 척도 개발 및 타당화. 한국교원대학교 대학원 박사학위논문.

육아정책연구소(2021). OECD 국가 사례분석을 통한 유아교육에서의 디지털 기술 활용 방안 연구. 서울: 육아정책연구소.

윤기영(2021). 메타버스와 미래전략. 경기도: 월간 SW 중심사회.

윤유경(2022). 메타버스 속 '또 다른 나를 찾는' 아동, 그들이 위험하다. 서울: 미디어오늘.

이병진(1999). **초등교육학 개론**. 서울: 문음사.

이수진(2020). 뉴노멀 시대의 디지털 교육을 모색하다. 경기도: Arte365 해외리포트.

이영미(2019). 유아교사의 ICT 수업매체 역량 중심 교육과정안에 기반한 개인 맞춤형 교육 프로그램 설계 방안. **교사교육연구**, 58(4), 579–592.

이은화, 신하영(2024). AI 시대 예비교사 소양교육으로서 디지털 리터러시 필요성 고찰: 세계시민교육 관점에서. **인문사회과학연구**, 32(3), 419–439.

이재우(2022). **시간순삭 인공지능 with 스크래치**. 서울: 생능북스.

이재은, 오세경(2021). 인공지능 스피커를 활용한 활동이 유아의 언어능력에 미치는 영향. **열린유아교육연구**, 26(5), 185–208.

이정한(2022). 채팅방 다정한 오빠의 속삭임… '악마의 그루밍' 시작이었다. 서울: 세계일보.

이주상(2006). 교육제도를 통한 초등교육의 성격 논의. **초등교육학연구**, 13(1), 247–264.

이주호, 정제영, 정영식(2021). **AI 교육혁명**. 서울: 시원북스.

이청재(2021). 디지털윤리-리터러시 측정도구 개발을 위한 구성 요인 탐색: MZ세대 대학생을 중심으로. 숭실대학교 대학원 박사학위논문.

이형두(2019). 'ICT 시사 용어' 딥페이크(Deepfake). 서울: 전자신문.

임희석(2012). 스마트교육. 서울: 휴먼사이언스.

정두희(2017). **기술지능**. 서울: 청림출판.

정봄마지(2013). UCC 제작활동이 유아의 디지털 리터러시와 정보윤리의식에 미치는 영향. 이화여자대학교 교육대학원 석사학위논문.

정영근(2013). **교육학 인간에게 다가서다**. 서울: 문음사.

정영근(2015). Homo digitalis와 스마트교육: 한국의 '스마트'교육 정책에 대한 교육・이미지 인간학적 논의와 비판. **교육의 이론과 실천**, 20(3), 145–165.

정제영(2020). AI 시대의 미래 인재가 갖추어야 할 '6C' 핵심 역량. 세종: 교육부.

정제영, 계보경, 김갑수, 박보람, 박휴용, 전우천, 정영식, 조헌국, 최숙영, 하민수(2024). **디지털 교육의 이해**. 서울: 박영스토리.

정제영, 조현명, 황재운, 문명현, 김인재(2023). **챗GPT 교육혁명: ChatGPT를 활용한 하이터치 하이테크 미래교육**. 서울: 포르체.

정혜영(2005). 교육인간학. 서울: 학지사.

정혜주, 박근영, 서예원, 손찬희, 양희준, 이림, 황지원, 박보경(2022). 디지털 전환에 따른 학교 교육 유연화 방안. 충북: 한국교육개발원.

조복기(2017). 청소년 뉴스판단의 주요 기준 댓글, 본문보다 댓글 먼저. 서울: 뉴스플러스.

조주연, 김미현(2020). 디지털 학습자료에 대한 교육신경학적 이해와 교육적 시사점. 정보교육학회논문지, 24(6), 539-550.

차명진(2018). 4차 산업혁명 시대 초등학교 교사역할과 역량에 대한 초등교사로서의 인식 연구. 서울교육대학교 교육전문대학원 석사학위논문.

차민지(2022). '나 AI인 거 몰랐어?' 돌아온 이루다 써보니, 혐오 발화 사라졌다. 서울: 노컷뉴스.

최상덕(2018). OECD 교육 20330에 대하여. 세종: 교육부.

하민경, 김은정(2021). 유아교육현장에서의 비대면 수업에 대한 유아교사의 인식. 유아교육학논집, 25(2), 163-182.

하얀(2023). 예비유아교사를 위한 그림책을 이용한 디지털교과융합교육에 관한 연구. 한국컴퓨터정보학회논문지, 28(6), 191-197.

한국과학기술기획평가원(KISTEP, 2017). 4차 산업혁명 주도기술 기반 국내 스타트업의 현황 및 육성방안. 충북: 한국과학기술기획평가원.

한국과학기술한림원(2021). 메타버스의 구현과 긍정적 활용을 위한 극복과제와 해결방안은 무엇인가? 한림원의 목소리 제92호. 경기도: 한국과학기술한림원.

한국교육개발원(2023). '경제협력개발기구(OECD) 교육지표 2023' 결과 발표. 충북: 한국교육개발원.

한국교육학술정보원(2005). 교육정보화 효과성 분석 연구. 대구: 한국교육학술정보원.

한국교육학술정보원(2017). 학교 현장의 정보윤리교육 실천가이드. 대구: 한국교육학술정보원.

한국교육학술정보원(2019). 해외 소프트웨어교육 운영 현황에 대한 실증 자료 분석 리포트. 대구: 한국교육학술정보원.

한국교육학술정보원(2020). 2020년 국가수준 초·중학생 디지털 리터러시 수준 측정 연구. 대구: 한국교육학술정보원.

한국방송통신위원회, 한국지능정보사회진흥원(2022). 생애주기별 맞춤형 디지털 윤리 교육. 방송통신위원회, 한국지능정보사회진흥원.

한국언론진흥재단(2021). 어린이 미디어 이용 조사 보고서. 서울: 한국언론진흥재단.

한국인터넷진흥원(2020). 어린이 개인 정보보호 교육. 전남: 한국인터넷진흥원. https://www.youtube.com/watch?v=pJyyImQ4hgM.

한기순, 정영근(2016). 초등교육의 디지털화에 대한 교육인간학적 성찰. 교육의 이론과 실천, 21(2), 127-150.

황상민, 한규석(1999). **사이버 공간의 심리: 인간적 정보화 사회를 향해서**. 서울: 박영사.

황치성, 김광재, 한승연(2014). **미래 성장 동력으로서 미디어 리터러시**. 서울: 커뮤니케이션북스.

Ala-Mutka, K.(2011). Mapping digital competence: Towards a conceptual understanding. Belgium: European Commission Joint Research Centre Institute.

American Academy of Pediatrics(AAP)(2016). Media and Young Minds. *Pediatrics, 138*(5), 1-6.

Axbom, P.(2021). The Elements of Digital Ethics. Retrieved from https://axbom.com/elements.

Bawden, D. (2001). Information and Digital Literacies: A Review of Concepts. *Journal of Documentation, 57*(2), 218-259.

BBC(2018). The four cornerstones of computational thinking. UK: BBC.

Bergen, D., Davis, D. R., & Abbitt, J. T.(2016). Technology play and brain development: Infancy to adolescence and future Implications. NY: Routledge.

Bers, M. U., Strawhacker, A., & Sullivan, A.(2022). The state of the field of computational thinking in early childhood education. *OECD Education Working Papers, 274*, 1-64.

Burns, T., & Gottschalk, F.(2020). Education in the Digital Age: Healthy and Happy Children, Educational Research and Innovation. Paris: OECD Publishing.

Caena, F., & Redecker, C.(2019). Aligning teacher competence frameworks to 21st century challenges: The case for the European Digital Competence Framework for Educators. *European Journal of Education, 54*, 356-369.

Chaudron, S., Di Gioia, R., & Gemo, M.(2018). Young Children(0-8) and Digital Technology: A qualitative study across Europe. Luxembourg: Publications Office of the European Union.

Colom, R., Quiroga, M. A., Solana, A. B., Burgaleta, M., Roman, F. J., Privado, J., Escorial, S., Martinez, K., Albarez–Linera, J., Alfayate, E., Garcia, F., Lepage, C., Hernadez–Tamames, J. A., & Karama, S.(2012). Structural changes after videogame practice related to a brain network associated with intelligence. *Intelligence, 40*, 479 - 489.

Disney, L., & Geng, G.(2022). Investigating Young Children's Social Interactions during Digital Play. *Early Childhood Education Journal, 50*(8), 1449–1459.

Eshet–Alkalai, Y.(2004). Digital Literacy: A Conceptual Framework for Survival Skills in the Digital Era. *Journal of Educational Multimedia and Hypermedia, 13*(1), 93–106.

European Commission(2021). 2030 Digital Compass: the European Way for the Digital Decade. Luxembourg: European Commission.

European Commission JRC(Joint Research Centre)(2013). DIGCOMP: A Framework for Developing and Understanding Digital Competence in Europe. Belgium: European Commission Joint Research Centre Institute.

European Commission JRC(Joint Research Centre)(2016). DigComp 2.0: The Digital Competence Framework for Citizens. Belgium: European Commission Joint Research Centre Institute.

Ferrari, A., Punie, Y. & Redecker, C.(2012). Understanding Digital Competence in the 21st Century: An Analysis of Current Frameworks. *21st Century Learning for 21st Century Skills, 7563*, 79–93.

Frydman, C., & Camerer, C.(2016). Neural evidence of regret and its implications for investor behavior. *The Review of Financial Studies, 29*(11), 3108–3139.

Gilster, P. (1997). Digital Literacy. NY: John Wiley & Sons.

Gjelaj, M., Buza, K., Shatri, K., & Zabeli, N.(2020). Digital Technologies in Early Childhood: Attitudes and Practices of Parents and Teachers in Kosovo. *International Journal of Instruction, 13*(1), 165–184.

Hatlevik, O., & Christophersen, K.(2013). Digital competence at the beginning of upper secondary school: Identifying factors explaining digital inclusion. *Computers & Education, 63*, 240–247.

Hobbs, R.(2010). Digital and Media Literacy: A Plan of Action. Washington, DC: The Aspen Institute.

Hobbs, R., Seyferth-Zapf, C. & Grafe, S.(2018). Using virtual exchange to advance media literacy competencies through analysis of contemporary propaganda. *Journal of Media Literacy Education, 10*(2), 152-168.

Isikoglu, N., & Güzen, M.(2024). The Promise of Digital Storytelling for Kindergarteners: Language and Technology Skills. *Early Child Development and Care, 194*(2), 195-207.

Janssen, J., Stoyanov, S., Ferrari, A., Punie, Y., Pannekeet, K., & Sloep, P.(2013). Experts' views on digital competence: Commonalities and differences. *Computers & Education, 68*, 473-481.

Kim, S. R.(2006). A study on the text reduction based on principles of cognitive structure in e-learning environment. *Brain Education, 1*, 99-127.

Ma, K., Chutiyami, M., Zhang, Y., & Nicol, S.(2021). Online teaching self-efficacy during COVID-19: Changes, its associated factors and moderators. *Education and Information Technologies, 26*, 675-697.

Marcus, G., & Davis, E.(2019). Rebooting AI : Building Artificial Intelligence We Can Trust. NY: Knopf Doubleday Publishing Group.

Martin, A. & Grudziecki, J.(2006). DigEuLit: Concepts and Tools for Digital Literacy Development. *Innovation in Teaching and Learning in Information and Computer Sciences, 5*(4), 249-267.

OECD(2018). The Future We Want. The Future of Education and Skills: Education 2030. Paris: OECD Publishing.

OECD(2019). Education 2030 Curriculum Content Mapping: An Analysis of the Netherlands curriculum proposal. Paris: OECD Publishing.

OECD(2021). 21st-Century Readers: Developing Literacy Skills in a Digital World. Paris: OECD Publishing.

OECD(2023a). Starting Strong VII: Empowering young children in the digital age. Paris:

OECD Publishing.

OECD(2023b). Early Childhood Education and Care in a Digital World. Paris: OECD Publishing.

Otterborn, A., Sundberg, B., & Schönborn, K.(2024). The Impact of Digital and Analog Approaches on a Multidimensional Preschool Science Education. *Research in Science Education, 54*(2), 185–203.

Papert, S.(1980). Mindstorms: Children, Computers and Powerful Ideas. NY: Basic Books, Inc.

Redecker, C., & Punie, Y.(2017). European Framework for the Digital Competence of Educators. Luxembourg: European Union.

Ribble, M.(2015). Digital Citizenship in Schools: Nine Elements All Students Should Know(3rd ed.). Washington DC: International Society for Technology in Education.

Schiller, J.(2003). Working with ICT: Perceptions of Australian principals. *Journal of Educational Administration, 41*(2), 171–185.

Seo, H. A., Chun, H. Y., Jwa, S. H., & Choi, M. H.(2011). Relationship between young children's habitual computer use and influencing variables on socio–emotional development. *Early Child Development and Care, 181*(2), 245–265.

Suresh, H., & Guttag, J.(2019). A Framework for Understanding Sources of Harm throughout the Machine Learning Life Cycle. EAAMO 2021: Equity and Access in Algorithms, Mechanisms, and Optimization.

Tyler, R. W.(1949). Basic Principles of Curriculum and Instruction. Chicago: University of Chicago Press.

Turing, A. M.(1950). Computing machinery and intelligence. *Mind, 59*(236), 433–460.

UNESCO(2010). Recognizing the potential of ICT in early childhood education. Moscow: UNESCO Institute for Information Technologies in Education.

UNESCO (2011). Digital Literacy in Education. IITE Policy brief. Moscow: UNESCO Institute for Information Technologies in Education.

UNESCO(2014). Global Citizenship Education: Preparing Learners for the Challenges of the

21st Century. Paris: UNESCO.

UNESCO(2017). Conference on Digital Citizenship Education in Asia–Pacific: Outcome Document. Bangkok: UNESCO.

UNESCO(2018). A Global Framework of Reference on Digital Literacy Skills for Indicator 4.4.2. Canada: UNESCO Institute for Statistics.

UNESCO(2024). Global citizenship education in a digital age: teacher guidelines. Paris: UNESCO.

Uri, M., & Walter S. A.(2022). Free Will: Philosophers and Neuroscientists in Conversation. London: Oxford University Press.

WHO(World Health Organization)(2019). Recommendations on digital interventions for health system strengthening. Switzerland: WHO.

Yang, S. Y.(2022). Methods of Nuri Curriculum Implementation in Distance Education. *International Journal of Early Childhood Education, 28*(1), 25–43.

찾아보기

양수영

중앙대학교 유아교육과 학사
중앙대학교 유아교육과 석사
중앙대학교 유아교육과 박사
한양여자대학교 유아교육과 교수

관련 논문

양수영(2018). 뇌 과학에 근거한 영유아 소프트웨어 교육 방향. 어린이미디어연구, 17(1), 61–83.

양수영(2018). 유아 대상 뇌 기반 ICT 활용교육 프로그램 개발 및 음운인식능력에 미친 효과. 어린이미디어연구, 17(4), 157–176.

양수영(2021). 유아 대상 원격교육 콘텐츠 평가도구 개발 및 타당화. 학습자중심교과교육연구, 21(14), 637–652.

Yang, S. Y.(2022). Methods of Nuri Curriculum Implementation in Distance Education. International Journal of Early Childhood Education, 28(1), 25–43.

양수영(2024). 유아 대상 디지털 미디어의 윤리적 문제 분석. 어린이미디어연구, 23(3), 215–239.

외 다수

오연주

한양여자대학교 유아교육과 학사
중앙대학교 유아교육과 석사
중앙대학교 유아교육과 박사수료
푸른유치원 연구교사
한양여자대학교 유아교육과 겸임교수

이옥자

한양여자대학교 유아교육과 겸임교수
대한민국 클린콘텐츠운동본부 클린유아교육 위원장
한국유아교육발전재단 이사
한빛유치원 원장

유아교육에서의
디지털(AI 포함) 활용교육

2025년 4월 1일 초판 인쇄
2025년 4월 7일 초판 발행

지은이 | 양수영 오연주 이옥자
발행인 | 유제구
발행처 | 도서출판 파워북
주 소 | 경기도 고양시 일산동구 호수로 358-25
동문타워2차 529호
전 화 | (02) 730-1412
F A X | (031) 908-1410
등 록 | 1997. 1. 31 제 2014-000067호

정가 22,000원
ISBN 978-89-8160-527-8 (93370)

잘못된 책은 바꿔드립니다.